刑事辩护与代理实录

赖早兴 —— 著

知识产权出版社
全国百佳图书出版单位
北京

图书在版编目（CIP）数据

刑事辩护与代理实录／赖早兴著. — 北京：知识产权出版社，2022.1（2022.10 重印）

ISBN 978-7-5130-7871-9

Ⅰ.①刑… Ⅱ.①赖… Ⅲ.①刑事诉讼—辩护—案例—中国 Ⅳ.①D925.210.5

中国版本图书馆 CIP 数据核字（2021）第 235890 号

责任编辑：韩婷婷 责任校对：潘凤越

封面设计：北京乾达文化艺术有限公司 责任印制：孙婷婷

刑事辩护与代理实录

赖早兴　著

出版发行：	知识产权出版社有限责任公司	网　址：	http：//www.ipph.cn
社　址：	北京市海淀区气象路 50 号院	邮　编：	100081
责编电话：	010-82000860 转 8359	责编邮箱：	176245578@qq.com
发行电话：	010-82000860 转 8101/8102	发行传真：	010-82000893/82005070/82000270
印　刷：	北京建宏印刷有限公司	经　销：	各大网上书店、新华书店及相关专业书店
开　本：	710mm×1000mm　1/16	印　张：	16
版　次：	2022 年 1 月第 1 版	印　次：	2022 年 10 月第 2 次印刷
字　数：	252 千字	定　价：	79.00 元

ISBN 978-7-5130-7871-9

目 录

Contents

刘文举组织、领导黑社会性质组织案[1]

基本案情

　　刘文举，男，汉族，1971年5月16日生，文化程度为高中，户籍所在地为××省微洲市朝阳路6号院7号楼1808房，政治面貌为群众，无违法犯罪记录。系微洲市顶世实业投资有限公司、金鑫集团有限公司等法定代表人。2018年5月10日因涉嫌诈骗罪被公安机关刑事拘留，经微洲市微城区人民检察院批准于6月11日被执行逮捕，案件于2018年11月10日侦查终结、移送审查起诉。《起诉意见书》指控刘文举等人以谋取巨大非法经济利益为目的，自2005年以来纠集人员有组织地通过暴力、威胁或其他手段多次实施违法犯罪活动，为非作恶，欺压残害群众，严重破坏经济、社会生活秩序，其行为已触犯《刑法》第二百九十四条之规定，涉嫌组织、领导黑社会性质组织罪；刘文举等人以非法占有为目的，虚构事实，隐瞒真相，骗取公私财物，数额较大，其行为触犯《刑法》第二百六十六条之规定，涉嫌诈骗罪；刘文举等人以威胁、阻碍等手段妨害国家工作人员依法执行公务，其行为触犯了《刑法》第二百七十七条之规定，涉嫌妨害公务罪；刘文举等人采取暴力或者暴力相威胁手段敲诈勒索他人财物，数额较大，其行为已触犯《刑法》第二百七十四条之规定，涉嫌敲诈勒索罪；刘文举等人以转贷牟利为目的，套取金融

机构贷款再高利转贷给他人，其行为触犯《刑法》第一百七十五条之规定，涉嫌高利转贷罪；刘文举等人隐瞒真相，捏造事实，提起虚假民事诉讼，妨害司法秩序，严重侵犯他人的合法权益，其行为已触犯《刑法》第三百零七条之规定，涉嫌虚假诉讼罪。

承办情况

　　在本案审查起诉阶段，我所在的律师事务所接受犯罪嫌疑人刘文举家属的委托，指派我担任刘文举的辩护人。接受委托后，本人及时与办案机关取得联系，通过网络申请复制全部案卷材料，并于同日会见了在押的刘文举。由于本案涉及的时间跨度达 12 年，涉及的罪名为 6 个，其中诈骗罪涉及 13 个被害人，案卷材料达 613 卷，因此阅卷时间长达两个月。在充分把握案卷材料、十余次会见刘文举并充分交流的基础上，本人写出了近八万字的《律师法律意见书》，针对《起诉意见书》指控的罪名和事实进行具体分析，质疑侦查机关的证据、反驳其观点，强调刘文举不构成《起诉意见书》所指涉嫌的犯罪。

　　本案恰逢全国扫黑除恶的三年专项斗争期间，根据中央司法机关的要求，本辩护人做好涉黑案件的报备工作，并请本所律师同人就《起诉意见书》进行集体讨论，听取修改建议并对《律师法律意见书》加以完善，以审慎的态度处理好案件辩护的每个环节。由于犯罪嫌疑人刘文举涉嫌组织、领导黑社会性质组织罪，这是当时从严打击的犯罪类型，因此在《律师法律意见书》中以大量篇幅论证为什么刘文举等人不涉嫌构成组织、领导黑社会性质组织罪。从策略上，对此类案件有三种辩护思路。一是直接否定当事人涉嫌构成《起诉意见书》中指控的组织、领导黑社会性质组织罪。也就是当案中当事人确实存在各种犯罪，但不成立组织、领导黑社会性质组织罪时，从黑社会性质组织的四个构成特征出发，主张当事人不构成该罪。二是否定当事人涉嫌构成《起诉意见书》中指控的除组织、领导黑社会性质组织罪外的其他犯罪，当事人自然就不构成组织、领导黑社会性质组织罪。因为该罪是以其他犯罪的存在为前提的，如果前提性的犯罪不存在，作为依附性的组织、领导黑社会性质组织罪就不存在。三是既否定当事人涉嫌构成《起诉意见书》中指控的组织、领导黑社会性质组织罪，也否定当事人构成《起诉意见书》中指控的其他犯罪。在《律师法律意见书》中，本辩护人采取了第三种思路。针对《起诉意见书》中首先指控刘文举涉嫌构成组织、领导黑社会性质组织罪，本辩护人结合《刑法》及相关司法解释、座谈会纪要，从黑社会性质组织的四个特征出发反驳刘文举涉嫌构成组织、领导黑社会性质组织罪的指控，然后根据《起诉意见书》指控顺序反驳刘文举涉嫌其他犯罪的指控。从篇幅上看，对组织、领导黑社会性质组织罪的辩护占了《律师法律意见书》约 1/3 的篇幅。

根据《刑法》第二百九十四条的规定，黑社会性质组织四个特征必须同时具备时，该组织才能被认定为黑社会性质组织。因此，理论上，辩护律师只需否定掉四个特征中的一个，该组织就不能被认定为黑社会性质组织。但从本案实际案情看，《起诉意见书》中描述的四个特征均无证据事实支撑，因此《律师法律意见书》中本辩护人从四个特征上逐一加以反驳。

在与承办检察官的交流中，检察官耐心地倾听了本辩护人的意见，双方进行了充分的交流与沟通，检察官收下《律师法律意见书》，并强调会重视律师的辩护意见，结合案情作出判断。

在提起公诉时，控方在本案中并未以组织、领导黑社会性质组织罪对刘文举提起公诉，只是起诉了其他所涉罪名。显然，本辩护人对刘文举组织、领导黑社会性质组织罪的否定得到了控方的认可。在全国扫黑除恶专项斗争中，本案的审查起诉机关能遵行以事实为根据、以法律为准绳的原则，严格根据《刑法》第二百九十四条关于黑社会性质组织的四个特征的规定、相关司法解释和司法文件不对刘文举进行涉嫌组织、领导黑社会性质组织罪的指控，说明司法实践中检察机关能正确贯彻中央的政策，保证扫黑除恶行在法治的轨道上。作为辩护人，也应当从案件的事实出发，结合法律、司法解释和司法文件的规定，竭尽全力维护当事人的合法权益，不因畏惧而不敢尽律师当尽的本分。

一、刘文举不构成组织、领导黑社会性质组织罪

《起诉意见书》指控刘文举涉嫌组织、领导黑社会性质组织罪，并试图根据《刑法》第二百九十四条关于组织、领导黑社会性质组织罪的组织特征、经济特征、行为特征与危害特征四个方面证明刘文举涉嫌构成该罪。本辩护人认为刘文举不构成该罪。

（一）本案中无证据证明组织成立时间和组织纪律活动规约，没有犯罪组织，无组织者、领导者和骨干成员，不符合组织、领导黑社会性质组织罪的组织特征

黑社会性质组织的认定应当有证据证明组织成立的时间、维系组织稳定的组织纪律活动规约，有组织者、领导者、成员，但刘文举案中无证据证明组织成立的时间，无证据证明组织纪律活动规约，甚至该案指控的被告人均不能认定为组织成员。

1. 本案没有组织成立时间的证据

《刑法》第二百九十四条规定黑社会性质组织是稳定的组织。根据相关司法解释的规定，稳定的组织有组织的成立时间，如果说刘文举组织、领导了黑社会性质组织，那么其起点时间是何时？《起诉意见书》对此没有认定。2015年《最高人民法院全国部分法院审理黑社会性质组织犯罪案件工作座谈会纪要》（以下简称"2015年《座谈会纪要》"）明确了黑社会性质组织存续时间的起点

的认定。最高人民法院、最高人民检察院、公安部和司法部 2018 年出台的《关于办理黑恶势力犯罪案件若干问题的指导意见》（以下简称"2018 年《指导意见》"）也强调黑社会性质组织成立时间的认定。因此侦查机关应当提出证据证明刘文举组织、领导的黑社会性质组织的成立时间。

2. 本案没有组织纪律活动规约的证据

最高人民法院、最高人民检察院和公安部 2009 年《办理黑社会性质组织犯罪案件座谈会纪要》（以下简称"2009 年《座谈会纪要》"）和 2015 年《座谈会纪要》都强调黑社会性质组织的认定必须有组织纪律活动规约的证据，但刘文举组织、领导的"黑社会性质组织"组织纪律、活动规约是什么？2018 年《指导意见》也强调组织纪律活动规约在黑社会性质组织中的作用。但《起诉意见书》对此根本没有证据证明。

3. 本案中无犯罪组织

《起诉意见书》认定，刘文举犯罪团伙有固定成员 12 人，已形成了以犯罪嫌疑人刘文举为首，以刘文成、刘文重、张海霞、李鸽、伍健为骨干成员，以杨武状、周自平、王自桥、吕国青、刘兵、刘滔为一般成员，人数较多，有明确的组织者、领导者，骨干成员基本固定的黑社会性质犯罪组织。这些人都是什么人？刘文举、刘文成、刘文重、张海霞、李鸽、刘兵和刘滔是家人，伍健和吕国青是他们亲戚，杨武状是合作过一次的生意伙伴，王自桥是外聘财务，周自平是临时聘用的律师。本辩护人认为这些人都不是所谓组织成员，因此刘文举案根本没有所谓的犯罪组织。

（1）刘文成不是组织成员

刘文成名下有微中县农人甘薯专业合作社、成洲市美旗金融服务有限公司、成洲市美旗广惠实业有限公司等，刘文成不是刘文举公司的成员（刑事侦查卷宗第 13 卷第 5 页）。虽然刘文成名义上与刘文举业务上有关联，但实际上没有参与刘文举的经营。

1）刘文成只在刘文举公司中挂名，不参与管理。侦查人员问刘文成："你哥的公司你是否帮忙管理，或者参与打理？"刘文成答："没有，他公司的事情我一点也不清楚，有些公司我只是挂个名，没有一家是有参与实际管理的。"

又问："挂个名是什么意思？"刘文成答："我就只是出名做公司的法人代表，我不参与实际的管理，实际都是我哥在管理和操作的，公司所有的事情都是我哥说了算。"（刑事侦查卷宗第 13 卷第 79 页）刘文成在刘文举实际控制的公司中任法人代表，但这只是挂名，正如刘文成所说：顶世公司"并不属于我，我只挂个公司的法人代表"（刑事侦查卷宗第 13 卷第 5 页），东方矿业公司"也是我哥哥刘文举实际操控的，于何时成立我不清楚"（刑事侦查卷宗第 13 卷第 6 页），"东方矿业有限公司、微洲顶世实业投资公司这两个公司法人代表是我，但实际操控是刘文举"（刑事侦查卷宗第 13 卷第 9 页）。这些公司的账户、银行卡甚至刘文成个人名义开的银行卡都是刘文举控制和使用。例如对刘文举向兴隆公司支付 6 800 万元贷款的银行卡，刘文成向侦查人员说："从我以我名义在工商银行申请开立 6244×××××××××××××××这张银行卡开始之日起至今，这张卡都是刘文举在用，包括卡密码、U 盾密码都是刘文举搞的，U 盾也是刘文举保管的，我不知道卡密码和该 U 盾的密码。从开户至今，该卡里存取的钱都是刘文举，与我无关。"（刑事侦查卷宗第 13 卷第 47 页）张海霞的供述也证明了刘文成在顶世公司只是挂名。张海霞说："顶世实际就是我老公刘文举所有的，刘文成只是挂名。"（刑事侦查卷宗第 19 卷第 78 页）王自桥的供述也证明刘文成不实际管理，只在公司挂名。侦查人员问王自桥："你称东方矿业有限公司的法人是刘文成，你是否清楚刘文成是否实际经营、管理公司？"王自桥答："我不清楚。跟我对接的只有刘文举、张海霞。我作为此公司的记账人员，没有与刘文成有过接触。"（刑事侦查卷宗第 33 卷第 59 页）这实际上很清楚地表明，刘文成没有实际管理，因为如果他实际管理，王自桥怎么可能从未与其联系，而只联系刘文举、张海霞？

2）刘文成并不参与刘文举的业务。例如刘文举借款给兴隆公司的过程中刘文成从未参与商谈。侦查人员问刘文成："这份 6 800 万元借款合同是不是你跟兴隆公司、吴昆商谈的？"刘文成答："不是我去商谈的，是我哥刘文举去商谈的，我没有参与。"（刑事侦查卷宗第 13 卷第 45 页）侦查人员问刘文成："这份 1 100 万元借款合同是否是你跟兴隆公司、吴昆商谈的？"刘文成答："不是我去商谈的。是我哥刘文举去商谈的，我没有参与。"（刑事侦查卷宗第 13 卷第 48 页）正是因为刘文成没有参与刘文举的借贷活动，也不为此承担责任，所有合同、协议、凭证都由刘文举保管，这就是侦查机关在刘文举家收到了大量的书证之原因。例如针对 2013 年刘文举以刘文成名义借的一笔贷款，侦查人员问刘文成："合同内容显示，本合同一式四份，合同当事人和房产局各执一份，你的那份在哪里？"刘文成答："我手里没有，应该在刘文举那里。"（刑事侦查卷宗第 13 卷第 184 页）

3）刘文成在刘文举的借贷业务或诉讼中只是应刘文举的要求签名。例如在刘文举借钱给李文标时刘文成签了字，侦查人员问刘文成："借了多少钱给李文标？协议的内容是什么？"刘文成答："我不知道，因为钱不是我借的，我只是签了名字。金额是 200 万元至 300 万元。"（刑事侦查卷宗第 13 卷第 12 页）侦查人员问刘文成："既然实际出借人不是你为何要和李文标签订借款协议？"刘文成答："我哥刘文举让我签我就签了，我相信他。"（刑事侦查卷宗第 13 卷第 30 页）侦查人员问刘文成："因这个事情你是否有到法院起诉李文标？"刘文成答："是我哥刘文举起诉的，但是是我签的名字。"（刑事侦查卷宗第 13 卷第 12 页）那么刘文成为什么会代为签字？侦查人员问刘文成："刘文举为什么要让你这么做？你从中得到什么好处？"刘文成答："刘文举没有向我解释为什么这么做，我们兄弟信任的，他叫我做什么我就做什么，我们这个家庭就是刘文举说了算，我也没有从中得到好处。"（刑事侦查卷宗第 13 卷第 50 页）刘文成代为签字并非没有原则，亦非不明是非，刘文成说："我去帮我哥就是出于我觉得帮他也没有触犯法律，不会有什么不好的后果才去做的。"（刑事侦查卷宗第 14 卷第 42 页）

4）刘文成未从刘文举处得好处。例如，侦查人员问刘文成："你哥许诺你什么好处要求以你的名义来出借款项给李文标？"刘文成答："没有。"（刑事侦查卷宗第 13 卷第 30 页）侦查人员问刘文成："你帮你哥的公司挂名，你哥有没有给你开工资？"刘文成答："没有。"（刑事侦查卷宗第 13 卷第 79 页）侦查人员问刘文成："顶世公司有无支付工资、年底分红给你？"刘文成答："没有。"（刑事侦查卷宗第 13 卷第 82 页）

5）刘文成曾经借钱给刘文举，他们并无合作放贷。案卷材料显示，由于刘文举借钱给太阳集团时资金不足，曾经向刘文成借款 100 万元，刘文成后来收回本金，刘文举也按 1.5%支付利息。侦查人员问刘文成："那你是什么时候才收回 100 万元本金的？"刘文成答："这个账我不好算，要用钱的时候，我也会跟刘文举要，有时候要回 10 万元，有时候要回 20 万元，我也不记得具体时间，100 万元最后是有要回来。"（刑事侦查卷宗第 14 卷第 114 页）侦查人员问刘文成："刘文举是否有拖欠利息给你？"刘文成答："我们没有约定什么时候支付利息给我，双方有空碰头时就按 1.5%月利率支付利息给我，所以没有拖欠。"（刑事侦查卷宗第 14 卷第 178 页）刘文成另借 80 万元给刘文举情况也是如此（刑事侦查卷宗第 14 卷第 178～179 页）。

（2）刘文重、李鸽不是组织成员

案卷材料显示，刘文重 2008 年 5 月前在木厂工作，当时木厂有二十多人，2009 年至 2013 年在微洲做化工生意，2013 年后在微洲做房地产、物业和地皮生意。刘文重和李鸽名下有为胜投资有限公司、令生实业有限公司、海涛实业有限公司，他们不是刘文举公司的成员。刘文重、李鸽没有参与刘文举放贷行为的原因还在于以下方面。

1）刘文重和李鸽自己有放贷业务。侦查人员问刘文重："你是否有放贷给其他人或公司？"刘文重答："有。"（刑事侦查卷宗第 15 卷第 31 页）刘文重和李鸽没有与刘文举合作放贷。侦查人员问刘文重："你跟刘文举是否有合作放贷？"刘文重答："没有。"（刑事侦查卷宗第 15 卷第 37 页）

2）刘文重为刘文举公司挂名，并不参与实际管理。例如微洲市希和实业有限公司的法人代表是刘文重，但刘文重并不管理，甚至连公司的基本信息都不知道。侦查人员问刘文重："刘文重，你作为微洲市希和实业有限公司的股东兼法人代表，为何你公司的对公账号用来做什么的你都不清楚？"刘文重答："这么久了，我不记得了。"又问："该账户是谁保管、使用的？"答："是张海霞保管、使用的。"再问："公司的账户为何给张海霞保管、使用？"答："这个公司我是没有经营。"（刑事侦查卷宗第 15 卷第 97 页）

3）刘文重出名为刘文举贷款，但未从刘文举处获益。刘文重的讯问笔录记载了这点，2013 年刘文举以刘文重的名义借款 1 000 万元，抵押物是刘文举的，1 000 万元也是刘文举在使用。侦查人员问刘文重："刘文举用你的名义向银行贷款 1 000 万元，你是否有从中获得利益？"刘文重答："没有。"（刑事侦查卷宗第 15 卷第 75 页）

4）刘文重和李鸽借钱给刘文举，刘文举还本付息。刘文重和李鸽曾经向朝和农商行借款 220 万元准备用于投资和还债，后被刘文举借去了，李鸽说："才把这笔钱贷了出来，220 万元放款后，刘文举说他要用这 220 万元来交拍卖土地的保证金，最多十天半个月就还给我们，我们也同意了。过了半个月后我找刘文举要这笔 220 万元，刘文举就跟我说没有钱，可以给我算利息，月利息一分半，我想着没有办法，就答应了刘文举，后面刘文举也确实有给利息给我。"（刑事侦查卷宗第 25 卷第 89 页）这说明刘文举与刘文重、李鸽经济上是独立的，不存在组织上的关系。

（3）伍健不是组织成员

1）伍健与其妻子自 2006 年始经营沱江餐馆，有自己独立的产业和工作。

2）虽然伍健挂名经信公司的法人代表，但该公司实际上他并未经营。经信公司所有账户、银行卡、U 盾均都不由伍健掌握，账户中的信息也不是伍健的信息（刑事侦查卷宗第 26 卷第 52 页）。伍健说："当时刘文举、张海霞成立了一公司，找我说了一下情况，意思是想让我做法人代表，我想到只是出个名字而已，就答应了。"侦查人员问伍健："刘文举让你出任经信公司的法人代表，有无股份、分红给你？"答："没有。"（刑事侦查卷宗第 25 卷第 6 页）这得到了王自桥供述的证实。侦查人员问王自桥："伍健、刘兰香二人是否有实际参与经信公司的经营？"王自桥答："我知道的就是伍健、刘兰香是没有参与经营的。"（刑事侦查卷宗第 33 卷第 62 页）张海霞也证实伍健未参与公司经营。侦查人员问张海霞："经信实业有限公司的实际操作人是何人？"张海霞答："是我老公刘文举。"（刑事侦查卷宗第 19 卷第 38 页）

3）在刘文举公司变更、借贷、诉讼中伍健帮刘文举签过名，但对内容不了解。例如地久公司 90% 的股权转到伍健名下，伍健不知情。伍健说："对于地久公司 90% 的股权转到我名下的经信公司，我不知道是怎么回事。"侦查人员问伍健："你是否有签地久公司的股权转让协议书？"伍健答："我不知道，有些资料是刘文举直接拿给我签，我就在资料上签名，我也没有问刘文举关于这些资料的内容。"（刑事侦查卷宗第 33 卷第 25 页）在借钱给李红等人后，刘文举以伍健的名义起诉对方，伍健也在诉讼文书上签过字，但并不了解其内容。至于为什么伍健愿意出名签字，他在多处回答了侦查机关。伍健说："我念在和刘文举亲戚一场，我只是一开始就没有跟刘文举计较，所以就算我知道刘文举拿那些高利借贷合同、贷款合同给我签我也会签，甚至要我提供银行账户给他使用我也会答应。"（刑事侦查卷宗第 26 卷第 55 页）侦查人员问："伍健，你是否知道在贷款资料上签字是要负责任的？"伍健答："我当然知道要负责任，但是我想着刘文举、张海霞比较有钱，他们不会害我的，所以他们叫我签我就签了。"（刑事侦查卷宗第 26 卷第 129 页）从伍健的回答看，他完全没有任何的犯罪故意，更无共同的犯罪故意。

4）伍健未从刘文举处得好处。侦查人员问："你按照刘文举的要求，以你的名义向李红三兄弟提起诉讼，你有什么好处？"伍健答："没有。"（刑事侦查卷宗第 26 卷第 96 页）"虽然伍健社保在经信公司，但社保费是自己交的。"（刑事侦查卷宗第 26 卷第 127 页）

（4）张海霞不是组织成员

张海霞是刘文举的妻子，从案卷材料看，张海霞帮刘文举到银行办理手续、将财务资料交王自桥做账等，似乎张海霞参与了刘文举的商业行为。但事实上，张海霞只是从事了一些劳务，她对刘文举的生意并不知情。

1）张海霞并不参加公司管理。虽然案卷材料显示张海霞是某些公司的挂名法人代表或股东，但从未参加管理。例如张海霞是正丰实业投资有限公司的股东，张海霞说："我没有过问公司的经营范围情况，也没有参与该公司的经营管理，这些都是丈夫刘文举负责的。"（刑事侦查卷宗第 19 卷第 25 页）又如资料显示张海霞是顺和实业的股东，但张海霞说："此公司的经营范围及发展情况、公司员工等情况我不清楚，我没有参与到公司的日常经营管理，都是我老公刘文举负责打理的，他对这些情况清楚。另外公司的账户是由我老公负责管理的，公司的银行卡也是由刘文举保管的。"（刑事侦查卷宗第 19 卷第 26～27 页）侦查人员问张海霞："你作为金鑫集团公司的股东之一，请你说一下金鑫集团经营情况？"张海霞答："经营情况我不清楚，具体由刘文举负责操作。"又问："请你说一下金鑫集团员工情况？"张海霞答："我不清楚，具体由刘文举负责的，要问刘文举。"再问："你作为金鑫集团公司的股东之一，你把成洲市金鑫金融服务有限公司的经营情况讲一下？"张海霞答："我不清楚，具体我老公刘文举操作的。"（刑事侦查卷宗第 19 卷第 36～37 页）

2）张海霞只签字，不了解业务内容。刘文举在从事商业活动中有时要张海霞签字，例如以张海霞为出借人贷款给兴隆公司的合同中有张海霞的签名。对于该签名，张海霞说："我老公刘文举当时就跟我说他要借钱给人家，要以我的名义出借，让我在出借人的位置签名。我当时拿着他给我的《借款协议书》《借据》以及《补充协议》看了一下，知道是我老公刘文举以我的名义借钱给别人，具体细节我没有看，就按照我老公刘文举的要求在出借人位置签名、按捺手印了。"（刑事侦查卷宗第 19 卷第 36 页）张海霞相信刘文举，所以刘文举要她签名她就签了。侦查人员问张海霞："就算是触犯法律你也要去做吗？"张海霞答："因为我不懂，刘文举安排我做什么就做什么。"（刑事侦查卷宗第 20 卷第 42 页）侦查人员问："如果违法犯罪触犯法律你也要这样听刘文举安排去做吗？"张海霞答："我相信刘文举，听他安排，自己本人不懂法律，就听刘文举安排去做了。"（刑事侦查卷宗第 22 卷第 49 页）这样看来，张海霞不但没有犯罪的故意，甚至没有违法的故意。

3）张海霞拆除违建的保安亭根本就不构成犯罪，因此不能将其作为认定张海霞与刘文举纠集的证据。张海霞为何要拆掉保安亭？侦查人员问张海霞："那你为什么叫吕国青拆掉保安亭？"张海霞答："因为黄子龙未经我们业主的同意，就在沱溪综合市场的前后门强装保安亭，他本来就是黑社会的人。"（刑事侦查卷宗第 19 卷第 17 页）黄子龙等人未经业主同意违规在湖品沱溪综合市场建保安亭准备对过往车辆收费。张海霞打 110 电话报警，警察来处理时说这是执法局管辖的事务，张海霞又打执法局投诉电话，执法局来处理时要求黄子龙拿报建手续，黄子龙没有，执法局就要求黄子龙把保安亭拆掉。黄子龙不但没有拆掉，还在后门建了保安亭。张海霞就叫吕国青拆除保安亭。当时保安亭并未建成，而且他们只拆除了四个螺丝，并未毁坏。交警在处理过程中，张海霞说明了情况，警察说这个事情不归他们管，是执法局的事。张海霞又打电话到执法局、公安局："执法局当时就要求黄子龙把保安亭拆除掉，事情就这样处理了。"（刑事侦查卷宗第20卷第181~183页）刘兵的询问笔录也证实执法局要求黄子龙拆除违建保安亭的事实。刘兵说："后来湖品执法队到场了解情况后，就叫物业公司三天内拆除那收费亭，并发了一份告知书给他们签名。"（刑事侦查卷宗第46卷第54页）参加处理此次纠纷的湖品执法队员历军的询问笔录证实了这一点。侦查人员问历军："你们到达现场后，如何处理的？"历军答："我们责令物业先停止施工，并要求物业公司出示报批等手续，但物业公司当场无法出示，我们就要求物业公司三天内将报批等手续提交到湖品执法队。"又问："后续你们有无调查这个保安亭是否属于违建？"答："建立这个保安亭是没有报建等手续的，是属于违章建筑。"再问："执法队认定违章建筑后，是怎么处理的？"答："我们一般先通知违建人自行拆除，若违建人不配合，我们就会发整改通知等法律文书责令违建人限期拆除，超过拆除时间限期没有拆除的，执法队强制拆除。"（刑事侦查卷宗第335卷第43~44页）但违建者自己不但不拆除，还增建一个保安亭，执法队亦没有强制拆除，这种情况下业主不拆除谁来拆除？执法局两次要求拆除违建保安亭，违建者拒不拆除，张海霞作为业主维护自己的权益拆掉违建的保安亭怎么是犯罪？而且后来违建者用他们拆下来的架子又重新装回去，用原来拆下来的材料又建起了保安亭。张海霞拆除违建的保安亭确属事出有因，怎能认定为黑社会性质组织成员？

（5）杨武状不是组织成员

杨武状原一直从事摩托车销售，后拥有微洲市林远实业投资有限公司、东商旅游投资有限公司，他不是刘文举公司中的任何成员。2004年杨武状与刘文举有商业上的联系。杨武状借款给刘文举395万元，由刘文举借款1 000万元给郑景。后来两人还分别给吉化贷款，杨武状交代了此次贷款的过程。杨武状得知吉化因工程资金紧张需要借款的信息后主动联系刘文举，告知该消息，并带刘文举去青园找吉化参观项目、实地考察青园广场。杨武状与刘文举觉得项目不错可以赚钱，就分别给吉化贷款。吉化首先向杨武状借款并签订借条，杨武状借给吉化 500 万元。杨武状说他印象中刘文举借给吉化 800 万元。吉化半年内将本息还给了杨武状，但刘文举的本息没有还清。本案中，杨武状与张远康只在此两次商业活动中有关联，第一次是杨武状借款给刘文举，刘文举借款给郑景，第二次是各自向借款人贷款。如此情况，怎么能将杨武状认定为经常与刘文举纠集在一起实施违法犯罪？

（6）王自桥不是组织成员

1）王自桥只是兼职做刘文举公司财务报表、报账等。王自桥说："我于 2006 年 4 月至 2010 年 7 月在焦化医院做会计，月收入约 1 000 元，其间我有接外快做会计业务并持续至今。2006 年我丈夫文彰和他同学鹏净共同经营一家微洲市祥胜会计服务公司，2018 年 3 月该公司变更股东为我和我丈夫，专门对外承接代理做账业务和代理工商注册登记业务。"（刑事侦查卷宗第 33 卷第 4 页）她承接的外单有微洲市超人广告有限公司、微洲市贸明景广告有限公司、微洲市超人农业有限公司等（刑事侦查卷宗第 33 卷第 5 页）。她每个月从刘文举处只得报酬 1 750 元加 850 元社保（刑事侦查卷宗第 33 卷第 34 页）。作为一个兼职会计显然不能认定为黑社会性质组织的成员。设想一下，如果王自桥所兼职的这些外单位均涉恶，那么她是哪个组织的成员？

2）王自桥并不参与刘文举的放贷业务。王自桥并不知每笔交易记录的真实内容，也不参与或帮助刘文举处理借款业务。侦查人员问王自桥："刘文举有没有让你帮他计算过高利贷的利息和复利罚息等，并制作相应的对账单？"王自桥答："没有。"（刑事侦查卷宗第 33 卷第 11 页）

3）王自桥不是真正意义上的刘文举公司财务负责人。侦查人员曾问王自桥："实际上你是不是顶世、沱江希和木器厂、经信实业有限公司的财务负责人？"王自桥答："我不是，我就是帮刘文举代记账的，按照刘文举要求帮他制作贷款报表。我没有接触过这些公司的财务章、公司章、印鉴章。"（刑事侦查卷宗第 33 卷第 74 页）如果王自桥是公司的财务人员，怎么可能不接触这些财务章、公司章、印鉴章？

（7）吕国青不是组织成员

吕国青是张海霞的侄子，在希和木厂上班，每个月工资 3 000 元。侦查人员问吕国青:"你在希和木厂上班的时间是怎么样的?"吕国青答:"周一至周日都要上班,每天早上八点至晚上六点左右,中午休息两个小时,包吃住的,木厂现在就我一个人上班,我姑丈一般都不会去木厂,我姑姑有时候会过去木厂看一下。"(刑事侦查卷宗第 45 卷第 5 页)吕国青被指控认定为黑社会性质组织成员主要是因为两个方面的事情:一是刘文举曾经借吕国青的名义通过拍卖方式以 36.6 万元价格竞得阳明公司 80%的股权;二是吕国青曾经帮张海霞拆除沱溪市场的违建收费亭。

对于被借名竞得阳明公司股权之事,吕国青说 2008 年年底的一天刘文举打他电话说:"一个叫吉化的借了我很多钱,他不肯还钱,法院在拍卖他的公司,你去帮我把阳明房产公司买下来。"后来刘文举就带吕国青办理竞拍手续,并竞拍成功(刑事侦查卷宗第 45 卷第 9~10 页)。后续就是配合法院到青园广场接受吉化移交阳明公司账本。在该竞拍中吕国青只是出名帮刘文举,不具有任何实质内容,不能因此认定吕国青是所谓黑社会性质组织成员。

对于吕国青曾经帮张海霞拆除沱溪市场的违建收费亭,这原本只是一起民事纠纷,侦查机关执意将民事问题刑事化,将民事维权作犯罪处理。即使如此,吕国青亦不能被认定为所谓黑社会性质组织成员,因为这只是张海霞生活中遇到的纠纷,拆除违建的收费亭也与所谓黑社会性质组织没有任何联系。

(8)周自平不是组织成员

周自平是浙江方正联合律师事务所律师,与刘文举的公司没有归属关系。周自平受刘文举的聘请担任其部分民事案件的诉讼代理人,双方是委托合同关系。周自平根据合同的内容代理刘文举从事民事诉讼活动,按件收取律师费。虽然现在警方认定刘文举涉嫌通过民事诉讼的方式实施了一系列的所谓诈骗犯罪,但这些均是不成立的。在周自平为刘文举提供民事诉讼代理服务时,周自平亦无法判断刘文举是否构成犯罪,即使诉讼过程中有些诉讼资料可能存在瑕疵,周自平也只能基于当事人提供的材料进行诉讼。因此,周自平没有犯罪的故意,不可能成为所谓黑社会性质组织的成员。

(9)刘兵不是组织成员

刘兵于 2016 年进入湖阳一所大学就读,现在是在校大学生,只在寒暑假期间短时间在家，根本没有参与刘文举借贷活动。

刘兵 2018 年 3 月成为致理实业法人代表，2018 年 3 月成为宏观投资和远景置业公司的法人代表，而 2018 年 3 月本案被刑事立案，2018 年 6 月 15 日刘兵被传唤。如此短的时间内，刘兵不可能利用公司实施任何犯罪行为，因此不能被认定为黑社会组织中的一员。事实上刘兵也没有参与这些公司的管理。在被讯问中，刘兵的回答印证了这一点。侦查人员问："现向你出示微洲至宏观投资有限公司的建设银行开户资料（卡号 4403×××××××××××××××××），请你仔细查看该张银行卡是否是你本人开户并使用。"刘兵答："这张卡不是我在用，也不是我本人去开的，是我委托我母亲张海霞去开的，我当时写了一份授权委托书给我母亲张海霞，而这个账户的实际操作人是我爸刘文举。"（刑事侦查卷宗第 46 卷第 61 页）"我只是空挂在这个公司的，所以公司成立至今有什么业务、公司的人员情况我都不清楚。"（刑事侦查卷宗第 46 卷第 42 页）刘兵承认帮刘文举开过车，但没有帮过生意上的事。侦查机关问："你是否帮刘文举打理过生意上的事？"刘兵答："我 2016 年高中毕业后，我爸刘文举时不时叫我开车送他去谈生意，但我到了地方后就在车里等他。没有跟着他去谈具体的业务。"侦查人员问："你爸刘文举有无跟他的生意伙伴介绍过你？"刘兵答："有。2016 年 7 月高中毕业后，我爸刘文举时不时会带着我去谈生意，跟别人介绍说我就是他的儿子刘兵，以后会跟着他做生意，叫他生意上的伙伴以后在生意上多多关照一下我。但刘文举跟他们在谈具体生意上的事，我就回避了。"（刑事侦查卷宗第 46 卷第 45 页）

（10）刘滔不是组织成员

刘滔 2015 年 6 月刚从学校肄业回家，回家后只是偶尔帮其父开一下车、送点资料，因为与父亲关系不好，几个月后即 2016 年 3 月被安排到前门山南楼寺风景区管理有限公司从事管理工作，刘滔在该公司期间该公司并未涉案。案卷材料显示刘滔是丽都实业的法人代表、宜居中房地产的股东，但他从来没有管理过公司。刘滔被讯问时答："这个公司（丽都实业）只是我父母以我的名义去开办的而已，实际不是我在管理的。""这个公司（宜居中房地产）只是我父母以我的名义去做股东的而已，实际不是我在管理的。"（刑事侦查卷宗

第 47 卷第 5 页）案卷材料显示，2014 年 12 月 23 日宜居中房地产召开了股东会议，有刘滔的签名，2015 年 1 月 22 日宜居中房地产召开了股东会议，有刘滔的签名，而这个时候刘滔还在读大学，人没有在微洲。

那么刘滔到底帮刘文举做过什么？侦查人员问："你说你是 2015 年 6 月开始就跟着你爸刘文举做事，他带你做过什么事？"刘滔答："我帮他开过车、送资料去过法庭、去朝和银行贷过款，也去银行存取过钱。"（刑事侦查卷宗第 47 卷第 46 页）日常开车、送资料只是一般性的劳务，与犯罪没有任何关系；去朝和银行贷过款是刘文举要用刘滔挂名的公司需刘滔签字，至于贷什么款、为什么贷款、贷款用于什么方面刘文举不会告诉刘滔；去银行存取钱也不会告知刘滔详情。侦查人员问过刘滔取钱的情况，问："你爸有没有说这笔钱是怎么来的，是什么用途？"刘滔答："我爸没有说，因为我爸很暴躁，经常会骂我，那时我已经跟我爸闹脾气，基本上没有话说的，所以我怕问多了反而被他骂。"（刑事侦查卷宗第 47 卷第 14 页）这说明刘滔根本不是所谓黑社会性质组织的成员。

综上所述，这些人员根本就不是什么组织成员。既然没有组织成员，就没有组织，自然无组织者、领导者、骨干成员或其他成员。

（二）刘文举没有以暴力、威胁或者其他手段，有组织地多次进行违法犯罪活动，为非作恶，欺压、残害群众，本案不符合组织、领导黑社会性质组织罪的行为特征

1. 刘文举没有实施暴力、威胁的行为

2009 年《座谈会纪要》强调："暴力性、胁迫性和有组织性是黑社会性质组织行为的主要特征。"2018 年《指导意见》中也强调："黑社会性质组织实施的违法犯罪活动包括非暴力性的违法犯罪活动，但暴力或以暴力相威胁始终是黑社会性质组织实施违法犯罪活动的基本手段，并随时可能付诸实施。"这里明确要求在黑社会性质组织行为特征的认定上注意"暴力或以暴力相威胁始终是黑社会性质组织实施违法犯罪活动的基本手段"。那么刘文举等人是否实施了暴力或以暴力相威胁的手段呢？

《起诉意见书》语焉不详地提到"刘文举涉黑团伙就通过软、硬暴力并施

向被害人施压，通过非法拘禁、敲诈勒索迫使借款方偿还不存在的虚假债务，或者通过威胁损害被害人商业信誉、查封不动产等方式，给被害人造成心理强制"。刘文举有过非法拘禁他人的行为吗？为何整个《起诉意见书》没有展现这一点？"敲诈勒索"完全是侦查机关为了使刘文举等人涉黑而强加的罪名，本《律师法律意见书》后文会对此进行分析。"查封不动产"更谈不上非法使用暴力，因为借贷合同附有了抵押合同，借款人违约或不履行法院生效判决时，权利人有权申请法院查封。至于吉化被微洲市中级人民法院法官和法警带到青园广场移交公司账本材料直到其被释放，整个过程都是法官和法警在主持管理，是法院要求吉化配合执行工作，不存在刘文举等人非法限制吉化人身自由的问题。刘文举带人去一方面是因为公司账本材料移交要人手，另一方面也是担心吉化再次逃掉以至公司账本又无法移交。这些人在青园广场及微洲中院均无暴力或暴力威胁的行为。因此，刘文举等人在整个案件中都无暴力或暴力相威胁的行为。《起诉意见书》将刘文举等人认定为黑社会性质组织，完全不符合上述司法解释的规定。

2. 刘文举没有实施"套路贷"的行为

为证明刘文举等人符合组织、领导黑社会性质组织罪的组织特征，《起诉意见书》特别强调刘文举实施了"套路贷"的行为。

根据最高人民法院、最高人民检察院、公安部、司法部2019年出台的《关于办理"套路贷"刑事案件若干问题的意见》（以下简称"2019年《意见》"），"套路贷"，是对以非法占有为目的，假借民间借贷之名，诱使或迫使被害人签订"借贷"或变相"借贷""抵押""担保"等相关协议，通过虚增借贷金额、恶意制造违约、肆意认定违约、毁匿还款证据等方式形成虚假债权债务，并借助诉讼、仲裁、公证或者采用暴力、威胁以及其他手段非法占有被害人财物的相关违法犯罪活动的概括性称谓。而且该《意见》明确指出，"套路贷"的手法和步骤：①制造民间借贷假象；②制造资金走账流水等虚假给付事实；③故意制造违约或者肆意认定违约；④恶意垒高借款金额；⑤软硬兼施"索债"。这说明，如果不符合该五个手法和步骤（既然强调的是"步骤"，那么缺少其中任何一个步骤都不能认定为"套路贷"），就不能认定为"套路贷"。《起诉意见书》认为刘文举：①制造民间借贷假象；②精心设计借款协议；③预先扣除利息；④伪造还款收据虚增债务；⑤制造银行流水痕迹；⑥借新还旧垒高债务；⑦胁迫逼债、虚假诉讼等手段蚕食侵吞被害人财产。《起诉意见书》并未认定刘文举故意制造违约或者肆意认定违约，也就是说《起诉意见书》缺少了认定"套路贷"关键的一步——故意制造违约或者肆意认定违约。因此，《起诉意见书》即使从七个方面进行论证，也仍然无法认定刘文举构成"套路贷"。而且，《起诉意见书》所指的七个方面不是事实或证据不足。

（1）刘文举没有制造民间借贷假象

根据 2019 年《意见》的规定，"制造民间借贷假象"是犯罪嫌疑人、被告人以低息、无抵押、无担保、快速放款等为诱饵吸引被害人借款，继而以"保证金""行规"等虚假理由诱使被害人基于错误认识签订金额虚高的"借贷"协议或相关协议。本案中，刘文举在与所谓"被害"公司签订合同时，从未以低息、无抵押、无担保、快速放款等为诱饵吸引这些公司来贷款，也未以"保证金""行规"等虚假理由诱使上述所谓"被害"公司基于错误认识签订金额虚高的借贷协议或相关协议。刘文举与这些公司签订合同前都会与借款公司谈妥利率、抵押，并在合同中明文载明。刘文举也没有向借款公司讲述"保证金"和"行规"等虚假理由，案卷材料中没有任何证据表明刘文举以此类虚假理由诱使"被害"公司签订贷款合同。从最高人民法院"中国裁判文书网"上所公布的案例看，"套路贷"多发生在贷款公司与被害的自然人之间，因为这些自然人缺乏借贷常识，被诱骗签订合同。但本案中所谓"被害人"全部是公司，而且这些公司的经营中都存在大量的借款，熟知贷款的规则，不存在他们被引诱签订合同的情况。

《起诉意见书》认为刘文举与借款公司签订的《借款协议》中的借款方均为公司而非个人，但担保人均为借款公司的法人代表或其亲属以及其名下所有公司。这并非刘文举的引诱，也不是要制造民间借贷假象。给借款人提供担保是基于担保人的自愿，并非刘文举强迫，《中华人民共和国担保法》（以下简称《担保法》）对此类担保行为并未作限制，更无禁止性规定。这根本无法成为认定刘文举制造民间借贷假象的理由。

（2）刘文举设计借款协议不是构成犯罪的理由

《起诉意见书》认为《借款协议》陷阱重重，但并未有任何证据证明陷阱何在。《起诉意见书》所指的"日罚息高达千分之一以上，诉讼、拍卖、评估等费用"由借款方承担，这是明确列举在借款合同中的，并非陷阱；而且，罚息与费用都是以借款方违约为前提的。如果借款方不违约，根本不存在罚息与费用。即使是与银行签订《贷款合同》，如果借款方违约，也存在贷款利率上浮 50%～100% 的罚息。我们能因此说银行的《贷款合同》陷阱重重吗？《贷款合同》中约定"诉讼、拍卖、评估等费用"由违约方承担并不违反《中华人民共和国合同法》（以下简称《合同法》）的规定，而且最高人民法院《民事判决书》（〔2016〕最高法民终 613 号）中明确维权措施所产生的费用，包括但不限于调查费、诉讼费、律师费等由违约方承担，系当事人的真实意思表示，内容不违反法律、行政法规的强制性规定，应属有效，各方当事人应诚信履行。

（3）刘文举是否预先扣除利息存疑

《起诉意见书》认为刘文举收取"砍头息"，预先扣除利息，致使借款方实际借到的本金远低于签订《借款协议》中的本金。从案卷材料看，刘文举自始就不承认自己收借款人的"砍头息"，因此侦查机关并无直接证据对此加以证明。侦查机关是基于被害人陈述、其他被告人的推测及刘文举一份录音三类间接证据作出上述认定。首先，被害人自身在本案中具有重大利益，其陈述的真实性存疑；其次，其他被告人都不是借贷行为的直接经手人，与借款人谈合同、收回本金与利息都是刘文举独自完成，本案中的其他被告人均没有参与，所以其他被告人只是推测或猜想刘文举收了"砍头息"；再次，借款一方提供的偷录的刘文举谈话内容在民事诉讼中尚且不能作为定案证据，在刑事诉讼中更应当排除。这是因为该录音无法排除制作过程中刘文举受到威胁、引诱等违反法律及有关规定的情形，也无法确认录音的内容和制作过程是否真实，有无经过剪辑、增加、删除、编辑等伪造、变造情形。刘文举在回答侦查人员的提问时谈到了这个问题，刘文举说："当时是因兴隆案看到我提交给法院的证据，他就拿这些证据跟我'装疯卖傻'，引导我叫我教他这些证据能不能用作消化常年放高利贷超出法律范围保护的利息，引导我说的这些话。如果我是这样做的，我怎么可能这样说，而且他就是我的债务人，所以他这个录音不但违法，也不真实。我们聊了很久的，最起码在录音的前面还有一段话，前面他说你的钱是你自己的钱，哪怕一分钱两分钱借出去你都是赚的，而他是专门放贷的，他的钱是对外融资过来的钱，融过来的利息成本已经是两分多了，放的钱肯定是超出法律范围内保护的利息，他说我是老前辈了，教下他怎么样才能避掉。再说，实际控制的辉耀公司是欠我两个多亿本金的保证人，如果我对他们有这种做法，我怎么可能在他们面前对他们说呢。"（补侦卷第 3 卷第 62 页）

（4）刘文举没有伪造还款收据虚增债务

《起诉意见书》认为刘文举伪造还款虚假收据凭证等以达到虚增债务的目的。侦查机关查获的证据材料中有刘文举保存的、有借款人签字的借条。侦查机关认为刘文举手中的现金借条是虚假的，不存在真实的借贷关系，是收的"砍头息"。对此，刘文举始终强调这些借条所承载的内容是真实的，如果不存在真实的交易关系，借款人不可能在上面签字。而且，这些借条原件已当面销毁或归还借款人，刘文举已经无法用证据证明真实交易关系。侦查机关在讯问刘文举的时候认为这么多现金交易是不可能的，家里不可能有这么多现金。本辩护人注意到，这些现金交易都是小额交易，无须提供大量现金。即使是大量现金，刘文举也确实有大量现金存于家中。曾经陪同刘文举取现金的刘滔在讯问笔录印证了这一点。侦查机关问："你们拿了这些现金以后会如何处理？"刘滔答："一部分钱会拿回家，一部分钱会存进银行。"（刑事侦查卷宗第 47 卷第 127 页）侦查机关问："你爸拿现金最多的一次回家是什么时候？"刘滔答："我记得最多一次应该是 2015 年 8 月 10 日和 2015 年 8 月 11 日那两天从江北建设银行文昌支行，一共取回了四个蛇皮袋现金放回家，具体金额我不清楚。"而且侦查机关在对刘文举家进行搜查时，当场搜出了大量现金。对此，《微城区公安分局扣押决定书》也有明确记载："扣押犯罪嫌疑人刘文举现金人民币 370 806 元、港币 173 450 元、美元 1 000 元。"（刑事侦查卷宗第 454 卷第 4～5 页）这些现金折合成人民币就有 50 多万元。

（5）刘文举没有制造银行流水痕迹

《起诉意见书》认为刘文举通过向借款方虚假承诺或使借款方产生错误认识，采用胁迫和欺骗手段，威迫被害人与非出借人以外的其他团伙成员签订"息转本"合同。案卷材料显示刘文举在与借款人谈合同时都言明了合同细节，不存在任何虚假承诺或使借款方产生错误认识的问题，更无采用胁迫和欺骗手段。在合同签订后，刘文举均按合同的约定通过银行汇款给借款人或直接以现金支付给借款人，不存在制造银行流水。虽然有个别情形下刘文举通过银行汇款给借款人后借款人通过银行向刘文举汇款，但这是借款人向刘文举还旧账，即借新还旧。刘文举回答侦查人员的提问时说明了这一点。侦查人员问："刘文举，根据银行流水情况及在你住处搜出的收据情况可看出，在每次你出借资金给兴隆公司及其关联公司前或付钱过程中，兴隆集团或其关联公司会向你或你指定的账户汇款，你如何解释？"刘文举答："我的借款是有大部分存在借新还旧情况，借新还旧的意思就是，借款人需要借我的钱，我会要求借款人必须将新的借款资金用部分资金偿还以前旧的借款本金及利息。"（补侦卷第3卷第383页）这种证据正好印证刘文举没有制造银行流水。因为刘文举完全可以在借款人借新款时将旧借款扣除，然后将剩余部分汇给借款人；如果这样处理，借款人更会说刘文举收"砍头息"，刘文举将更加有口难辩。

（6）刘文举没有非法借新还旧，垒高债务

借新还旧并不违法，即使是在银行的借贷活动中，银行与借款人之间也存在借新还旧的方式。借新还旧后借款人债务的增加是必然的，因为还旧的款项来自出借人，借款人是用新借的款项还自身的旧账，并非借款人自身的钱还账。在借新还旧中，借款人与贷款人协商后，既可以还旧款的利息，也可以还旧款的本金。垒高债务是借款人所借新债所致，不存在刘文举通过借新还旧非法垒高借款人债务的问题。

（7）刘文举未以胁迫逼债、虚假诉讼等手段蚕食侵吞借款人财产

当借款人无法按合同约定还债时，刘文举为维护自身合法权益，当然要找借款人协商或通过诉讼的方式实现债权。刘文举在与借款人签订借款合同时就在合同中约定了纠纷可以通过协商途径解决，协商不成则可以提起诉讼。刘文

举为实现自己的债权,在协商不成的情况下,正是通过诉讼这一合法方式。通过诉讼的方式实现债权,刘文举胜诉后申请法院强制执行借款合同中约定的抵押物,于情合理、于法有据。

(三)刘文举没有有组织地通过违法犯罪活动或者其他手段获取经济利益,亦未用经济实力支持犯罪,本案不符合组织、领导黑社会性质组织罪的经济特征

刘文举从事的是民间借贷活动,虽然借贷双方在合同中约定的利率比银行同期利率的高,最高人民法院《关于审理民间借贷案件适用法律若干问题的规定》亦承认一定范围内的高利率,而且当法院的判决没有支持超过法定利率范围的诉讼主张时,刘文举亦服从法院的判决。

在借款方不能按期归还借款的情况下,刘文举通过诉讼的方式实现其债权、获得担保物符合法律的规定。《起诉意见书》将刘文举通过竞拍获得吉化的奔驰车和青园阳明广场停车场、通过竞拍获得阳明公司的股权视为"违法犯罪活动",完全违背事实。因为竞拍是法院授权法院认定的公司主持的,刘文举只是参与竞拍的一员,和其他竞拍者一样,刘文举在竞拍中具有平等的地位,没有享受超出他人的特权,竞拍是合法方式,其通过竞拍获的财产是合法财产。

案卷材料显示,刘文举通过民间借贷获取商业利益。依据最高人民法院《关于审理民间借贷案件适用法律若干问题的规定》第二十六条的规定,借贷双方约定的利率未超过年利率 24%,出借人请求借款人按照约定的利率支付利息的,人民法院应予支持;借贷双方约定的利率超过年利率 36%,超过部分的利息约定无效。借款人请求出借人返还已支付的超过年利率 36%部分的利息的,人民法院应予支持。这就说明刘文举借钱给他人如果利率没有超过该规定,就是合法的。而且,我国没有任何一部法律或司法解释禁止超过法定利率的高利贷,也就是说刘文举借钱给他人时如果利率高于相关规定,超过的部分只是不受法律的保护,但并不表明其违法。在概念上,不受法律保护与违法是两个完全不同的概念。作为认定黑社会性质组织的经济特征,首先强调的是行为人通过有组织的"违法犯罪活动"获取经济利益。当然黑社会性质组织经济特征的认定还有"其他手段获取经济利益",民间借贷是不是属于"其他手段获取经济利益"? 2009 年《座谈会纪要》强调只有获取的经济利益用于违法犯罪活

动或者维系犯罪组织的生存、发展才能认定为这里的"其他手段获取经济利益";2015 年《座谈会纪要》也强调经济实力要在客观上起到豢养组织成员、维护组织稳定、壮大组织势力的作用。

那么刘文举有没有将其民间借贷的收益用于违法犯罪活动或者维系犯罪组织的生存、发展？从《起诉意见书》看，侦查机关并未证明刘文举民间借贷收益的用途。而且，侦查机关列举的刘文举维系犯罪组织的证据根本站不住脚。《起诉意见书》认定刘文举给"组织成员"发工资、买社保，完全不是事实，刘文成、刘文重、刘文举、李鸽、伍健从未领过刘文举的工资，伍健虽然将社保挂在刘文举公司，但社保费是自己交的。《起诉意见书》认定刘文举为激励组成成员为其发奖金，列举的证据是刘文举给员工奖励 100 元。首先，这 100 元没有得到刘文举确认；其次，即使存在这 100 元所谓的"奖励"，在当今的经济条件下能起到激励作用吗？再次，从案卷材料看，刘文举的身价以亿元计算，他会用 100 元去激励员工吗？最后，《起诉意见书》认定刘文举给刘文成、刘文重、李鸽财物，均未得到他们的确认，他们在讯问笔录中一次又一次强调他们未从刘文举处得好处。《起诉意见书》竟然将刘文重、李鸽借给刘文举钱、刘文举以月利率 1.5%支付的利息认定为刘文举用经济实力支持组织发展的资金。刘滔是刘文举的儿子，父亲给儿子买一套房竟然也被《起诉意见书》认定为刘文举用经济实力支持组织发展。

《起诉意见书》还列举了刘文举经营为诚公司时代地下停车场，使用和经营与顾文忠、顾自成合作开发的沱溪商住综合市场、高利转贷获得收益。如前所述，刘文举是通过实现债权获得了为诚公司时代地下停车场，而与顾文忠、顾自成合作开发沱溪商住综合市场是双方商业合作并非违法与犯罪。刘文举也拒绝承认高利转贷，反而是公司欠了他个人的巨额资金。

因此，刘文举没有有组织地通过违法犯罪活动或者其他手段获取经济利益，没有使用其经济实力从事犯罪活动。

（四）刘文举不可能对微洲、青园等周边地区的房地产行业造成重大影响，无法严重扰乱当地市场经济和金融秩序，更没有破坏社会生活秩序和公平正义

《起诉意见书》中提到，从中国裁判文书网上查找到刘文举高利贷业务

共 238 笔，诉讼案件为 83 宗。《起诉意见书》是要指控刘文举的这些民间借贷都是犯罪吗？如果是，那么证据在哪里？如果不是，这组数据要说明什么问题？

根据《起诉意见书》的指控，刘文举自 2004 年开始从事民间借贷，至案发共 15 年时间，但所涉及的实际上只有 13 个"被害人"。刘文举与此十多位"被害人"之间的民间借贷能给微洲、青园等周边地区的房地产行业造成重大影响吗？能严重扰乱当地市场经济和金融秩序吗？辩护人举两个年度的例子来看看微洲经济的相关情况：2005 年，微洲全市商品房在建面积 484.43 万平方米，商品房竣工面积 125.63 万平方米，商品房销售面积 136.76 万平方米，商品房销售金额 35.52 亿元；2005 年微洲全市金融机构本外币贷款余额 409.44 亿元，其中人民币贷款余额 367.23 亿元。2017 年微洲全年房地产开发投资 884.19 亿元，2017 年全市金融机构本外币贷款余额 4 012.86 亿元。这两个年度在本案中具有比较突出的代表意义，是案件涉及的头尾两年。拿本案中刘文举借款的数据、贷款的数据、借款房产商的相关情况与这组数据比较，《起诉意见书》的指控站得住脚吗？本案中刘文举的民间借贷数据是多少？根据《起诉意见书》的指控，自 2007 年 1 月至 2015 年 5 月，刘文举及其公司从银行贷款 13 笔，合计 25 940 万元。这就是说刘文举从银行贷款每年平均约 3 000 万元，即使全部将这些钱用于放贷，他能影响微洲的金融秩序吗？他影响的几家房地产企业投资额多少、建筑面积多大、销售面积和金额是多少？刘文举能影响微洲的房地产行业吗？刘文举连微洲都无法影响，还能给青园等周边地区的房地产行业、金融秩序造成重大影响吗？

《起诉意见书》指控刘文举使借款人家庭破裂，正常生活和合法权益无法保障。建议侦查机关调取借款人家庭破裂的离婚诉讼文书或离婚协议书，看看上面是否记载了刘文举使其家庭破裂，不能以被害人的一面之词定案。实际上，案卷材料显示不是刘文举去威胁别人，倒是借款人威胁刘文举、刘文重、李鸽和伍健，使得刘文重、李鸽、伍健一段时间不敢出门（刑事侦查卷宗第 15 卷第 48～49 页、第 26 卷第 97 页）。

《起诉意见书》指控刘文举使多家房地产企业陷入经营困境，楼盘烂尾，甚至破产。与刘文举发生借贷关系的企业本来就是因资金短缺而经营困难的企业，由于其贷款多而无法再从银行借款，转而向刘文举等人从民间融资。例如郑景"是时代中心在建到 18 层时就没有钱建下去了"（刑事侦查卷宗第 31 卷第 101 页）、吉化"当时正在开发青园广场楼盘项目，资金紧缺"（刑事侦查卷宗第 31 卷第 144 页）。这说明他们的经营困境早就出现了，并非如《起诉意见书》所指由刘文举所致。例如，微城区人民政府 2015 年 12 月 18 日给微洲市人民政府的《关于时代三期项目暂缓缴纳办理人防、规划许可相关费用有关问题的请示》中说："由于凤凰置业公司因资金问题无法取得该项目人防建设许可证、建设工程规划许可证，从而承建商无法办理施工许可手续，相应导致不具备银行再次融资的条件，项目面临再次停工、整体无法继续开发的局面。"这份政府文件充分说明凤凰置业公司的困境并非刘文举所导致。

至于《起诉意见书》指控刘文举进行"套路贷"，本法律意见在前面已经有详细分析，认为刘文举没有实施套路贷。

二、刘文举未诈骗青园市阳明房产开发有限公司、未妨害公务

（一）刘文举未诈骗青园市阳明房产开发有限公司

案卷材料显示，2004 年 8 月至 2005 年 4 月刘文举多次借款给青园市阳明房产开发有限公司（以下简称"阳明公司"）。刘文举每次都与借款人签订了借款合同，合同中明确了借贷的基本内容，合同是基于平等自愿原则签订，刘文举没有隐瞒真相或捏造事实，未非法占有借款人阳明公司及担保人的财物。《起诉意见书》为证明刘文举有非法占有的目的，指控刘文举收高息、"砍头息"，合同中有预售登记条款，息转本等，并指控其涉嫌构成诈骗罪。本辩护人认为该指控不成立，具体理由如下。

1. 借款合同中有确定的月利率，刘文举未收高于合同的利息

刘文举在与阳明公司签订的借款合同中确定月利率为 2.5%，实际执行的也是这个利率，而不是《起诉意见书》指控的 3.5%。刘文举自始否认实际执行的是 3.5% 的月利率。侦查机关问刘文举借款给他人的借款合同上是否为月利率 3.5% 的贷款时，刘文举回答："你们侦查员问这个贷款月利率是 3.5% 是缺

德。"（刑事侦查卷宗第 12 卷第 5 页）侦查机关是根据"被害人"与案中其他被告人的推测或猜想认为实际执行的月利率是 3.5%，其证据不确实、不充分。例如，吉化说刘文举收了高于合同 1% 的利息，但其公司财务上对此却完全没有体现。侦查人员问吉化，为什么刘文举还款情况表中没有体现偿还额外利率 1% 计算的利息？吉化的回答是："应当是我公司财务人员在列表时只针对借款协议书中的合同月利率 2.5% 来列，所以就没有体现出额外月利率 1% 的计算的利息。"（刑事侦查卷宗第 59 卷第 14、20 页）这种解释不符合会计准则，也无根据，更无法令人信服。

在与刘文举会见时，刘文举明确告知本辩护人："如果真有更高利息，我会写到协议书中而不是用口头约定，这样更能得到借款人认可和执行。""如果真有更高利息，写在借款协议书中也不违法，没有哪部法律规定不能在借款协议书中约定高利息。只是高于国家认可的利率产生的利息不被法院认可。""借款时我没有想到要打官司，要打官司我就不借了。"正因为如此，即使刘文举与阳明借款合同中规定的月利率 2.5% 超过了最高人民法院《关于审理民间借贷案件适用法律若干问题的规定》对利率的第一档月利率 2% 的规定，他也如实地写在了借款协议中。刘文举起诉的案件（包括与阳明公司的贷款合同纠纷），法院均没有支持超过法定利息的诉讼要求，刘文举完全认判息讼。侦查机关曾经就此问过刘文举，刘文举回答："这些都是法院已经判了，判决的利息也没有超过法律规定上限的利息，判决书你们也已经看过了。"（刑事侦查卷宗第 12 卷第 27 页）

案中吉化对利息的计算完全是随意的。例如第四笔借款中，吉化说刘文举从借款中扣了利息，利息的计算方式是 25.5+72+45，按这个算法与数字，其结果应当是 142.5 万元，但吉化说刘文举扣 145 万元（刑事侦查卷宗第 59 卷第 24 页）。两者差 2.5 万元，说明吉化对利息的计算完全是随意的。

吉化还将借款说成利息。例如吉化说 3 543 750 元借条所载的是借款利息，不是借款，但他说不出利息计算的依据（刑事侦查卷宗第 59 卷第 31 页）。刘文举在会见时则向本辩护人讲清楚了该笔借款的情况：2005 年 6 月 16 日我拿了 350 万元现金给吉化，他说半个月还我。利息的计算公式就是 350 万元×0.025×

1/2=43 750 元。利息加上本金就是 3 543 750 元，借条上我就写了 3 543 750 元，到月底他还这个数给我。而且吉化说是刘文举篡改日期，将 2006 年 6 月 10 日改为 2006 年 6 月 16 日，没有任何证据（刑事侦查卷宗第 59 卷第 42 页）。

2. 刘文举没有收"砍头息"

刘文举否认在借款给阳明公司中收"砍头息"，刘文举认为所谓 39 万元、36.5 万元、54 万元、145 万元和 198 万元五次"砍头息"根本就与当次贷款没有关系，是借款人还以前所欠刘文举的借款，刘文举每次均按合同足额将贷款支付给阳明公司。案中借款人胡乱地将还以前借款作为所谓砍头息。例如对第三笔借款，吉化说刘文举于 2004 年 11 月 9 日预扣了第一、第二个月的利息及四个月的所谓口头约定利息，但刘文举给的收据却是 2004 年 11 月 7 日和 2004 年 12 月 21 日两张收据，吉化的解释是"刘文举为什么会写这个日期我记不起来了"（刑事侦查卷宗第 59 卷第 20 页）。

"被害人"自己关于借款数额的说法矛盾重重，"被害人"和证人关于每次借款实际收到多少款说法也互不一致，证明砍头息问题存疑。首先，吉化关于自己关于借款数额的说法矛盾重重。一方面，吉化对借款实际收到总额的说法前后矛盾。吉化说，他四次共借 1 300 万元，加上 2005 年 4 月 2 日的借款，共 1 500 万元，实际收到 1 036.1 万元（刑事侦查卷宗第 59 卷第 27 页），该说法与其在问话笔录中分述的按次实际收到款项的总额矛盾，因为其实收总额是 1 030.5 万元。另一方面，吉化分述每笔借款实际收到数额存在矛盾。例如对第二笔借款，吉化说实际收到 263.5 万元，但他给出的计算公式，应当是 268.5 万元，两者相差 5 万元。为圆自己的说法，他说是刘文举"另外还多扣了 5 万元"，却没有说明为什么多扣（刑事侦查卷宗第 59 卷第 15 页）。其次，吉化关于实际收到款项的说法与其他证人的说法不一致。例如对第二笔借款，吉化说实际收到 263.5 万元（刑事侦查卷宗第 59 卷第 15 页），周仕民说这笔借款只收到 94.5 万元（刑事侦查卷宗第 59 卷第 62 页）；又如对于第三笔借款，吉化说实际收到 46 万元（刑事侦查卷宗第 59 卷第 19 页），周仕民说只收到 28.5 万元（刑事侦查卷宗第 59 卷第 63 页）；再如对于第四笔借款，吉化说收到 155 万元（刑事侦查卷宗第 59 卷第 24 页），周仕民说只收到 2 万元（刑事侦查卷宗第 59 卷第 64 页），周琼颖说公司没有收到钱（刑事侦查卷宗第 59 卷第 78 页）。对于借款有没有收到钱、收到多少钱，"被害人"自身的说法矛盾重生，其与证人也存在大且多的矛盾，怎么能相信他们关于砍头息的说法？

3. 预售登记并不表明刘文举有非法占有的目的

在刘文举与阳明公司的借贷业务中，阳明公司与刘文举办理了抵押物的预售登记，这只是一种抵押。吉化自己也认为办理预售登记"在我们房地产行内一般称为预售备案抵押"（刑事侦查卷宗第 59 卷第 10 页）。而且，本案中，刘文举借给阳明公司的贷款在阳明公司无法按期还款的情况下延期了。例如第一笔借款是从 2004 年 8 月 30 日到 2004 年 12 月 30 日，后延期 8 个月至 2005 年 8 月 29 日；第二笔借款是从 2004 年 9 月 21 日至 2005 年 12 月 20 日，后延期 8 个月至 2005 年 8 月 20 日。如果刘文举有非法占有的目的，他要非法占有抵押物，他为什么要延期？期限一到就主张权利不是实现了非法占有的目的吗？在阳明公司归还部分借款后，刘文举也解除了部分抵押，将部分商品房和商铺归还给阳明公司（刑事侦查卷宗第 59 卷第 55 页）。一个要非法占有阳明公司抵押物的人怎么可能归还抵押物？

4. 刘文举否认要求借款人写"息转本"的借据（实际上"息转本"并非均不合法）

《起诉意见书》指控刘文举要求吉化书写"息转本"借据，并将此作为指控刘文举涉嫌犯罪的证据。刘文举否认自己要求借款人写"息转本"的借据。即使刘文举真要求吉化写"息转本"借据，也不能认为刘文举诈骗。吉化拒不履行合同、拒不按约向刘文举归还借款，且更换手机，刘文举无法找到吉化。若刘文举找到吉化后真要求他写"息转本"借据，亦不为过。依据《最高人民法院关于审理民间借贷案件适用法律若干问题的规定》第二十八条的规定，借贷双方对前期借款本息结算后将利息计入后期借款本金并重新出具债权凭证，如果前期利率没有超过年利率 24%，重新出具的债权凭证载明的金额可认定为后期借款本金；超过部分的利息不能计入后期借款本金。这说明最高司法机关认可借贷双方的息转本行为。若刘文举如《起诉意见书》指控，要求吉化将前期借款利息计入后期借款本金，其行为也并不违法，只是超过年利率限制的不受保护而已，并非犯罪。

至于吉化欠刘文举155万元之事，刘文举在会见本辩护人时解释得非常清楚：因为吉化借的350万元未按期还款，且该笔借款没有抵押物，也没有签订借款协议，所以刘文举申请法院查封保全青园广场地下室并提起诉讼。这时吉化找到刘文举，提出将查封的地下室卖给刘文举，用法庭和解的方式确权给刘文举。因为吉化要求刘文举再借给他250万元，他开价600万元，希望法院开庭和解时用地下室抵这两笔借款。为收回部分债权和再帮助吉化一把，刘文举同意500万元买该地下室，即再借150万元给他。吉化希望再加10万元，刘文举说上笔借款还有43 750元利息未付，再给他5万元，即再借155万元给他。在2006年12月20日湖品法庭开庭审理的刘文举诉阳明公司贷款合同纠纷案的庭审中也已经有明确的说明。该案的开庭笔录载明刘文举在银行取款154万元，加上现金1万元，共155万元借给吉化（刑事侦查卷宗第8卷第75页）。倒是"被害人"与证人关于本笔借款的说法矛盾重重。例如关于本笔借款的签约地点，吉化说是打乒乓球比赛，地点在东江海鲜酒店（刑事侦查卷宗第8卷第33页），周仕民说是到一家高尔夫球场打球（刑事侦查卷宗第59卷第56页）。又如，关于155万元的计算，吉化说是以1 500万元+475万元+3 543 750元为基数计算2006年6月17日至2006年8月7日共50天的息。这三笔借款的日期根本不是同一时间，怎么可能是同一时间算息？该事实不但无法证明刘文举骗取吉化的财物，而且该案还可能表明吉化涉嫌诈骗。因为吉化当时已经不是阳明公司的法人代表却以阳明公司的名义向刘文举借款，该案的庭审中刘文举还请求法院终止审理，法院将案件移送公安机关（刑事侦查卷宗第8卷第84页）。

（二）刘文举未妨害公务

《起诉意见书》指控刘文举在张稳执行其胜诉的民事判决时妨害公务，这完全是颠倒是非黑白，刘文举不可能在此过程中妨害公务，而是吉化拒不执行判决裁定。具体理由如下。

1. 吉化因拒不执行判决裁定而被行政拘留

刘文举以吕国青的名义通过拍卖方式以36.6万元的价格竞得阳明公司

80%的股权。但其法定代表人吉化始终拒不办理该公司的账本、财务公章等交接，吉化因此被微洲市中级人民法院以妨害民事诉讼行为司法拘留十五日。主办法官张稳在回答侦查机关询问时对此作了解释。侦查人员问："吉化因何事被微洲中院执行司法拘留？"张稳答："吉化因多次传唤不到庭被微洲中院执行司法拘留。"（刑事侦查卷宗第 311 卷第 7 页）侦查人员问张稳："你是以何理由对吉化办理行政拘留 15 天的？"张稳答："因我多次传唤吉化到微洲中院执行生效的判决书，他都不到中院协助执行，我以这个理由对吉化办理行政拘留 15 天。"（刑事侦查卷宗第 311 卷第 20 页）由于吉化家属的疏通，法院决定提前解除吉化的拘留。按张稳的说法是"我将吉化从拘留所提出来"（并不是释放）（刑事侦查卷宗第 311 卷第 3 页），但前提是吉化配合法院办好公司的账本材料交接，当时张稳还提审了吉化，在提审笔录中强调："要配合法院的执行，法院就会提前释放他。"（刑事侦查卷宗第 311 卷第 21 页）张稳说"吉化表示同意配合"（刑事侦查卷宗第 311 卷第 10 页），李雪明也说："我听张稳说吉化愿意配合移交公司的账本等资料，后来就释放吉化出来了。"（刑事侦查卷宗第 311 卷第 112 页）微洲市中级人民法院张稳、郑伟、古良、林紫、李雪明等法官和法警将吉化带到青园广场办理交接手续。

2. 刘文举等人因法院通知办交接手续而去现场

刘文举说："法院当天还通知，要我明天去青园广场交接已拍卖的地下车库和阳明公司股权账本、资料，并通知了青园广场地下室的买受人伍健，还有买受阳明公司股权的吕国青，法院还强调多带一些人，因为交接账本资料比较多比较复杂，人多方便清点资料，缩短工作时间，怕一天搞不完。"（补侦卷第 3 卷第 129 页）刘文举等人接到法院的通知也前去办理交接手续（刑事侦查卷宗第 311 卷第 48 页）。刘文举带去了多人，张稳也说有必要多人到场。侦查人员问："刘文举为何要带那么多人到青园广场？"张稳答："买受人那边来四五个人是正常的，因为一般交接的话要财务、会计在场。"（刑事侦查卷宗第 311 卷第 13 页）刘文举带人去的目的在于接收公司账本、财务公章等和防止吉化逃跑。因为吉化在无法偿还刘文举债务的情况下长期躲避刘文举，刘文举根本找不到吉化。如果本次再让吉化跑掉，什么时候找到很难说。因此，刘文举要同去的人防止吉化跑掉情有可原，而且整个过程刘文举等人并无过激行为。侦查人员问："吉化迟迟没有交出账本，刘文举等人有无过激行为？"张稳答："没有，刘文举有不耐烦骂过吉化，没有其他行为。"（刑事侦查卷宗第 311 卷第 13 页）

3. 吉化始终不配合移交公司账本等材料

吉化被带到青园广场办公室后，一直欺哄法官，拖延移交，致使办案法官张稳及法警、吉化自己方面的人和刘文举等人无法离开。张稳当时问吉化："你们到底什么时候将账本关过来，这样一直骗我有什么意义？"（刑事侦查卷宗第 311 卷第 11 页）在此过程中，吉化方面的人还组织了大量的人到青园广场。

4. 吉化拒不移交公司材料被法官带到微洲中院

为什么吉化会被带到微洲中院，张稳说是吉化"请求跟我们回微洲法院后会有人接他"（刑事侦查卷宗第 311 卷第 3 页），但张稳在另一处却说："因为那移交清单只是公司的办公用品，而阳明公司的账本、公章及营业执照还没有移交，所以我们法院还未离开阳明公司，也没有释放吉化。"（刑事侦查卷宗第 311 卷第 44 页）同去执行的郑伟更是直接说吉化不配合执行，张稳等人将吉化带回微洲中院。侦查人员问郑伟："没有移交成功，你们是怎么做的？"郑伟答："因为没有移交成功，我们就将吉化带回了微洲中院。"（刑事侦查卷宗第 311 卷第 87 页）当时任微洲中院法警支队政委的王举峰的讯问笔录也证实了这一点。王举峰说去强制执行的林紫向他汇报执行工作时说："执行局要被执行人移交公司账本，但被执行人还没有交账本，所以将被执行人带回了中院。""账本没有移交成功又把被执行人带回中院了。"（刑事侦查卷宗第 311 卷第 137 页）

5. 在微洲中院刘文举等人没有妨害公务

到达微洲中院后，吉化被张稳安置在中院四楼会议室，而刘文举等人只在办公室外等候。侦查人员问张稳："吉化在微洲中院四楼会议室的时候，还有何人在场？"张稳答："会议室里还有我、大概两个法警、书记员，会议室门外大概有两个法警守住门口，而刘文举及他带过来的人就被挡在会议室外面走廊里。"（刑事侦查卷宗第 311 卷第 4 页）孙鹏的询问笔录也证实刘文举等人只是在办公室外等候。侦查人员问孙鹏："你们到了微洲中院执行局四楼会议室时，外面走廊有什么情况？"孙鹏答："我看到有五六个穿便服的人在走廊上走来走去。"（刑事侦查卷宗第 311 卷第 162 页）案卷材料并没有展现刘文举等人妨害法院工作人员处理案件。

6. 刘文举没有叫人围攻法院

在案卷材料中未见侦查人员问刘文举是否叫人来微洲中院围攻法院，案中证人也并没有人亲眼见法院外有人围攻，只有个别证人是"听说"有人围攻法院。这个问题在当天出警的孙鹏询问笔录中得到了很好的回答。侦查人员问孙鹏："法院楼下及外围是否有相关人员、车辆？"孙鹏答："我没有注意到这些情况。"（刑事侦查卷宗第 311 卷第 158 页）一个肩负维护秩序的警察到达中院时都没有注意到法院楼下及外围有相关人员、车辆，这说明什么问题？就是没有人围攻法院。那么法院为什么报警？案卷材料连谁报的警都没有弄清楚，更不用说目的。倒是出警的张进华和尹国中猜了理由，张进华说："法院怕对方控制不了情绪开出事情来，所以才报警要公安机关过来协助处理。"（刑事侦查卷宗第 311 卷第 169 页）尹国中说："法院怕对方控制不了情绪弄出事来，所以才报警要公安机关过来协助。"而且公安人员到场后，被法院人员安排到旁边办公室喝茶，并未对刘文举等人采取任何措施，刘文举等人也是完全配合警察的工作，没有任何宣泄情绪的行为。对此，时任执行局局长的米国和的询问笔录证明了这一点。侦查人员问："公安机关到场后，刘文举等人有无配合公安机关及法院的工作？"答："刘文举等人是配合公安机关及法院工作的，当时刘文举等人情绪也是比较平和的，也没有过激行为。"（刑事侦查卷宗第 311 卷第 102 页）

7. 吉化离开中院时刘文举亦未阻拦其离开

问米国和："在护送吉化离开中院的时候，刘文举等人是否有阻拦？"米国和答："没有。"（刑事侦查卷宗第 311 卷第 102 页）虽然案卷材料显示，吉化离开时刘文举亦想同电梯离开，但这并不表明刘文举要阻拦吉化离开，当法院人员不让刘文举同梯离开时刘文举就没有与他们同梯。孙鹏的询问笔录证实了这一点。侦查人员问孙鹏："2009 年 1 月 10 日大概 23 时的时候，你看到有一帮人在电梯的时候，有无看到有人阻拦？"孙鹏答："我印象中有穿便服的人想挤进电梯里，但给站在电梯口的法院的和我们公安的同志挡住了。"（刑事侦查卷宗第 311 卷第 163 页）

《起诉意见书》指控刘文举威胁阻碍微洲中院和公安机关工作人员依法执行公务完全背离事实。首先，刘文举等人从未妨害公安机关工作人员执行公务，警察到微洲中院后刘文举完全服从警察的安排，配合其工作。其次，吉化被微洲市中级人民法院司法拘留十五日的原因是不履行吕国青竞购阳明公司股权应尽的公司材料移交义务，因妨害民事诉讼而被司法拘留。吕国青只是出名，实际上是刘文举竞买了阳明公司股权。在法院履行公务保护自己利益时，刘文举怎么可能威胁阻碍微洲中院和工作人员依法执行？再次，整个过程中都是微洲中院法官及法警掌管全过程。张法官在 2009 年 1 月 10 日上午 8 时左右从看守所接到吉化，将吉化带上车，当时张法官坐在副驾驶位置，还有法警，10 时左右到达青园广场为诚公司办公室，直到第二天张法官和法警将吉化带离青园广场，然后又到达微洲中院，在中院处理过程中也都是法官在主持处理，刘文举只是等候公司材料移交。整个过程都是张法官和法警做吉化的工作，要求他移交公司材料给刘文举，刘文举怎么可能威胁阻碍微洲中院和工作人员依法执行？最后，刘文举等人防止吉化逃跑情有可原。吉化到处躲债，他连法院的传票都不理会，法官也根本联系不到吉化。张稳向侦查人员说明了这一情况。张稳说："我多次开具法院传票或者交给微洲中院法警队由他们到青园市阳明房产开发有限公司传唤他，但都没有找到他，而且他公司的人员也不愿意签收。"（刑事侦查卷宗第 311 卷第 7 页）"我陆续发了六七次传票给被执行人阳明公司法人和吉化过来微洲中院接受询问，但都没有过来，也没有他的联系方式。"（刑事侦查卷宗第 311 卷第 19 页）好不容易找到吉化，而且是在法院的主持下解决问题，刘文举当然不希望吉化在不移交公司账务材料的情况下再次逃脱。

在此次执行过程中，刘文举不是妨害公务，而是吉化拒不执行法院判决。吉化同意配合法院移交公司材料而被提前从看守所释放，但到达青园广场办公室后吉化拒不配合法院移交公司材料。侦查人员问郑伟："你们什么时候完成移交、检查工作的？"郑伟答："因为吉化不肯配合，所以到了最后都没有移交成功。"（刑事侦查卷宗第 311 卷第 87 页）其家人还找了一批人在办公室一楼聚集，家属还通过武警方面的人士联系中院要求违法放人。王举峰在询问笔录中说："我记得有个特殊的情况。就是被执行人跟武警的关系比较密切，当时被执行人要求我们派警车将他送到武警支队"（刑事侦查卷宗第 311 卷第 137 页），致使本次移交再次失败。因此刘文举是本次法院执行失败的受害者，但现在刘文举却成了犯罪嫌疑人，吉化倒成了受害者。

特别要重点提出的是：2009 年 1 月 14 日微洲市中级人民法院出具了〔2008〕惠中法执报字第 234-1 号《关于刘文举申请执行青园市阳明房产开发有限公司、吉化拖欠借款一案情况报告》（刑事侦查卷宗第 319 卷第 1～4 页），这是一份司法机关出具的正式法律公文，该《报告》中明确认定了吉化因拒不执行判决裁定而被行政拘留，在吉化作出承诺同意配合执行的前提下法院提前将吉化从拘留所提出。但吉化在青园广场不仅不配合执行反而在当日晚上叫 30～40 名社会闲杂人员围攻执行人员，导致青园市公安局 70 多名干警出警。在吉化拒不移交公司材料的情况下，法院将吉化带回中院。后来，法院派来数名法警，其目的是责令吉化尽快与其妹妹联系以派法警陪其回家。1 月 10 日法院再次向吉化发出传唤，要求其于 1 月 12 日移交公司材料，但法院后来一直联系不上吉化。法院于 2008 年 12 月 23 日已经将吉化列为老赖进行曝光。微洲中院强调如果吉化拒不配合执行，将追究其法律责任并对责任人施行拘留措施。该《报告》明确是吉化"妨害法院执行公务"，而刘文举并未有任何妨害公务的行为，关于刘文举妨害公务的证人证言完全是非颠倒！请法庭充分重视并采信微洲中院的该份《报告》，否定刘文举构成妨害公务罪。

三、刘文举未诈骗和敲诈勒索微洲市为诚物业发展有限公司

（一）刘文举未诈骗为诚公司

刘文举与微洲市为诚物业发展有限公司（以下简称"为诚公司"）确实存在借贷关系，从刘文举与为诚公司关于借贷纠纷的民事诉讼过程及判决结果

看，刘文举与为诚公司之间的借贷合同是合法有效的，刘文举也是按合同的约定履行借出义务，是为诚公司违约不履行合同义务。《起诉意见书》指控刘文举诈骗为诚公司不成立，具体理由如下。

1. 关于 1 000 万元与 335 万元购房款的经过及 460 万元借款的由来

由于郑景急用钱，在杨武状的介绍下刘文举以 1 000 万元的价格购买为诚公司地下室，但当时刘文举只有 600 万元左右，钱不够就表示不买了。但杨武状说借 395 万元给刘文举，不过要求刘文举给他 105 万元利息。刘文举以 1 000 万元的价格购买为诚公司地下室，并与郑景签订商品买卖合同，并加契税 30 万元。由于刘文举担心无法按时办到房产证，郑景说再签一份《借款协议书》给刘文举作双重保障。如果 6 个月内办不到房产证，就按 1.75% 月利率计算利息，直到办好房产证。刘文举向郑景付款 1 030 万元。由于未能在 6 个月办好房产证，郑景按合同约定付了一段时间的利息给刘文举，后刘文举免除了他后期的利息。几年后郑景出钱 100 多万元办理了房产证给刘文举，双方在交易上没有任何争议。

杨武状的供述中说他和刘文举共同借款 1 000 万元给郑景。而且，法庭出示的 98P62《证明》的备注"微洲为诚物业发展有限公司向刘文举杨武状共同的借款只有以上 460 万的壹张借条"，说明杨武状并未与刘文举共同借款给郑景。刘文举与杨武状《共同出借协议》的签订是刘文举为降低购买地下室的风险试图让杨武状和他一起承担风险，并未实际履行。刘文举想在郑景办好房产证后再将杨武状的借款还给他，以使杨武状一起帮忙催促郑景办证或付息。因为郑景未按期办好房产证，郑景开始付息给刘文举，刘文举也付息给杨武状，首先是按 50% 比例付，后在听说房产证可能办不下来，风险大，刘文举就按 38.4% 付武状的息（因为 1 030 万元中杨武状只出资 395 万元，占 38.4%）。

由于郑景资金紧张，请求刘文举支持他，购买他的 B1-002 商铺，价格是 335 万元。刘文举个人出资 335 万元给郑景，郑景也出具了收款收据。购买 B1-002 商铺的事有刘文举、杨武状与郑景三方 2009 年 12 月 30 日签署的《证明》为证。"乙方于 2005 年 8 月 3 日购买了时代中心首层 B1-002 号商铺，购买价格是人民币 335 万元整。"（刑事侦查卷宗第 96 卷第 127 页）

由于郑景引进麦当劳，用墙隔开了该商铺，使该商铺贬值，郑景表示退还购房款并计算利息和补偿其损失。因此签订了退房协议，郑景当时没有钱支付退房款，就写了一份 460 万元的借条给刘文举，并约定了还款期限。后来因郑景无力还款，又要求刘文举以该 460 万元买回该商铺，刘文举答应了。刘文举、杨武状与郑景三方 2009 年 12 月 30 日签署的《证明》证明了这个事实（刑事侦查卷宗第 96 卷第 127 页）。最后该商铺通过郑景转给了香港人。这就是该 460 万元未起诉的原因。杨武状未出资，中途要求退出（因此杨武状不可能分得 70 万元）。

2. 借据、收据的内容记载真实

刘文举明确表示借据与收据与内容都是真实的。他在被讯问时曾经谈到借据问题。刘文举打了个比方说："比如你要付我 10 万元（利息），我是不是要写一张收条给你，说收到你什么时候的利息 10 万元，我收条已经给你了，你是不是要给我 10 万元，那你给了我 10 万元，你现在又要跟我借 100 万元，那我就连这个 10 万元再加上 90 万元，那不就是 100 万元。当时没有这个概念，你借了我这个钱肯定要还给我啊，不管我是现金给你还是转账给你，你写了借条给我就是欠了我的钱，当时我们开的是工厂，天天收的是现金，借钱给别人也不想给别人知道，所以借现金就最没人知道，是这样的想法。这个我担心什么，你写借条给我，我钱给了你，你怎么样去讲，你说你没有借过，那你讲得过去吗，怎么样也讲不过去，你写借条的时候干吗去了，这个都是编谎话的。"（刑事侦查卷宗第 9 卷第 7 页）

对于备注"借据当面销毁"的收据，刘文举强调完全真实，否则对方不会签字确认。案卷材料中有多份收款收据和收据，上面明确载明了所还款的内容、日期，有郑景或其妻子周为静的签字确认（刑事侦查卷宗第 98 卷第 97~110 页）。

3. "被害人"陈述之间及与证人证词矛盾重重

"被害人"陈述与证人证词在同一事实上矛盾重重。例如，对第一笔 1 000 万元购买车库，郑景说刘文举扣了 210 万元砍头息，收了 7 万元手续费，实际借到 783 万元（刑事侦查卷宗第 95 卷第 7 页）。郑景妻子周为静说刘文举收了 210 万元砍头息，没有收手续费，实际借到 790 万元（刑事侦查卷宗第 95 卷第 67 页）。《起诉意见书》也指控刘文举收了手续费。手续费的证据在哪里？郑景与他妻子说法中的矛盾没有看到吗？又如，对于第二笔 300 万元借款，郑景说刘文举扣了 63 万元砍头息，另收 2 万元手续费，实际借到 235 万元（刑事侦查卷宗第 95 卷第 7 页）。他的妻子周为静则说刘文举只收了 63 万元砍头息，没有手续费，实际借到 237 万元（刑事侦查卷宗第 95 卷第 68 页）。手续费的证据在哪里？之所以出现手续费一说，是因为郑景所说砍头息的数额根本就对不上，只好捏造手续费来搪塞。

而且关于借款总额，郑景与其妻子的说法不一致。郑景说总共借款 1 300 万元，实际收到 1 018 万元（刑事侦查卷宗第 95 卷第 9 页）。但周为静一会儿说实际收到 1 017 万元，一会儿说实际收到 1 027 万元（刑事侦查卷宗第 95 卷第 53、74、76 页）。为什么会矛盾？是因为他们在说谎，在编造，自然无法相互对应。该数额能不能查清？答案是：不能！因为进账记录丢了。公司财务人员房艳鹏在回答侦查机关提问时明确告诉侦查人员："进账记录丢了。"（刑事侦查卷宗第 95 卷第 93 页）

关于公司还了刘文举多少钱，郑景与周为静也是各说各的，完全不一致。郑景说以现金、以物抵债还了 2 451.8 万元（刑事侦查卷宗第 95 卷第 34 页）。但周为静一会儿说还了 2 717.1 万元，一会儿说还了 2 724.8+4 442=7 166.8 万元，还说还了 5 000 多万元了（刑事侦查卷宗第 95 卷第 59、74、76 页）。公司财务成文净则明确说："我们老板自己都不知还了多少钱。"（刑事侦查卷宗第 95 卷第 113 页）为什么会这样？郑景说跟侦查人员说："我的私人财务和公司财务有些混乱。""公司的账册已经丢失了。"（刑事侦查卷宗第 95 卷第 40 页）公诉机关在为诚公司账册都丢失了的情况下是如何采信本案中的证据的？本辩护人发现，《起诉意见书》基本就是完全照郑景他们说的认定。例如《起诉意见书》指控刘文举要求郑景签一份金额为 1 250 万元的借款协议，1 250 万元这个数字是怎么来的呢？郑景在回答侦查人员提问时作了解释，他说这 1 250 万元包括 460 万元的借条、400 多万元的借条和 120 多万元的借条。侦查人员发现数额对不上，问郑景："你自己算算，上述三笔钱加起来是 1 250 万元吗？"郑景说："不是的，没有达到这个数。刘文举说 120 多万元的借条和 400 多万元的借条，要从 2006 年 1 月 25 日计算利息，按照月息 3.%计算，计算到 2006 年 9 月 30 日。这样应该差不多，反正就这个算法，都是刘文举说算出来就是 1 250 万元了。"（刑事侦查卷宗第 95 卷第 33 页）郑景根本就是在说谎，当然无法算出这 1 250 万元的情况。但令人震惊的是《起诉意见书》竟然完全采信郑景的说法，指控刘文举"要求郑景将之前出具的 460 万元、458.6 万元、122.5 万元三张收据合并成一份金额为 1 250 万元的借款协议"。1 250 万元是怎么来的，郑景没有说清，《起诉意见书》更是根本就不做任何解释。如果能说清，那请公诉人现在告诉辩护人、告诉法官、告诉被告人。

4. 杨武状的供述存在重大瑕疵

（1）侦查机关在对杨武状的讯问中，曾问："你因何事前来公安机关？"杨武状答："我作为受害人和刘文举曾经的合作伙伴，来揭露刘文举的以民间借贷为幌子侵吞他人财产的手段。"（刑事侦查卷宗第 31 卷第 4 页）杨武状被讯问时是犯罪嫌疑人，怎么是受害人？他是谁的受害人？如果自认是刘文举的受害人，其供述真实性存疑。

（2）侦查机关问："你和刘文举借给郑景的这笔借款，是否存在你之前所说的套路问题？"杨武状答："刚开始借给郑景的时候应该是没有，后面刘文举看郑景没有钱还了，刘文举就想把郑景的时代一二期的地下停车场据为己有。"（刑事侦查卷宗第 31 卷第 12 页）该份证据证明刘文举没有套路贷。因为套路贷是一开始就设计好的，开始时没有套路贷，不可能后期再套路借款人。

（3）杨武状的供述中说他和刘文举共同借款 1 000 万元给郑景，实际上是杨武状借款给刘文举，然后刘文举借款 1 000 万元给郑景，自己并未与刘文举借款 1 000 万元给郑景。而且，法庭出示的 98P62《证明》的备注"微洲为诚物业发展有限公司向刘文举杨武状共同的借款只有以上 460 万的壹张借条"，说明杨武状并未与刘文举共同借款给郑景，是刘文举个人用 1 000 万元购买地下车库。

（4）关于借给郑景的利率。杨武状在回答侦查机关的讯问时曾说："刘文举当时就和我一起签了一份协议，协议的内容大概是：刘文举出资 800 万元，杨武状出资 500 万元，月利率是 3.5%，利息按比例分成。"（刑事侦查卷宗第

31 卷第 10 页）但实际上，杨武状却没有按月利率 3.5%得到与其出资比例相称的利息。例如案卷材料显示刘文举与杨武状得到 B1-002 商铺后，杨武状分得 70 万元，杨武状对侦查人员说："按照我和刘文举出资 500 万元借钱给郑景的股份来算，这个档口至少要给我一半才对，以当时的抵押利息来算，我应当分 200 多万元才对。"（刑事侦查卷宗第 31 卷第 23 页）生意场上利益为重，杨武状没有得到按约定 3.5%的月利率计算的利息却没有找刘文举说理，这只能说明一个问题，刘文举借款给郑景的月利率就是其合同中载明的月利率 1.75%，而不是杨武状所说的月利率 3.5%。因此供述真实性存疑。

（5）关于"砍头息"。杨武状多次说刘文举在借给郑景钱时收了"砍头息"，例如杨武状在被讯问时曾说："我可以肯定郑景没有收到过 217 万元的现金，这 217 万元就是砍头息。"（刑事侦查卷宗第 31 卷第 43 页）在另一次讯问中，侦查机关向杨武状出示与此 217 万元相关的借据时，问："出具这份借据的时候你是否在场？"杨武状回答："我不在。"（刑事侦查卷宗第 31 卷第 47 页）既然杨武状都不在场，他怎么能断定此 217 万元是"砍头息"而不是其他的经济关系？杨武状完全是猜测或者完全是按侦查人员所说供述。供述真实性存疑。

（6）杨武状对刘文举的不利言辞充满了猜测。例如侦查机关向杨武状出示刘文举与郑景之间 1 250 万元的文件。侦查人员问杨武状："你是否有参与签订这个协议？"杨武状答："我没有参与签订这个协议，也没有谈判，我不知情。"（刑事侦查卷宗第 31 卷第 49 页）但在另一次与此相关的讯问中，杨武状却说："我从没有听人说过刘文举这段时间有借款给郑景。这份协议应该是郑景于 2004 年向刘文举借的那笔 1 000 万元借款、后来逾期还不上的利息，被刘文举重新签订借款协议所以才签订出来的。"（刑事侦查卷宗第 31 卷第 44 页）既然杨武状没有参与签订这个协议，没有谈判，不知情，怎么知道这是那 1 000 万元的利息？

又如，侦查人员问杨武状："刘文举为什么会备注'借据当面销毁'？"杨武状答："因为这种备注的借款肯定是假的，如果有借款人质疑刘文举的高息到法院告刘文举的话，那么刘文举需要把真实借据提供给法院，但是刘文举是提供不出来的，所以他就备注这个内容，就能让该笔借款的真伪无法核实，这也是刘文举高明的地方。"（刑事侦查卷宗第 31 卷第 37 页）杨武状是根据什么断定这种"借据当面销毁"备注借款"肯定是假的"？这些收据都有债务人签字确认，书面证据的证明力难道不如口头的证言？如果书面证据可以仅凭口头证词否定，那么本案根本就不要再出现任何书证，仅凭被害人陈述和证言就定案好了。因此其供述真实性存疑。

（二）刘文举没有敲诈勒索为诚公司

为诚公司欠刘文举多笔借款及利息，刘文举通过借贷合同中约定的协商、诉讼的方式试图实现自己的债权，但一直无法实现，刘文举与杨武状便去找郑景。本辩护人在会见刘文举时，刘文举讲述了当时的情形："我与杨武状一起买了郑景的一个商铺，郑景为引进麦当劳而毁约，我要求退出。后来杨武状要求买这个商铺，与郑景协商过程中，杨武状叫了几个朋友到场，也把我地下室的保安叫了几个来。我没有带任何人，我也不知道他叫了我的保安。现在这事被弄成敲诈勒索我想不通。"对此杨武状在回答侦查机关讯问时的笔录证实了刘文举的说法。侦查人员问杨武状："你说一下你和刘文举一起去时代找郑景催债的事情？"杨武状答："我当时就带了我的几个同学一起过去。"从杨武状的供述看，当时有警察到了现场，但警察并未采取任何措施，只是看了一下就走了。该行为并未如《起诉意见书》所指"严重影响时代大厦的正常经营，给时代中心房产的销售带来一定的社会压力，也给'被害人'郑景的自身形象造成负面影响"。如果真的造成这样的影响，出警的警察会看一下就走了？警察这样一走岂不是构成了玩忽职守罪？

关于证人证言里刘文举脖子上挂着一个"郑景欠债还钱"的牌子，其真实性可疑。刘文举是一个亿万富翁，会为了几百万元的债务自己脖子上挂这么一个牌子，捏造完全没有边际！据刘文举交代，他与郑景关系一直不错，在借钱的过程中一般都是杨武状催账，自己不便催账，更不可能以带人闹事的方式催账。

敲诈勒索罪是指以非法占有为目的，对被害人使用恐吓、威胁或要挟的手段，非法占用被害人公私财物的行为。在刘文举看来，他是依据其与为诚公司之间的借贷合同、根据人民法院的生效判决主张自己的债权，并不具有非法占有的目的。在整个过程中，刘文举等人亦未使用恐吓、威胁或要挟的方法。曾经在为诚公司担任部门经理的黎尔宾向侦查机关澄清了这个问题。侦查机关问黎尔宾："刘文举是否有采取暴力手段进行讨债？"黎尔宾答："据我所知，刘文举曾经带人到郑景的办公室找郑景讨过债，但因为是在办公室里，所以我也不清楚郑景是否遭受刘文举的威胁恐吓。"（刑事侦查卷宗第 295 卷第 106 页）如果刘文举恐吓、威胁或要挟的手段讨债，作为在现场的部门经理黎尔宾会不知道吗？本辩护人认为这样一件极为平常的维权行为不构成敲诈勒索罪。

四、刘文举未诈骗和敲诈勒索凤凰置业公司

（一）刘文举未诈骗凤凰置业公司

《起诉意见书》指控刘文举诈骗微洲市凤凰置业公司（以下简称"凤凰置业公司"）405.402 7 万元，理由是 260 万元的借款协议虚假。刘文举确认此 260 万元的借款协议是真实的，不存在虚假。实际上《起诉意见书》指控的证据存在重大合理怀疑。《起诉意见书》认为此 260 万元的借款协议是因凤凰置业公司没有履行占用车道补偿协议，故而将该协议转化为借款协议。实际上，凤凰置业公司与刘文举签订的占用车道补偿协议金额是 238 万元，不是 260 万元。为了将该 260 万元的借款协议视为补偿协议，郑景等捏造事实，说刘文举与凤凰置业公司还有一个口头补偿协议。这实际上违背常理。因为据刘平称，凤凰置业公司与刘文举签订的书面占用车道补偿协议是在微洲市住建局长甘少权等协调下签订（刑事侦查卷宗第 271 卷第 45 页），怎么可能会在官方协调的书面协议外有口头协议？如果刘文举当时要求与凤凰置业公司成立口头协议，凤凰置业公司难道不会向微洲市住建局长甘少权等投诉？

实际上，借款协议与赔偿协议的签订时间根本不同，借款协议是签于 2014 年 12 月 31 日，而赔偿协议签订于 2015 年 2 月 3 日。为使侦查机关相信借款协议就是赔偿协议，李文标编造说是刘文举故意将补偿协议和借款协议拆成两件事情（刑事侦查卷宗第 271 卷第 29 页）。

如果有这个协议，在后来的民事诉讼中，为什么刘文举不以 260 万元起诉

（300万元减已经支付的40万元）或220万元（260万元减已经支付的40万元）起诉，而是以238万元起诉？"被害人"说有口头协议，但除其自身陈述和代表其利益的证人证词外，没有任何其他的证据。

关于律师费的问题，刘文举与周自平有约定：每个案件先付1万元的前期费用，执行完毕结案后付清余额，然后律师事务所应开具发票给付款人。由于案件现在并未执行完毕，所以刘文举还未将律师费的余额结清给周自平。至今没有付清律师费，并不表明刘文举不支付律师费，更不表明刘文举与周自平侵占诉讼对方的财产。这完全符合律师收费的惯常做法。而且基于刘文举与凤凰置业公司之间的借款协议中有律师费5万元的约定，刘文举也是提供了5万元律师费的发票，法院才在判决中要求凤凰置业公司支付刘文举方律师费5万元，而不是仅基于律师提供的5万元发票就判决凤凰置业公司支付5万元。如果刘文举与凤凰置业公司在借款合同中没有约定律师费，法院不一定基于刘文举提供的律师费发票而作出对方承担律师费的判决，更不会是刘文举提供多少金额的律师费，法院就判决多少律师费。

（二）刘文举未敲诈勒索凤凰置业公司

1. 1 050.7平方米土地的归属问题

李文标因欠刘文举债款被法院判决归还1 087万元本息。由于李文标未履行法院判决，刘文举申请法院查封了时代一、二期的土地，这影响了凤凰置业时代三期的建设。为时代三期工程的建设，凤凰置业公司购买刘文举对李文标的债权包。在与凤凰置业公司的债权包交易中不存在刘文举对凤凰置业公司的敲诈勒索。

这里问题的关键在于1 050.7平方米的土地到底属于哪方。首先，该土地本身不属于时代第三期工程。李文标说时代三期占地4 895平方米，由两块地皮组成，一块是为诚公司的土地（占地1 050.7平方米），一块是景丽小区。这两块地都是办了国土证的，但是后来因为要将这两块地整合成时代三期，需要将两块地的证件办理成一张国土证（刑事侦查卷宗第295卷第35页）。凤凰置业法人代表刘平说："时代三期共用时代一、二期消防通道才有利润可赚，但这必须要向时代一、二期购买这条约1 000平方米的消防通道土地。"（刑事侦查卷宗第 271 卷第 36 页）刘平说，郑景口头承诺由他负责将这条消防通道的土地合并并过户到凤凰置业公司名下（刑事侦查卷宗第 271 卷第 37 页）。

那么在什么时候该 1 050.7 平方米土地归到了时代三期呢？刘平开始说，时代三期在规划时就已经把时代一、二期的部分土地规划在我们三期（刑事侦查卷宗第 295 卷第 8 页）。而且刘平说，2010 年 8 月 13 日微洲市人民政府《关于同意时代东侧 HNA47–01 地块规则设计条件告知书的批复》已经将该消防通道规划到我们时代三期项目改造之中了（刑事侦查卷宗第 295 卷第 19 页）。但 2010 年 8 月微洲市人民政府《关于同意时代东侧 HNA47–01 地块规则设计条件告知书的批复》中只字未提时代一、二期的消防通道问题（刑事侦查卷宗第 300 卷第 12～18 页）；2010 年 12 月微洲市"三旧"改造工作领导小组办公室《关于认定微洲凤凰置业投资有限公司河南岸时代三期改造项目的通知》，里面只字未提时代一、二期土地问题（刑事侦查卷宗第 300 卷第 4～6 页）。实际上直到 2014 年 4 月 10 日才领到的时代三期楼盘国有土地使用证（惠府国用〔2014〕1302090009 号，使用权面积 3 423.2 平方米），仍不包括该 1 050.7 平方米土地（刑事侦查卷宗第 296 卷第 18 页）。面对这个事实，刘平承认当时有关消防通道的国土证属于时代一、二期（刑事侦查卷宗第 295 卷第 39 页）。

刘文举申请法院查封的是时代一、二期使用的国土证。刘文举是债权人，有权查封债务人的财产。对此，作为本案所谓的"被害人"刘平在回答侦查人员的提问时说得非常清楚。侦查人员问："刘文举查封上述国土证的依据是什么？"刘平答："依据是刘文举与为诚公司借款纠纷一案，微洲中院〔2008〕惠中法执字 441–44 号执行裁定。"（刑事侦查卷宗第 295 卷第 19 页）正是因为凤凰置业公司时代三期工程建设侵犯了刘文举申请查封的土地使用权（包括时代三期需从二期分割的 1 050.7 平方米消防通道），基于刘文举的申请，2013 年 11 月 8 日微洲市中级人民院向凤凰置业发出《协助执行通知书》，勒令凤凰置业公司停止侵害。

李文标说，在时代三期办理国土证、规划证等建设许可期间，刘文举通过多次对时代中心第三期的部分土地进行查封或诉讼，阻碍时代三期办理证件，以达到阻碍项目建设的目的（刑事侦查卷宗第 295 卷第 36 页）。面对凤凰置业在时代三期工程施工期间侵害其查封的土地使用权，刘文举申请法院要求凤凰置业停止侵害有错吗？连李文标自己也向侦查机关承认："刘文举对郑景提起诉讼，法院判处刘文举胜诉，所以只要是郑景名下的资产，刘文举都有权利进行查封。"（刑事侦查卷宗第 295 卷第 37 页）

2. 刘文举对为诚公司的两项债权的价值

2008 年在刘文举与为诚公司的诉讼中，法院共判决为诚公司应当还刘文举本金 1 087 万元及利息。本辩护人在与刘文举会见时，刘文举说为诚公司不履行法院判决，该债权包远超 1 700 万元。

案中，郑景、李文标、刘平等都说只值 200 多万。例如李文标说，我们向郑景了解过，当时郑景欠刘文举的债权应当只有 200 多万元（刑事侦查卷宗第 295 卷第 38 页）。刘平也说"只有 200 多万元的本息还没有偿还"（刑事侦查卷宗第 295 卷第 22 页）。

他们如此一致的说法连侦查人员都不相信，侦查人员问刘平："还欠刘文举 200 多万元，为何你们不直接去法院清偿郑景和刘文举的债务？"刘平答："我和郑景不知道去过多少次城区法院和市中院，想解决这个问题，当时就想着直接替郑景清偿他和刘文举的债务然后解封时代一、二期国土证。但每次刘文举都不肯来法院对粒（核对债务的具体数额），刘文举故意拖延时间不肯来法院见面核对债务，解决问题。"（刑事侦查卷宗第 295 卷第 31 页）侦查人员也问李文标："为何你们不直接去法院帮郑景偿还债务，解封土地，而要向刘文举购买债权包？"答："我当时只是考虑刘文举不阻碍时代三期工程建设就可以，另一方面这个项目所有事务跟进主要是刘平，所以具体我没有过多地考虑只是想尽快解决问题，工期不能再拖。"（刑事侦查卷宗第 295 卷第 56 页）两个人解释的理由完全矛盾，根本不可信。

3. 消防通道与地下室仓库问题

因为消防通道被凤凰置业公司建设时代三期项目侵占，刘文举起诉了公司，2013 年 11 月 8 日法院工作人员在凤凰置业公司张贴查封执行通知书，要求凤凰置业公司停止侵害。李文标说时代三期建设中确实占用了刘文举停车场一条车道（刑事侦查卷宗第 295 卷第 43 页）。

由于时代三期项目建设侵占刘文举地下车库的通道，妨碍地下室仓库的出租，所以刘文举起诉政府部门，时代三期建设因此停工。对于时代三期工程建设是否妨碍了刘文举使用地下室停车和仓库，刘平在回答侦查人员的提问时说：地下停车不止这一个进出口，不会妨碍到他（刑事侦查卷宗第 271 卷第 45 页）。在另一次询问中，刘平也答：没有，地下停车不止这一个进出口，不会妨碍他，而且地下停车场怎么做仓库了（刑事侦查卷宗第 295 卷第 25 页）。这说明时代三期工程建设确实占用了地下停车库的通道，至于地下停车场是否能做仓库则不是解释会不会妨碍车库使用的理由。微洲市住房和城乡规划建设局在 2014 年 9 月 26 日《关于注销建设用地规划许可证及附图提出异议的复函》中承诺："我局在后续的建筑设计方案审查和建设工程规划许可程序中将严格执照建设规范的要求和民法、物权法中关于相邻关系的相关规定要求凤凰置业公司留出通道。"（刑事侦查卷宗第 296 卷第 15 页）

4. 刘文举无非法占有目的

刘平说，查封对刘文举没有意义，土地属于时代一、二期所有业主共有，应按比例分摊到每个业主名下，他就是趁机敲诈（刑事侦查卷宗第 295 卷第 40 页）。按刘平的逻辑，时代一、二期的土地任何人都不能以任何理由去查封，因为土地是按比例分到每个业主名下的，如果查封就是敲诈。

为证明刘文举敲诈勒索，李文标说了一个让人想不到的理由。侦查人员问李文标："刘文举为什么要阻碍时代中心第三期的建设？"李文标回答，因为刘文举知道时代三期项目利润很高，他想要吃下这个项目，但我们又不同意将这个项目卖给他，他就想通过妨碍这个项目的工期，拖垮凤凰置业公司，只要我们妥协或被拖垮，他就以低价接手这个项目（刑事侦查卷宗第 295 卷第 36 页）。而且李文标说，我将时代三期土地解封后，刘文举有时找我聊天，并提出要入股或接手时代三期项目，但当时我没有同意。后来我听时代三期承建商赵月明说刘文举找他聊合伙的事（刑事侦查卷宗第 295 卷第 41 页）。侦查人员问李文标，刘文举为什么要找赵月明合伙？李文标答，因为赵月明是时代中心三期项目承建商，工期都是由赵月明控制，只要刘文举与赵月明合作，他就能间接控制我们项目的施工进程，然后慢慢拖垮凤凰置业公司。赵月明还说，刘文举之所以查封时代的土地，就是为了吞掉这个项目（刑事侦查卷宗第 295 卷第 42 页）。案卷材料中并无赵月明说刘文举找他谈合作的证词，赵月明只是说："2017 年 10 月 24 日下午 5 时许，河南岸的书记通知我跟刘文举到河南岸办事处谈时代三期项目的事情，因为之前我没有按照刘文举的要求进行停工，所以刘文举一看到我，就挑衅说：'你干吗不敢建下去啊？如果是我的话主张继续建，你不敢做的话就把这个项目打折转让给我，让我来做。'"（刑事侦查卷宗第 295 卷第 98 页）这是刘文举要吞掉这个项目吗？赵月明能将这个项目打折给刘文举？刘文举也否认找赵月明谈合作！本辩护人要问的是：刘文举怎么可能去找承建商谈吞并该项目？

5. 刘文举无恐吓、威胁或要挟行为

刘平说刘文举有威胁、恐吓等暴力手段。理由：刘文举强势，不让改任何条款，我们没有说话的余地，刘文举说"多说一句，加 100 万"，这不是威胁是什么？还有就是刘文举在围消防通道的时候找了十几个人去围，除了工人还有一些社会上的人员，这些社会上的人一看都不是好人，四五个人发型都是乱七八糟的，戴着墨镜在工地上站着消防通道那里（刑事侦查卷宗第 271 卷第 43 页）。刘文举否认自己在协商中说过什么"多说一句，加 100 万"之类的话，他强调协商是在平等、自愿条件下进行的。刘平说刘文举在围消防通道的时候找了十几社会上的、发型乱七八糟、戴着墨镜、一看不是好人的人，但案卷材料中没有任何证据表明刘文举带了这样的人围堵消防通道。实际上这是法院要求刘文举配合法院执行，围出一条界线，当时法官在场，不存在刘平所说的情况。

五、刘文举未诈骗微洲市鹊桥实业有限公司和顾文忠

《起诉意见书》指控刘文举诈骗微洲市鹊桥实业有限公司（以下简称"鹊桥公司"）和顾文忠，该指控不成立。刘文举与顾文忠夫妇签订《股权转让协议书》约定刘文举将鹊桥公司及资产转让给顾文忠夫妇，后者向刘文举支付现金 1 000 万元，并约定以房抵款 800 万元，转让价共 1 800 万元。在合同履行过程中还签订了《补充协议书》。但因房屋存在漏水、未完全验收等原因，鹊桥公司并未整体合格交房，而且为办房产证顾文忠还与刘文举存在真实的借贷关系。在这些交易中，刘文举未以非法占有为目的、采用捏造事实或隐瞒真相的方式诈骗鹊桥公司和顾文忠。具体理由如下。

（一）鹊桥公司提交的房屋未验收合格、未达到交房条件

顾文忠说，2005 年 6 月楼盘建设完成，并由微洲鹊桥实业有限公司与微洲市城区建设监理有限公司、微洲市泰安建筑工程有限公司、明城基建筑设计院、微洲市微城建筑设计院有限公司、微洲市城规划建设局等 6 个部门验收合格，加上微洲消防局验收消防、水电合格（刑事侦查卷宗第 115 卷第 25～26页）。但实际上，《工程竣工验收报告》中 10 项只验收了 6 项，只有 6 个单位盖章，无微洲消防部门和电力部门验收消防、水电合格的记载（刑事侦查卷宗第 115 卷第 66 页）。

案卷材料中有明城基建筑设计院《对〈工程竣工验收报告〉相关情况的说明》与微城建筑设计院有限公司《对〈工程竣工验收报告〉相关情况的说明》都证明工程未全面验收合格。虽然梁华与陈为忠现在的证词都说该《说明》是虚假的，但本辩护人在会见刘文举时他强调该两份《说明》内容真实，他并未制作假公章。在民事诉讼中顾文忠也质疑该两份《说明》的真实性，但梁华与陈为忠均未否认其真实性，奇怪的是，在本次刑事诉讼中则都一致否认其真实性。刘文举说，微城建筑设计院有限公司出具的《说明》是陈为忠自己亲自盖章的。现在陈为忠认为《说明》虚假，因为他是刘文举案中的一个"被害人"，他的证词真实性存在重大瑕疵。梁华说明城基建筑设计院出具的《说明》虚假，其理由之一是该《说明》的内容与微城建筑设计院有限公司出具的《说明》内容一样，"两公司是同行，同行如敌国，有生意竞争，不可能通气后制作出两份内容完全一样的材料"（刑事侦查卷宗第 115 卷第 58 页）。那么两份《说明》为什么内容是一样的？刘文举说，这个《说明》是他委托梁华去明城基建筑设计院办理的，当时他打印了一份与微城建筑设计院有限公司出具的《说明》内容一样的样稿给梁华，梁华就拿去直接盖了明城基建筑设计院的章。如果刘文举要造假，他会造两份内容一字不差的《说明》吗？

本案中案卷材料显示八份《交房确认书》，鹊桥公司资料员伍理承认都是本人签名，本人盖章。但他说《交房确认书》没有写存在的问题。确有几份《交房确认书》上写明有房屋问题、不合格，上面盖了鹊桥公司的公章（刑事侦查卷宗第 115 卷第 119～122 页）。现在顾文忠却百般否认这些写明房屋存在问题的《交房确认书》，书证的效力难道在证人证言面前就如此不堪一击吗？

（二）房屋本身存在严重漏水问题，水、电、通信、电视、电话未安装

为证明房屋水、电、通信、电视、电话未安装，刘文举请公证人员到现场进行勘验，并做了公证。微洲市微城公证处公证员邹水生、田青在现场勘验后制作了《现场勘验记录》，详细记载了房产存在电视、电话线路及预留接口、自来水供水管及预留接口情况，证明水、通信、电视、电话不符合要求（刑事侦查卷宗第 115 卷第 177～178 页）。实际上顾文忠自己也承认抵刘文举房屋款的 1～4 楼共用一个总水表、电表（不是一户一表），不同房共用一个总水表、电表。他承认按照与刘文举签订的商品房买卖合同（要求一户一表），没有达到标准（刑事侦查卷宗第 115 卷第 31 页）。该公司负责水电工程的贺佳说，除了沱溪综合市场 A 栋以外，其他一户一表（刑事侦查卷宗第 115 卷第 174 页）。这也证明鹊桥公司交给刘文举的房屋没有实现一户一表的合同要求。顾文忠也承认通信没有分别到户，电视、电话预留接口没有到户（刑事侦查卷宗第 115 卷第 32 页）。浙江省高级人民法院 2012 年发布的《全省民事审判工作会议纪要》明确规定："出卖人交付的商品房应满足基本的安全条件和买受人的基本居住要求，具体把握标准可审查房屋电梯、水电、煤气等是否可以正常使用。"鹊桥公司试图交付给刘文举的房屋完全不符合该《纪要》的规定。

由于刘文举准备将房屋用于出租开设商场，但当时的供电却无法达到要求。鹊桥公司 2005 年 6 月 13 日出具的《承诺书》承认供电容量不足（刑事侦查卷宗第 115 卷第 129 页）。这个问题一直没有得到解决，5 年后，即 2010 年 5 月 5 日鹊桥公司出具的《承诺书》承诺完善供电设备（刑事侦查卷宗第 115 卷第 126 页）。

鹊桥公司交给刘文举的房屋漏水严重，有一系列书证证明。例如鹊桥公司 2011 年 8 月 15 日向湖品街道办事处递交的《申请书》承认伸缩缝漏水严重，

多次维修无法解决，给刘文举造成巨大损失和困扰（刑事侦查卷宗第 124 卷第 6 页）。鹊桥公司的物业副经理何迭承认刘文举对漏水问题曾反映过，漏水的原因在于楼面太长下沉导致伸缩缝破裂（刑事侦查卷宗第 115 卷第 138 页）。这得到了鹊桥公司电工饶司导的印证，他说，个别业主反映墙体漏水，楼房沉降不均，导致伸缩缝位置破裂，楼面漏水（刑事侦查卷宗第 115 卷第 152、155 页）。沱溪商住综合市场总管许夏至说房屋确实存在漏水问题，而且从交楼开始就存在漏水问题（刑事侦查卷宗第 115 卷第 107 页）。鹊桥公司员工伍理承认 2010 年帮张处理过漏水问题（刑事侦查卷宗第 115 卷第 115 页）。

（三）鹊桥公司并未与刘文举办理房屋交接手续

顾文忠承认："直到 2011 年刘文举夫妇都没有与我针对 10 509 平方米的房产进行交接验收。"（刑事侦查卷宗第 115 卷第 8 页）鹊桥公司物业副经理何迭说，刘文举一家都没有办理过收楼手续（刑事侦查卷宗第 115 卷第 135 页）。

按顾文忠的说法，鹊桥公司交房的唯一凭证是住户在《房屋接管验收表》上签字，但刘文举没有在《房屋接管验收表》上签过字。顾文忠说刘文举拿了房屋的钥匙就是交了房。实际上去拿钥匙的是刘文举的亲戚阮运增，他为什么会去鹊桥公司拿钥匙呢？阮运增说，2005 年 10 月 11 日出于装修搬运材料的需要，要用钥匙而去物业公司拿（刑事侦查卷宗第 115 卷第 169 页）。也就是说并不是为了接收房屋而去拿钥匙，实际上在接收房屋时谁不是自己去接收，而要亲戚去拿钥匙呢？

（四）刘文举在诉讼中并未提交任何虚假证据

《起诉意见书》指控刘文举提交的《工程竣工验收报告》相关情况说明、公证书、现场照片、阮运增关于《收条》说明、《承诺书》是虚假证据。《起诉意见书》证明这些证据虚假的证据在哪里？难道"被害人"、证人说虚假就是虚假？以公证书和现场照片为例。刘文举聘请公证员现场进行勘验、拍摄的照片难道是虚假的？以此为基础作出的公证虚假性何在？又以阮运增在公证中写的关于《收条》的说明为例，阮运增在侦查机关作证时开始说是自己写的，后来说是照着抄写"关于《收条》的说明"。本辩护人认为该《说明》是谁起草的不重要，重要的是过程、内容是否真实。绝不能因为阮运增证词前后的矛盾就认为"关于《收条》的说明"内容的虚假。

倒是"被害人"及与其有利益关系的证人在陈述或作证时极尽虚假能事。例如顾文忠与其他证人都说刘文举胜诉后在执行过程中威胁拍卖以致拍卖流拍。但侦查人员在问微洲百业拍卖有限公司业务经理霍市平时，他说，沱溪第一号小区 B 区商住综合市场共 1 819.85 平方米，物业三次拍卖均无人报名，流拍。没有发现有人威胁（刑事侦查卷宗第 115 卷第 50～53 页）。

（五）刘文举借款给顾文忠办房产证时无诈骗行为

刘文举请求顾文忠为其房产办理房产证，但顾文忠一直以没有钱为由拖延。为了办好房产证，刘文举以刘文成的名义两次借款给顾文忠办房产证，分别为 150 万元和 12 万元。刘文举强调没有收砍头息，也没有收高息，而是按《借据》《借款协议书》规定收取利息。实际上，刘文举一直求顾文忠办房产证，这种情况下怎么可能借给顾文忠 165 万元还去收砍头息？但顾文忠说刘文举收了砍头息与高息。本辩护人注意到第一笔 150 万元的借款中，顾文忠承认是"独自一人去刘文举家商谈借款事宜"（刑事侦查卷宗第 115 卷第 45 页）。顾文忠的儿子顾玉柴说，我父亲顾义忠于 2011 年 9 月向刘文成借款 150 万元，商谈过程我没有参与，借款的利息我也不清楚，我是被我父亲叫去做保证人在借款协议书上签名（刑事侦查卷宗第 115 卷第 145 页）。第二笔 12 万元借款中，顾文忠说他带上财务伍理一起过去商谈（刑事侦查卷宗第 115 卷第 46 页）。但伍理说，当时签借款协议的时候我不记得我有没有去（刑事侦查卷宗第 115 卷第 116 页）。顾玉柴说，我父亲还向刘文成借了 12 万元的借款，我只是知道有这么一回事，具体情况我不清楚（刑事侦查卷宗第 115 卷第 145 页）。这说明顾文忠方面的证人都是听顾文忠说的。除此"被害人"陈述与从"被害人"那里听说的证言外，《起诉意见书》还有什么证据证明刘文举所谓的"诈骗行为"？

六、刘文举未诈骗微洲市地久实业有限公司和钟具家

刘文举与微洲市地久实业有限公司（以下简称"地久公司"）及钟具家存在真实的债权债务关系，双方只有借款协议中约定的利率，不存在砍头息和高

息。地久公司还给刘文举的资金并非利息，而是还其以前的借款。刘文举未诈骗地久公司和钟具家。《起诉意见书》指控的事实不成立，具体理由如下。

（一）《起诉意见书》指控的砍头息缺乏证据

《起诉意见书》认为第一笔地久公司借款的砍头息是790万元，其依据是钟具家的陈述。按钟具家的说法，第一笔借款3 500万元，月利率3.5%，扣7个月的砍头息790万元，实际借到2 710万元（刑事侦查卷宗第105卷第9～10页）。我们来算一下，3 500×3.5×7=857.5万元，这与钟具家所说的790万元完全对不上。钟具家的堂弟钟能作证说："我哥钟具家跟我说按3.75%月利率计算半年利息，即3 500×3.75%=787.5万元。"（刑事侦查卷宗第105卷第99页）按钟具家的算法是857.5万元，按钟能的说法是787.5万元，都不是790万元。这790万元的砍头息是怎么算出来的？

钟具家的妻子黄子奉的证词中也谈到了砍头息。但她在向侦查机关作证时说："具体如何谈借款，是由刘文举跟钟具家谈的，我当时只是按照钟具家的要求到其办公室，在借款合同、股权转让书上签字，签字后我就离开了。具体这笔借款的'砍头息'及实际的利息计算、股权转让等情况我是这天之后听钟具家说的。"（刑事侦查卷宗第105卷第84页）

《起诉意见书》认为第二笔华宇公司借款450万元，借3个月，月利率4%，刘文举扣砍头息55万元，实际借到395万元。其依据也是钟具家的陈述。按钟具家的说法，借款450万元，借3个月，月利率4%（刑事侦查卷宗第105卷第9页），砍头息应当450×4%×3=54万元。钟具家的堂弟钟能在给侦查机关作证时说："按照月利率3.75%来预扣了三个月的利息，这样算的话是450×3.75%×3=50.625万元。"（刑事侦查卷宗第105卷第101页）两个人月利率不一样，计算的所谓砍头息也不一样，但有一样是相同的，两个人怎么也算不出《起诉意见书》指控的55万元砍头息。

本辩护人还注意到案卷材料里一个非常令人不解的现象：一些根本没有参与借款商谈的人在案中大谈砍头息、高利息，除黄子奉外，还有钟能。当侦查问："钟具家向刘文举借3 500万元是如何谈的？"钟能答："当时我不在场，所以不清楚情况。"（刑事侦查卷宗第105卷第98页）这就是说黄子奉、钟能的所谈的砍头息、高利息都是来自钟具家，其证词根本就不能印证钟具家的陈述。

（二）地久公司90%的股权是转让不是质押

钟具家说地久公司在借款中以90%的股权作质押，但事实上并非如此，刘文举说是地久公司股权转让，是双方真实自愿的买卖关系。2010年12月7日经信公司与黄子奉、钟具家分别签订了《股权转让合同》，将地久公司90%的股权过户到经信公司（刑事侦查卷宗第108卷第82～85页），并且刘文举已经付清转让款，双方也办理了股权转让手续。怎么到了钟具家口中，这个股权转让成了质押？转让合同、工商变更登记等资料都在，凭什么说是质押而不是转让？

（三）延长借款期限的《补充协议》说明刘文举不具有非法占有的目的

在钟具家无法按期还款时，基于钟具家的请求，刘文举同意钟具家延期还款。如果刘文举有非法占有的目的，他为什么不借款合同一到期就主张权利，为什么要延期，以致后来通过诉讼都无法实现自己的权益？

《起诉意见书》指控刘文举胁迫钟具家签延期的《补充协议》。钟具家说，刘文举通过签《补充协议》使《借款协议》仍然有效，让借贷关系仍然延续着，为后来查封、诉讼作准备（刑事侦查卷宗第105卷第17页）。本辩护人想问的是，这《补充协议》延长借款一个月能起到钟具家所说的"使《借款协议》仍然有效，让借贷关系仍然延续着，为后来查封、诉讼作准备"的作用吗？要达到钟具家所说的效果需要通过签延长借款一个月的《补充协议》这种方式吗？

钟具家说，《补充协议》中增加了宙展兴公司和胜隆生公司，钟具家说保证人全部是刘文举定的。为的是方便查封这两个公司名下的资产（刑事侦查卷宗第105卷第17页）。宙展兴公司和胜隆生公司为谁所有？是钟具家所有还是刘文举所有？谁能决定这个公司做不做保证人？为保证出借资金的安全，当借款人名下有新的资产时，出借人请求将资产作为借款担保，这是《起诉意见书》认可的胁迫吗？

《补充协议》中有一段关于自愿做保证人的话，钟具家承认是他自己写的，但说是刘文举让照着抄的。钟具家也说这是刘文举胁迫他（刑事侦查卷宗第

105 卷第 17 页）。到底是不是刘文举说然后钟具家照抄并未有任何证据证明。即使是如钟具家所说是刘文举让照着抄的，这能说明是胁迫吗？哪个银行在借款时不要借款人抄一段明白合同意思的话，我们能说在向银行借款时受到了银行的胁迫吗？

（四）刘文举未使用虚假的收据隔断还款与借款的关系

钟具家说刘文举承认还款 2 397 万元，不承认 14 笔 3 191.4 万元的还款（刑事侦查卷宗第 105 卷第 10～11 页）。《起诉意见书》则指控刘文举对 13 笔还款 3 103.4 万元不予承认。

实际上，对于到底还多少款，钟具家与证人之间的说法矛盾冲突。钟具家说 27 次还 5 588.4 万元（刑事侦查卷宗第 105 卷第 12 页），其妻黄子奉说共总还 8 088.4 万元（包括 2 500 万元）（刑事侦查卷宗第 105 卷第 63 页），其弟钟能说共偿还 8 288.4 万元（刑事侦查卷宗第 105 卷第 103 页）。但他们有一点是相同的，就是都能说明刘文举承认一部分还款是还息。对其他的款项，刘文举不承认还息，而是强调钟具家还以前的借款。《起诉意见书》采信钟具家的说法，指控刘文举采取虚假收据故意将还款内容写成归还 2010 年 4 月前的其他借款，非法占有这部分财产。

实际上这些收据上都明确写了钟具家还的是什么款，载明了借条原件已当面撕毁，书证证明了钟具家与刘文举原来的借款关系。

从案卷材料看，钟具家说这些收据虚假是出于几个方面的理由：一是他以前不认识刘文举，不可能向他借款；二是他 2009 年 8 月 31 日才接管地久公司，不可能 2009 年 3 月以地久公司名义向刘文举借钱。2010 年 11 月 2 日才掌控兴惠公司，不可能 2009 年 2 月和 2010 年 1 月以兴惠公司向刘文举借钱（刑事侦查卷宗第 105 卷第 13 页）。事实情况是这样的吗？

首先，钟具家说："2010 年 11 月前我不认识刘文举。"但刘文举说钟具家以前在沱江派出所上班，经常到他们家开的蛇餐馆吃饭，与他很早就非常熟悉，那时就开始向他爸借钱，且越借越多。刘文举接手后为了收回他爸之前借给钟具家的款项，继续向其出借款项，部分用于借新还旧处理之前不规范的借条（以前的借条只记载"今借到现金人民币××万元，借款人：钟具家，×年×

月×日",没有约定利息和还款期限,也没有写出借人姓名)。如果如钟具家所说他以前不认识刘文举,他第一次可能在没有抵押物的情况下借款3 500万元巨额资金吗?本辩护人查阅该3 500万元的借款合同,没有抵押物。虽然有保证人,但实际上保证人就是借款人,因为借款人地久公司法人代表是黄子奉(股东是钟具家),保证人是钟具家和黄子奉,这样的保证人是起不到担保作用的(合同上其他的保证人是合同履行过程中加上去的,因为借款发生时这些公司还不属于钟具家和黄子奉)。如果钟具家以前不认识刘文举,他能以这种方式借到如此大额的资金吗?

其次,收据上写还2009年3月地久公司借款、2009年2月和2010年1月兴惠公司借款,事出有因。本辩护人对此也曾经十分疑惑,专门就此询问了刘文举。刘文举说,钟具家以前向他的借款都是没有任何担保的,而且借条记载也很不规范,他认识到存在风险。所以当钟具家一有新的公司,他就要求钟具家将新公司作为以前借款的借款人(或保证人),以确保借款的安全。因此,当后来钟具家购买了地久公司、兴惠公司后,他就要钟具家将这些加注为借款人(或保证人)。当钟具家归还这些借款时,收据上自然就写明的是地久公司或兴惠公司还款。这是刘文举的一贯做法。本案中,钟具家与刘文举的其他借款协议在签订后,当钟具家有新公司时,刘文举也要求钟具家将新公司作为借款人或保证人,正好印证了这一点。

(五)《起诉意见书》指控刘文举查封钟具家公司致使业主上访不实,且刘文举同意解封后又查封事出有因

真的是刘文举查封引发了上访吗?购房户邓庆方说2014年9月底,他们20多名业主去查看工地,发现已经没有人动工了,他们便商量去湖品街道办事处上访(刑事侦查卷宗第105卷第169页)。实际上文化周期2014年6月就已经停工了。侦查人员在一次对钟具家的问话中就明确提到了这一点。侦查人员说:"根据我们目前手中部分证据显示,你文化周期在2014年6月就已经停工。"(刑事侦查卷宗第105卷第45页)2014年10月10日《南方都市报》发表了一篇文章:"文化周期260套房被查封,老板欠过亿元'失联'。"据报道:"公司的法律顾问王高军向南都记者确认,公司老板钟具家在今年(指2014

年）9 月 23 日至 25 日期间与任何人失去联系。如果从 9 月 25 日开始计算，截至昨日，钟具家已经失联至少 19 天。"黄子奉亲口承认："我在外地躲债，钟具家也在外地躲债，后来坐牢了。"（刑事侦查卷宗第 106 卷第 146 页）请注意，钟具家是 2014 年 "9 月 23 日至 25 日期间与任何人失去联系"，而刘文举是在得知钟具家跑路后于 2014 年 10 月 13 日向法院起诉的。在文化周期做装修的郑炎（钟具家的表弟）提供的证词说："2014 年 9 月，钟具家位于湖品的文化周期楼盘出现资金链断裂，无法继续完善工程，交不了楼，导致很多业主到政府上访。我听说文化周期被很多人查封过。"（刑事侦查卷宗第 105 卷第 128 页）他也说 2014 年 9 月文化周期就已经资金断裂，交不了楼，很多业主到政府上访。《起诉意见书》怎么指控是刘文举查封楼盘致使业主上访？

刘文举与钟具家解封宙展公司和宏府公司的资产后又查封，则事出有因。因为除要求钟具家支付 2 500 万元执行款外，刘文举还要求钟具家一年内付清余额，以此作为解封的前提。但钟具家支付 2 500 万元后并未在一年内付清余额，因此刘文举不得不再次申请查封其资产。刘文举说他是为了帮助钟具家才同意解封的，当时案件已经进入法院评估拍卖阶段，该查封资产除归还钟具家所欠银行贷款外还可以清偿他的债权，但钟具家不履行约定义务他只能再次申请查封，而此时他已经属于轮候查封，到现在还没有实现自己的债权。本来是出于帮助钟具家的好意解封，现在倒成了指控的罪状，刘文举怎么也想不通！

（六）刘文举与周自平之间约定的律师费支付方法不违法

律师费的问题，刘文举与周自平有约定：每个案件先付 1 万元的前期费用，执行完毕结案后付清余额，然后律师事务所应开具发票给付款人。由于案件现在并未执行完毕，所以刘文举还未将律师费的余额结清给周自平。至今没有付清律师费，并不表明刘文举不支付律师费，更不表明刘文举与周自平侵占诉讼对方的财产。这完全符合律师收费的惯常做法。

七、刘文举未诈骗太阳集团有限公司及孟高成等

《起诉意见书》指控刘文举诈骗太阳集团有限公司（以下简称"太阳集团"）及孟高成等事实不成立，证据不足。本案中《起诉意见书》根本没有弄清真正

的借贷双方。据刘文举说，向其借款的是孟华军，只有孟华军知道借款的数额、利率等，其他的人并不知道，《起诉意见书》所指的孟高成只是帮孟华军打工的，他根本不知道刘文举与孟华军的借款往来，只是孟华军叫他签名他就签名。由于案中证据均只与孟高成有关，本辩护人只能基于这些材料发现其中的疑点，发表如下辩护意见。

（一）本案证词都是传来证据，但证人却大谈砍头息、借款协议的虚假、收据的虚假

据刘文举说，太阳集团资金链断裂，被大量债权人起诉查封，债务高达200多亿元。而且，孟华军和孟高成因涉嫌诈骗被公安机关通缉，他们都躲在香港，不敢回大陆。因此本案并没有"被害人"。孟华军和孟高成陈述，只有真实性存疑的《授权委托书》和《报案书》。案中一些未经历借款商谈过程的证人却大谈刘文举与太阳集团借款中的砍头息、借款协议的虚假、收据的虚假。例如公司出纳员孟丽丽、出纳李芳大谈砍头息、借款协议的虚假、收据的虚假，但她们均未参与借款商谈，不知道借款的过程与内容。孟丽丽向侦查机关承认："借款的过程没有参与。"（刑事侦查卷宗第 131 卷第 23 页）侦查人员问李芳："孟高成或众望集团向刘文举借款两笔，借款时你是否在场？"李芳答："洽谈及签订借款协议时，我都是不在场的。""没有参与借款过程，只能从资金角度阐述两笔借款。"（刑事侦查卷宗第 131 卷第 37～38 页）

（二）孟高成的《报案书》真实性存疑

根据公司出纳李芳的证言，2018 年 11 月 26 日上午 9:30，孟高成安排他的助理在香港上水地铁站附近将一份《授权委托书》和《报案书》交给她（刑事侦查卷宗第 131 卷第 40 页）。这就是说这些材料并不是孟高成亲自交给他的，那么这个助理是谁？如何证明是孟高成的助理？李芳没有作任何说明，侦查机关也没有查证。

其实侦查机关也怀疑这些材料的真实性。侦查人员曾经就此询问李芳："《授权委托书》和《报案书》内容是否真实，是否是孟高成本人真实意思表示？"李芳答："《授权委托书》和《报案书》内容都是真实的，孟高成也通过微信电话跟我讲明《授权委托书》和《报案书》都是他真实意思表示。"李芳说她是

通过微信通话核实的（刑事侦查卷宗第 131 卷第 41 页）。这里有几个方面的疑问：一是微信通话能确定这些材料是孟高成签名？能确认这是他真实意思表示？二是有没有微信通话的记录、录音、录像？三是微信通话中李芳能确保孟高成是处于一种自由状态？侦查机关没有对此进行任何核查工作。难道李芳提交一份材料我们就照单全收并且确认其真实性？

（三）证人证言矛盾重重、漏洞百出

本辩护人在前面已经指出本案的证据基本是传来证据，一些证人根本没有参加借贷商谈，仅听他人的说法而大谈砍头息、高息、协议与收据虚假，所以他们之间的证言根本就无法一致，矛盾重重、漏洞百出。

例如，第一笔借款，2010 年 12 月 14 日微洲怡海向刘文举借款 5 000 万元。孟丽丽说刘文举口头约定该笔借款月利率为 3%，预扣半年砍头息，2010 年 12 月 16 日孟高成账号汇款 1 000 万元，具体算法是 5 000×3%×6=900 万元，刘文举要求多给 100 万元补偿费，合计 1 000 万元（刑事侦查卷宗第 131 卷第 24～25 页）。而李芳则说，在转账时孟高成讲这 1 000 万元是预先支付刘文举借款本金 5 000 万元的利息（刑事侦查卷宗第 131 卷第 38 页）。在她的证词里没有讲补偿费 100 万元。《起诉意见书》指控刘文举收取砍头息 1 000 万元，是采信了谁的证词？如果采信的是孟丽丽的证词，100 万元补偿费是怎么回事？如果采信的是李芳的证词，1 000 万元砍头息是怎么算出来的？《起诉意见书》到底有没有计算 1 000 万元的公式与数据？

第二笔借款，2011 年 7 月 29 日太阳集团向刘文举借款 2 000 万元，12 个月。孟丽丽说刘文举口头约定的利息是 3.5%，12 个月的砍头息以 2% 的月利息计算，共 480 万元，另外 1.5% 的利息每个月给刘文举（刑事侦查卷宗第 131 卷第 27 页）。这与第一笔所谓的砍头息计算完全不一样，为什么第一笔的所谓砍头息是按所谓的约定的月利率 3% 计算，而第二笔不以月利率 3.5% 计算，而是按 2% 计算？这明显是为了符合 480 万元这个数字，故意拼凑而来。第三笔借款孟丽丽也是这样解释。

第四笔借款，2013 年 1 月 13 日太阳集团向刘文成借款 1 200 万元。孟丽丽说：5 000 万元、2 000 万元和 2 500 万元借款的利息 1 189 万元利息构成本笔借款，刘文举为了凑整数要求孟高成与刘文成签订了一份 1 200 万元的借款协议（刑事侦查卷宗第 131 卷第 30 页）。既然是由 "1 189 万元利息" 组成，为什么借条上是 1 200 万元？《起诉意见书》也说是 "取整"，取整的依据是什么？有什么证据表明是取整？在证人无法证明该 1 200 万元为利息组成的情况下，只好用取整加以搪塞。

第五笔借款，2013 年 3 月 18 日太阳集团向刘文成借款 1 630 万元。孟丽丽首先说，1 630 万元借款是支付 5 000 万元、2 000 万元和 2 500 万元借款利息，另外还包括 1 200 万元自 2014 年 1 月 13 日至 2014 年 7 月 30 日的利息。但后面又说 1 630 万元借款协议是由 1 634.98 万元利息及罚息构成的。一会儿是利息，一会儿是利息与罚息。孟丽丽是出纳，是财务人员，对于利息与罚息不可能区分不清，她如此的前后矛盾，说明她的说法不真实。而且按孟丽丽的说法，应当是 1 634.98 万元，但刘文举为了凑整数要求孟高成与刘文成签订了一份 1 630 万元的借款协议（刑事侦查卷宗第 131 卷第 31 页）。这里又是取整，但奇怪的是为什么不是取整 1 635 万元？

（四）刘文举未使用虚假协议和收据非法占有所谓 "被害人" 的财物

本案中所有借款协议、借据都有借款人（或法定代表人）的签字（盖章），收据也被签字确认，不能凭本案中未经历借款商谈的报案人和证人凭空否认。例如 2010 年 12 月 16 日 "收款收据"（编号 0000850）中记载："今收到孟高成还 2010 年 9 月至 11 月份借款四笔本息合共人民币壹仟万元整，借条 4 张已当面销毁。"（刑事侦查卷宗第 133 卷第 107 页）该收据内容明确、完整，有孟高成签字确认。太阳集团方面真实支付给刘文举的款项，刘文举未加以否认，同时强调其中收据载明的内容真实，没有虚假。刘文举是通过借新还旧的方式将款项借给孟华军和太阳集团，从而收回孟华军以前所欠刘文举的款项。这些款项真实存在，并非为隔断还款与还息的关系而虚构，这在收据上有明确的记载，而且原来的借条都已经在收据上载明当面撕毁，因此从证明责任上看，应当是由警方证明孟华军与刘文举以前的债权债务关系不存在，而不是刘文举证明债权债务关系存在。

（五）刘文举与周自平之间约定的律师费支付方法不违法

刘文举与周自平有约定，每个案件先付 1 万元的前期费用，执行完毕结案后付清余额，然后律师事务所应开具发票给付款人。由于案件现在并未执行完毕，所以刘文举还未将律师费的余额结清给周自平。至今没有付清律师费，并不表明刘文举不支付律师费，更不表明刘文举与周自平侵占诉讼对方的财产。这完全符合律师收费的惯常做法。

八、刘文举未诈骗微洲登天置业公司及徐权松等

《起诉意见书》指控刘文举诈骗微洲登天置业公司（以下简称"登天公司"）及徐权松等，该指控不成立。具体理由如下。

（一）刘文举与徐权松的生意往来并非始于 2012 年

2000 年前后，徐权松开始到刘文举木器厂购买方条、模板，熟悉后开始向刘文举父亲借款，越借越多，同时欠下许多货款。为了回收之前的借款和货款，刘文举继续向徐权松出借款项，部分用于借新还旧。本案中刘文举收的所谓砍头息实际上是刘文举收回徐权松以前所欠的借款。因此，刘文举与登天公司所有借款和还款及付货款真实存在，无虚增债务，无高息和砍头息，只有《借款协议书》的约定利率，没有所谓的口头约定利率。

（二）刘文举没有收砍头息，"被害人"陈述与证人证言关于砍头息的说法漏洞百出、矛盾冲突

《起诉意见书》指控刘文举在出借款项中收登天公司及徐权松的砍头息，其依据是"被害人"陈述与证人证言，但他们的证词纯属虚构、编造。

第一笔借款，据刘文举称该 500 万元本为购买商铺。因徐权松的旧账（包括货款和借款）未还又想借款，刘文举不愿意。但刘文举答应如果徐权松愿意偿还以前债务便以 500 万元购买其商铺。在徐权松同意的前提下，刘文举以500 万元优惠价格购买其商铺。同时出于帮助徐权松，刘文举还为此 500 万元与徐权松签订了借款协议书，约定如果徐权松如果到时有能力偿还 500 万元，刘文举愿意将商铺退给徐权松。因此本案中我们就看到了 2012 年 6 月登天公司向刘文举借款 500 万元、期限 5 个月的《借款协议书》。因此本 500 万元不

可能存在所谓砍头息。即使如《起诉意见书》指控该笔为借款，该协议书上也明确载明了月利率是 2.5%（刑事侦查卷宗第 195 卷第 13 页）。但为了证明刘文举收了砍头息，徐权松说月利率实际收的是 3.5%，按徐权松的说法，500×3.5%×5=87.5 万元。徐权松有什么证据证明刘文举按月利率 3.5% 收息？而且侦查机关向徐权松出示的收据上明确记载"今收到微洲登天置业有限公司交来货款 87.5 万元"（刑事侦查卷宗第 194 卷第 52 页）。明明是收货款，怎么在徐权松的口中就成了砍头息了？

第二笔借款，2012 年 11 月登天公司向刘文举借款 1 100 万元，期限 5 个月，《借款协议书》上明确记载的是月利率 2.5%，但徐权松说实际按月利率 3.5% 收息。为了证明刘文举收了砍头息，徐权松将还刘文举借款的 280 万元分为两部分，即本笔借款砍头息 192.5 万元和还 500 万元借款 5 个月的利息 87.5 万元。但当侦查人员问是否有收据证明这一事实时，徐权松以"刘文举还是不肯开收据给我"加以搪塞（刑事侦查卷宗第 194 卷第 22 页）。

（三）刘文举没有与徐权松签订虚假借款协议

（1）《起诉意见书》指控 2013 年 6 月登天公司向刘文成借款 210 万元、登天公司向刘文举借款 404 万元的借款协议虚假，这与事实不符，完全是徐权松等人颠倒是非黑白。其陈述和证言错漏百出、相互矛盾。

首先，徐权松说，210 万元的借款是以 1 600 万元本金与 40 万元律师费为基础算出来的。借款协议还在履行过程中，根本没有进入违约后的诉讼程序，怎么可能有律师费？而且徐权松一会儿说计算的利率是月利率 6.36%～6.4%（刑事侦查卷宗第 194 卷第 6 页），一会儿又说利率是 6.36%（刑事侦查卷宗第 194 卷第 7 页），竟然在借款关系中存在 6.36%～6.4% 的月利率？既然是这个不确定的利率，徐权松为什么以 6.36% 的月利率计算？按他的数据，所谓砍头息应当为 1 640×6.36%×2=208.608 万元，但与借款 210 万元对不上！

对于此 210 万元的借款，徐权松竟然在另一处给出了另一种说法：500 万元借款，计算 2013 年 4 月 29 日至 2013 年 6 月 27 日共 60 天的利息，500×0.2%×60=60 万元；1 000 万元借款，计算 2013 年 4 月 22 日至 2013 年 6 月 27 日共 68 天的利息。1 100×0.2%×68=149.6 万元，60+149.6=209.6 万元，刘文举按 210 万元计算（刑事侦查卷宗第 194 卷第 26～27 页）。

登天公司副总经理付西也给出了一种算法。他说这 210 万元的借款是第一、第二笔借款产生的利息转化的，是从 2013 年 4 月 22 日至 2013 年 6 月 27 日，共 66 天，第一笔 500 万元加上第二笔 1 100 万元共计 1 600 万元的罚息，算法是：1 600×66×0.2%=211.2 万元，约等于 210 万元（刑事侦查卷宗第 194 卷第 79 页）。

其次，对于 404 万元的借款协议，徐权松说是 500 万元和 1 100 万元借款从 2013 年 6 月 28 日到 2013 年 10 月 31 日共 126 天的利息，（500+1 100）×0.2%×126=403.2 万元，刘文举按 404 万元计算（刑事侦查卷宗第 194 卷第 48 页）。上面计算 201 万元时，徐权松说有 40 万元的律师费，所以基数是 1 640 万元，怎么到这里没有 40 万元律师费了？为什么基数是 1 600 万元不是 1 640 万元了？

付西则给出了另一种说法，他说，这 404 万元是第一、第二笔借款产生的利息转化的，是从 2013 年 6 月 28 日到 2013 年 10 月 30 日，共 125 天，算法是：1 600×0.2%×125=400 万元，约等于 404 万元（刑事侦查卷宗第 194 卷第 80 页）。这与徐权松的说法大相径庭！

徐权松、付西真是想怎么算就怎么算，只要算出来的数字与 404 万元接近就行，采取取整或约等于就解决问题了。徐权松、付西这么虚构不奇怪，因为这里面有他们重大的利益。

（2）《起诉意见书》指控刘文举还逼迫徐权松签订了 109 万元、100 万元、866 万元的虚假借条和借款协议，其依据是徐权松等说这些都是利息转化而来的，没有借款。实际上虚构、编造者是徐权松等人。

徐权松说 2013 年 10 月登天公司向刘文举借款 109 万元虚假，实际上是 210 万元借款的利息，即 2013 年 6 月 28 日至 2013 年 8 月 1 日产生的利息，具体计算方式是 210×2‰×35=14.7 万元。2013 年 8 月 2 日到 2013 年 10 月 30 日按日利率 5%的违约金，共 94.5 万元（210×5%×90=94.5 万元），加起来总共 109.2 万元（刑事侦查卷宗第 194 卷第 29 页）。徐权松的说法完全没有依据，而且根本无法自圆其说。首先，109.2 万元不等于 109 万元；其次，本笔借款的协议书是签订于 2013 年 7 月 30 日（刑事侦查卷宗第 195 卷第 88 页），而徐权松说 2013 年 8 月 2 日到 2013 年 10 月 30 日按日利率 5% 的违约金 94.5 万元属于该借款金额。2013 年 7 月 30 日能提前算 2013 年 10 月 30 日按日利率 5% 的违约金吗？

徐权松说 2013 年 9 月昊工公司向刘文举借款 100 万元也是虚假的，该 100 万元是 614 万元（210 万元+404 万元）利息转化而来的，是 2013 年 10 月 31 日到 2014 年 1 月 20 日的利息，总共 100.69 万元（614×2‰×82=100.69 万元）（刑事侦查卷宗第 195 卷第 30 页）。徐权松的算法非常奇怪，因为证明 109 万元虚假时，他说 210 万元自 2013 年 8 月 2 日到 2013 年 10 月 30 日按日利率 5% 计算违约金，共 94.5 万元，怎么在 2013 年 10 月 31 日到 2014 年 1 月 20 日没有违约金了？

付西对此 209 万元给了另一个说法，他说，这是 210 万元借款自 2013 年 4 月 21 日至 2013 年 10 月 30 日共 192 天的利息，计算公式是：210×192×0.5%=201.6 万元，约等于 209 万元（刑事侦查卷宗第 194 卷第 81 页）。201.6 万元约等于 209 万元吗？

徐权松说 2014 年 1 月登天公司向刘文举借款 866 万元是虚假的，该 866 万元是 1 600 万元自 2013 年 11 月 1 日至 2014 年 7 月 29 日的利息，计算公式是：1 600×2‰×271=867.2 万元，刘文举按 866 万元算（刑事侦查卷宗第 194 卷第 31 页）。但付西给了另一个说法，他说这里 1 600 万元自 2013 年 10 月 30 日至 2014 年 7 月 30 日共 272 天的利息，具体的算法是：1 600×0.2%×272=870.4 万元，约等于 866 万元（刑事侦查卷宗第 194 卷第 81 页）。他们两个人的算法中都算不出 866 万元来，这倒是证明了徐权松与付西的编造与虚构。

（四）刘文举无非法占有目的

刘文举向登天公司出借款项时有抵押物，例如第二笔借款的抵押物是一块土地，如果刘文举有非法占有的目的，只要借款期限一到，登天公司无法归还借款，刘文举就可以通过诉讼执行抵押物以实现自己的债权。但刘文举给登天公司的借款期却一再延期，直到最后才起诉并查封。但后来即使查封了，刘文举也无法实现自己的债权。徐权松自己承认了登天公司借款的情况：登天公司欠广西华林建工集团 4 000 万元工程款；广西华林退场前，欠瞿宝成 5 500 万

元、符东江 1 000 万元、古甘醇 500 万元、刘来 700 万元、宁泽 400 万元等共
8 600 万元，还有一些小数目的民间借贷；广西华林退场后，登天公司又向他
人借了 7 200 万元，还有一些小数目的民间借贷（刑事侦查卷宗第 194 卷第 57
页）。登天公司欠债太多，刘文举属于轮候查封。侦查人员问徐权松："刘文举
为什么不申请将登天公司的资产进行拍卖？"徐权松答："登天公司还欠广西
华林建工集团 4 000 万元工程款，三兴公司也申请查封了登天公司房产，资产
拍卖优先偿还工程款。"（刑事侦查卷宗第 194 卷第 37 页）案卷材料显示，刘
文举曾经向法院申请拍卖其已经申请查封的登天公司名下喜悦城果花园的
18 套房产，但出人意料的是该 18 套房产已经被登天公司卖出去了（刑事侦
查卷宗第 194 卷第 36 页）。直到今天，刘文举借给登天公司的本金都没有收
回来，更不要说利息了。《起诉意见书》指控刘文举诈骗，可其实刘文举才
是受害人！

（五）刘文举与周自平之间约定的律师费支付方法不违法

刘文举与周自平有约定：每个案件先付 1 万元的前期费用，执行完毕结案
后付清余额，然后律师事务所应开具发票给付款人。由于案件现在并未执行完
毕，所以刘文举还未将律师费的余额结清给周自平。至今没有付清律师费，并
不表明刘文举不支付律师费，更不表明刘文举与周自平侵占诉讼对方的财产。
这完全符合律师收费的惯常做法。

九、刘文举未诈骗浙江兴隆企业集团有限公司和吴昆等

吴昆的借款从刘文举的父亲开始，越借越多，刘文举父亲去世后，刘文举
为收回之前借出的款项，继续向吴昆出借款项，部分用于借新还旧，要求吴昆
清偿之前不规范的借条记载的款项。刘文举与兴隆公司及吴昆等的借贷关系真
实，只有《借款协议书》中约定的利率，无砍头息、高息，刘文举没有利用虚
假收据侵占兴隆公司及吴昆的财产。《起诉意见书》基于七个方面的所谓事实，
指控刘文举诈骗浙江兴隆企业集团有限公司（以下简称"兴隆公司"）和吴昆
等，该指控不成立。

（一）《起诉意见书》关于刘文举收高息、砍头息的指控不成立

刘文举与兴隆公司之间的借贷均有书面协议，协议中明确规定了利率，刘文举没有收取任何高于借款协议的利息，也没有收取砍头息。借款后，兴隆公司支付给刘文举的款项均系归还吴昆之前向刘文举所借款项。《起诉意见书》关于刘文举收高息、砍头息的证据来自吴昆等人陈述或证言，而这些陈述或证言是相互矛盾的。

第一笔借款 2 000 万元，吴昆说刘文举转账 1 900 万元，100 万元是现金，说这 100 万元没有收到，是砍头息，还扣了 110 万元，共扣砍头息 210 万元（刑事侦查卷宗第 203 卷第 32 页）。既然是息，刘文举应给有收据，吴昆可以证明没有收到这 100 万元。而且，既然砍头息是 210 万元，完全可以如吴昆所说的将另 110 万元也直接扣掉，没有必要转去后再转回来；或者是 2 000 万元转给吴昆后再由吴昆转 210 万元给刘文举，没有必要一笔钱两种处理方式。而且，按刘文举与兴隆公司签订的借款协议约定的利率，吴昆根本就算不出 210 万元。为了算出这个数，吴昆只好编造说刘文举按口头约定月息 3.5%收息，但吴昆又拿不出任何证据。兴隆公司这个案子中，吴昆一直强调是刘文举主动找兴隆公司要借钱给兴隆公司，自己并不想向刘文举借钱（刑事侦查卷宗第 203 卷第 32 页）。既然如此，吴昆就处于主动的地位，不可能完全听任刘文举，利率不可能执行口头约定而不执行协议约定，也不可能给砍头息，更不可能不按真实情况给收据。因此，吴昆关于砍头息的说法难以自圆其说。

第二笔借款 5 000 万元，《起诉意见书》说借款协议中没有约定利率，实际按执行期每期利率 13.5%，这没有充分的证据支撑。就此本辩护人在会见时曾经问刘文举为什么在协议中不约定利率，他说有的合同不约定利率是因为部分借新还旧，为了促成借款人能按合同期限还款给予免息优惠。协议中规定："借款期限届满，如借款人未按本协议的约定归还借款，借款人应从借款之日起至还清款日止每月按 2.5%的利率付利息给出借人。"（刑事侦查卷宗第 207 卷第 28 页）该规定明确表明免息是有条件的，如果未按期还款，免的息要补回来，这印证了刘文举"免息优惠"的说法。本辩护人认为，刘文举的说法是可信的，否则他没有必要在协议中不规定利率。至于本笔中吴昆所说的砍头息

根本就没有任何证据支持。吴昆说砍头息为 675 万元，包括 120 万元未收到的现金和收取 555 万元。120 万元现金未收到只是吴昆自己的说法，没有其他证据支持；555 万元如何算出来的，吴昆没有给出合理的解释。

第三笔借款 1 500 万元，《起诉意见书》说借款协议中没有约定利率，实际按执行期每期利率 3.5%，这完全没有充分的证据支撑。没有约定利率是刘文举为促成借款人及时还款的免息优惠。双方签订的协议中规定："借款期限届满，如借款人未按本协议的约定归还借款，借款人应从借款之日起至还清款日止每月按 2.5%的利率付利息给出借人。"（刑事侦查卷宗第 207 卷第 14 页）吴昆说刘文举收取了 45 万元砍头息。本辩护人注意到，刘文举借款给吴昆公司并无抵押物，只有保证人，而且这些保证人的代表人全部是吴昆，这样的保证是没有实际意义的。而且吴昆公司借款后一直无法按期还款，这些借款实际是在极大的风险中，刘文举会为了收 45 万元砍头息而出借 1 500 万元吗？

第四笔借款 2 000 万元，《起诉意见书》说借款协议中没有约定利率，实际执行月利率 3.5%，这也没有充分的证据支撑。没有约定利率是刘文举为促成借款人及时还款的免息优惠。双方签订的协议中规定："借款期限届满，如借款人未按本协议的约定归还借款，借款人应从借款之日起至还清款日止每月按 2.5%的利率付利息给出借人。"（刑事侦查卷宗第 207 卷第 41 页）本辩护人注意到，第二笔借款协议于 2013 年 10 月 29 日签订、第三笔借款协议于 2014 年 7 月 1 日签订、第四笔借款协议于 2014 年 7 月 18 日签订，按吴昆的说法，在短短的半年内，刘文举实际执行的利率分别是 13.5%一期（89 天）、3.5%一期（15 天）、月利率 4.5%，利息怎么可能如此频繁地变化？一会儿变高一会儿变低，毫无规律可言，刘文举真的是有钱任性吗？吴昆真的是任人随意捏的柿子？吴昆陈述的可信度在哪里？很明显，吴昆是为了使其所欠刘文举的款项被司法机关认定为砍头息，按照每次还款的数额、借款金额及期限来计算应当是多少利率，吴昆所说的利率完全不是所谓刘文举执行的口头利率。

第五笔借款 2 000 万元和第六笔借款 6 800 万元，《起诉意见书》指控刘文举虚增了此两笔债务。《起诉意见书》认为 2 000 万元借款包括的是前四笔借款自 2014 年 11 月至 2015 年 4 月所欠部分利息 1 676.9 万元和 360 万元砍头息；

6 800 万元借款包括的是前四笔借款自 2014 年 10 月至 2015 年 6 月所欠部分利息 4 904.61 万元和 1 244 万元砍头息。该指控中为什么在计算利息时分别是 2014 年 11 月至 2015 年 4 月和 2014 年 10 月至 2015 年 6 月？为什么第五笔利息的时间从 2014 年 11 月算起，而第六笔利息的时间从 2014 年 10 月算起？第五笔利息计算时间为什么包含在第六笔计息时间里？按《起诉意见书》的逻辑，2014 年 11 月至 2015 年 4 月的利息不是在第五笔中解决了吗？为何第六笔中还在计算这个阶段的利息？每个月 6% 利率的证据在哪里？

第七笔借款 1 100 万元，《起诉意见书》认为此为前五笔借款自 2015 年 7 月至 2015 年 11 月所欠利息共 900 万元，并收取 200 万元的砍头息，《起诉意见书》指控刘文举虚增债务。本辩护人认为该指控不成立。首先，这个阶段的利息为什么是个整数？其计息的有效证据在哪里？其次，200 万元砍头息的有效证据在哪里？按吴昆的说法，砍头息本为 198 万元，刘文举为了凑整数算够了 200 万元（刑事侦查卷宗第 207 卷第 53 页）。当按照吴昆所说的借款金额、利率和时间无法算出 200 万元这个数字时，吴昆就用凑整来搪塞。如果说刘文举真的喜欢凑整，为什么本案中大量的数据不是吴昆所说的整数？

（二）刘文举没有使用虚假收据进行欺骗

《起诉意见书》指控刘文举收取砍头息、利息后以行规为由，出具虚假收据，隔断资金与借款的关系，非法占有财产。这一指控不成立。吴昆向刘文举及其父亲借款，形成了历史债务，这些债务是真实的，有借条为证。吴昆还历史债务时刘文举都将收据给了吴昆。收据中明确记载了刘文举所收款项的具体还款内容，并载明"借条原件已交还吴昆先生"，有吴昆的签字确认，并且吴昆还写明"原件已收回"，债务人不能凭空否认其真实性。现在吴昆却说这些借款不存在。既然吴昆说不存在，就要有不存在的证据，不能凭空说不存在。侦查机关曾问吴昆："你如何证明《收据》上的日期之内你没有向刘文举、刘文成等借款？"吴昆答："第一，微洲辉耀置业投资有限公司的员工在和刘文举协商转换查封土地时，刘文举为了达到叫劝说我不要和他打官司的目的，曾经自曝他的作案手法，刘文举坦言这些《收据》都是虚假的，有的录音资料和证言可以证明。第二，我公司的财务状况相关书证材料可以证明 2013 年之前我公司资金充裕，没有向他们借款的必要。并且我本人在 2013 年之前根本不认识刘文举、刘文成，更加不可能向刘文举一方借款。第三，兴隆公司每笔还款都是借款的利息或罚息，还款金额都可由约定利息及罚息规律计算出来，能充分证明我支付的款项是真实借款利息部分。"（刑事侦查卷宗第 203 卷第 35 页）吴昆的三个理由都不能解释他不可能在收据载明的日期内未向刘文举借款的原因。首先，偷录的录音本身并不完整，是经处理后的断章取义，录音前刘文举与的谈话未提交，该谈话证明诱使刘文举复述平时放高利贷的惯常做法，以使他人认为这是刘文举的做法。该录音合法性、关联性存在重大疑问，在民事诉讼过程中就被法官驳回不予采信，难道刑事诉讼中证据采信的标准比民事诉讼还低吗？其次，吴昆公司的财务状况资料不一定真实反映其财务状况。按吴昆的说法，他认识刘文举之前公司财务状况非常好，不需要借款，但认识刘文举后却大量从刘文举处借钱，且无法按期还款。吴昆还通过银行和其他途径大量借款，后来资金链断裂，业主上街闹事。如果吴昆公司财务状况真那么好，会如此收场吗？即使 2013 年前公司财务状况良好，能排除吴昆向刘文举借钱这一事实吗？再次，兴隆公司还息的证据无法证明其还款的真实情况。为证明兴隆公司已还息，证人兴隆公司财务副总裁喻成湘等人基于《所借金额的去向明细表》《暂借款利息计算另存备忘表》《董事长用款备存表》《资金支付申请表》等进行说明。但这些表格都是兴隆公司的内部资料，并未得到刘文举的确认。表格记载的数据是不是真实存在？表格中的数据是不是公司以利息为由记载但用作其他的开支？这些证据在民事诉讼中都没有被认可，怎么可能作为刑事诉讼中证明刘文举有罪的证据？

（三）刘文举对兴隆的债务多次延期，说明其没有非法占有的目的

如果刘文举要非法占有兴隆公司的财物，只要借款期限一到兴隆公司未履行还款义务，刘文举就可以通过诉讼等手段实现自己的债权，而不需要等兴隆公司完全无法履行还款义务时才采取法律行动。我们来看看兴隆借款的延期：第一笔借款是从 2013 年 6 月 18 日至 2013 年 9 月 17 日，但延期到 2015 年 9 月 17 日；第二笔借款是从 2013 年 10 月 29 日，期限 89 天，后延期至 2015 年

9月25日；第三笔借款是从 2014 年 7 月 1 日，期限 15 天，延期至 2015 年 9 月 15 日；第四笔借款是从 2014 年 7 月 18 日，期限三个月，延期至 2015 年 9 月 17 日；第五笔借款是从 2015 年 4 月 23 日，期限 90 天，延期至 2015 年 9 月 22 日。刘文举一直在给兴隆公司的借款延期，后因媒体报道兴隆公司员工上诉讨薪，且听说吴昆以项目建设为由向民间非法吸收公众存款、向数十人骗取数十亿元资金，债务特别大，刘文举认识到其借出款存在重大风险才采取起诉和查封措施。刘文举的查封都是轮候查封，现在实现债权的希望渺茫，他被非法占有了财物，反而被指控非法占有他人财物。

（四）对于事实上已经还清的借款刘文举没有为达到所谓"非法占有的目的"而起诉

本案案卷材料表明，刘文举与兴隆的借款并非只有《起诉意见书》指控的几笔，只要是兴隆公司已经还清的，刘文举均承认。例如 2014 年 3 月 25 日，兴隆公司向刘文举借款 4 500 万元。该笔借款兴隆公司已经还清，刘文举也在借款协议上注明"2014 年 6 月 13 日浙江兴隆企业集团有限公司转账汇入金鑫集团有限公司人民币肆仟伍佰万元，是代肇庆兴隆置业投资有限公司偿还本借款协议中的款项"，刘文举签字确认（刑事侦查卷宗第 332 卷第 3 页）。对于该笔借款刘文举就没有起诉。

（五）吴昆和证人之间的说法存在大量矛盾冲突，不能相互支撑，进而形成证据链

举一个简单的例子，就是合同签约的地点。第一笔借款，吴昆说在办公室签订（刑事侦查卷宗第 203 卷第 33 页），喻成湘说在小会议室签订（刑事侦查卷宗第 203 卷第 71 页）；第四笔借款，吴昆说在办公室签订（刑事侦查卷宗第 203 卷第 43 页），喻成湘说在小会议室签订（刑事侦查卷宗第 203 卷第 80 页）；第六笔借款，吴昆说在办公室签订（刑事侦查卷宗第 203 卷第 51 页），喻成湘说在小会议室签订（刑事侦查卷宗第 203 卷第 82 页）；第七笔借款，吴昆说在办公室签订（刑事侦查卷宗第 203 卷第 53 页），喻成湘说在小会议室签订（刑事侦查卷宗第 203 卷第 83 页）。对于这么简单的事实两人说法都不一致，怎么能采信他们的陈述或证词？

（六）刘文举与周自平之间约定的律师费支付方法不违法

刘文举与周自平有约定：每个案件先付1万元的前期费用，执行完毕结案后付清余额，然后律师事务所应开具发票给付款人。由于案件现在并未执行完毕，所以刘文举还未将律师费的余额结清给周自平。至今没有付清律师费，并不表明刘文举不支付律师费，更不表明刘文举与周自平侵占诉讼对方的财产。这完全符合律师收费的惯常做法。

十、刘文举未诈骗前明程公司、品葡公司及李红等

（一）刘文举未诈骗徽洲市前明程房地产开发有限公司（以下简称"前明程公司"）

1. 李红关于砍头息的说法不确实

《起诉意见书》指控刘文举收取480万元砍头息。按李红的说法：刘文举要求"先转5个月利息的钱400万元，另外1个月利息80万元直接在本金上扣"，李红则要刘文举直接在本金上扣6个月利息，不用转来转去麻烦（刑事侦查卷宗第242卷第41页）。李红的这种说法本身就是矛盾的，如果刘文举是要做虚假流水，为什么是通过账户汇1920万元给李红，而不是汇2000万元？李红说借款第一个月利息80万元直接是从本金上扣，为什么所谓其他几个月的砍头息不从本金上扣？（刑事侦查卷宗第242卷第48页）

2. 关于口头约定利息没有证据证明

李红说与刘文举借款合同上载明的月利率是2.5%，口头约定月利率是4%（刑事侦查卷宗第242卷第41页），但没有任何证据支撑。刘文举确认与前明程公司的借款只有合同约定的利率，不存在所谓的口头约定利率。《起诉意见书》指控刘文举通过虚假收据侵占利息158万元。实际上，这158万元利息无法通过所谓口头约定利率计算得出。

关于前明程公司还息情况，侦查机关曾经询问公司财务人员袁兰花："你说一下前明程公司一共支付了多少利息？"袁兰花答："我只知道前明程公司一共支付了600多万元利息，具体多少钱我不清楚。"但在同一份笔录里，几分钟后袁兰花回答："前明程公司一共支付了638万元利息。"（刑事侦查卷宗

第 242 卷第 119~120 页）为什么几分钟里袁兰花会从不知道到知道？是公安机关出示了公司的记账凭证给袁兰花。但这个记账凭证是怎么来的？与袁兰花有什么关系？从案卷材料完全看不出来。

3. 408 万元是李红还刘文举的借款，不是虚增债务

《起诉意见书》指控刘文举虚增 408 万元的证据不确实、不充分。侦查机关问李红："408 万元是怎么算出来的？"李红答："其中 400 万元是原来我转给刘文成利息，他要对那次转账进行走账，要让我补签一份 408 万元的借款合同。而 408 万元中除去 400 万元，剩下的 8 万元好像是我未按时还 2 000 万元借款的罚息算出来的。具体那 8 万元怎么算的我想不起来了。"李红在这时所说"好像"是罚息，他都"想不起来"的事，却成了今天《起诉意见书》对刘文举的指控，李红如此陈述能作为指控的证据吗？（刑事侦查卷宗第 242 卷第 43~44 页）李红说 408 万元的《借款协议书》和《借据》是虚假的。既然是虚假的，他为什么会签字呢？他在两份陈述中对此作了解释，一次的解释是："因为我害怕刘文举起诉我，我没有仔细看内容，就在《借款协议书》《借条》上签字了。"（刑事侦查卷宗第 242 卷第 42 页）他对刘文举害怕到了这种程度，以致在《借款协议书》《借条》上签字都不看内容了？在另一份陈述中他说："因为当时我公司正在与银行洽谈借款事宜，我害怕刘文举起诉我公司和查封我公司的物业，致使我公司向银行贷不了款，所以我当时就无奈地按和远锋的要求签订了这份虚假的借款金额为 408 万元的《借款协议书》和《借据》。"（刑事侦查卷宗第 242 卷第 56 页）事实情况是这样吗？李江说："因为前明程公司已经有借款了，无法再继续办理抵押借款手续。"（刑事侦查卷宗第 242 卷第 62 页）李红在陈述中自己也说："其实在接触刘文举之前，我已经有很多债权人了，法院也判了那些债权人胜诉。"（刑事侦查卷宗第 242 卷第 38 页）正是由于他已经无法从银行借款才向刘文举等人借款，因此不存在怕刘文举威胁而无法从银行借款的可能。

《起诉意见书》认为刘文举用 5 张虚假收据隔断与借款的联系。该 5 张收据确实是借款人归还历史债务时刘文举出具的，这些收据中明确记载了刘文举所收款项的具体还款内容，并载明"借条原件已交还李红"，有李红的签字确

认，并且李红还写明"借条原件已收回"（刑事侦查卷宗第 243 卷第 47～51 页），债务人不能凭空否认其真实性。

4. 公诉方提供的证词实际上全部来自"被害人"一人，证据不确实、不充分

李红向侦查机关陈述借款的经过时说："2013 年 8 月 27 日刘文举独自来到我办公室，然后我跟刘文举就边喝茶边商谈借款事宜。"（刑事侦查卷宗第 242 卷第 40 页）"刘文举一个人来到我办公室，然后我们两个人就商谈借款事宜。"（刑事侦查卷宗第 242 卷第 46 页）这就是说只有李红与刘文举知悉借款的内容，侦查机关提供的关于借款内容的其他证人证言都是从李红那里听说的，只是传来证据，无法印证李红的说法，因为李红完全可能没有将真实情况告诉他们。

（二）刘文举未诈骗成洲市品葡投资管理有限公司（以下简称"品葡公司"）等

刘文重以伍健的名义将 2 000 万元借给品葡等公司，具体联系人是李红等人。本次借款中双方签订了贷款合同、抵押合同，有真实的款项汇到李红等人指定的账户中。虽然款项被法院划扣，但不能认为刘文举等人涉嫌诈骗犯罪。《起诉意见书》指控刘文举诈骗品葡等公司是认为刘文举指使刘文重、刘文成、伍健等人隐瞒事实占有品葡等公司的财物。从案卷材料看，本案证据无法证明《起诉意见书》的指控。

1. 刘文举、刘文重、刘文成和伍健均不承认合谋隐瞒真相贷款给品葡等公司

侦查人员问刘文重："刘文重，你出借 2 000 万元给李红等人是你个人意思还是他人授意？"刘文重答："没有。"（刑事侦查卷宗第 15 卷第 58 页）侦查人员问刘文重："你借款给李红三兄弟一事，刘文举是否知情？"刘文重答："之前刘文举不知情，我让伍健转账给李红后，刘文举就知道了。"（刑事侦查卷宗第 15 卷第 27 页）侦查人员问刘文重："这 2 000 万元借款的事你有无和他人商量？"刘文重答："没有，是我自己借的。"（刑事侦查卷宗第 15 卷第 69 页）侦查人员问刘文重："李红等人向你借款 2 000 万元这个信息，你有无

跟别人说过？"刘文重答："没有。"（刑事侦查卷宗第 15 卷第 93 页）刘文成供述中从未承认过与刘文举、刘文重等人隐瞒事实借款给李红等人。刘文成承认刘文重向自己借钱 2 000 万元的事实。侦查人员问刘文成："在 2015 年的时候，你弟刘文重是否找你借过钱？因何事借钱？"刘文成答："我弟刘文重有找我借过钱，印象比较深的是说跟我借款 2 000 万元，我当时没有问他因何事借钱。"（刑事侦查卷宗第 13 卷第 70 页）刘文重说自己是从刘文成公司拿了意生广场想借款的资料，而刘文成也承认自己的公司有意生广场想借款的资料。刘文成说："我现在想起，意生公司想借款的资料我估计是有的，成洲市的中介有拿过关于意生借款的资料（具体内容我不记得）给我。"（刑事侦查卷宗第 14 卷第 72 页）伍健在供述中承认是刘文重借自己的名义借款给李红等人，所有的商谈都是刘文重与李红等人完成的，自己没有参加，也不知情（刑事侦查卷宗第 26 卷第 17 页）。伍健否认与刘文举谈过此事，侦查人员问："你跟李红签完 2 000 万元的借款合同后，有无跟刘文举说过这件事情？"伍健答："我没有跟刘文举说过这件事。"（刑事侦查卷宗第 26 卷第 39～40 页）

2. 刘文重、刘文成和伍健均不知道刘文举与李红之前的贷款纠纷

侦查人员问刘文重："李红跟刘文举存在债务关系，你是否知情？"刘文重答："刚开始我不知情，后来李红找我说他的银行账户被冻结了，取不出这 2 000 万元，所以我打电话咨询刘文举，刘文举才跟我说账户是他申请冻结的，理由是李红之前欠他钱没有还。"（刑事侦查卷宗第 15 卷第 27 页）侦查人员问刘文成："刘文重向你借款之前，你是否知道刘文举之前有借款给李红的事？"刘文成答："我不知道。"（刑事侦查卷宗第 14 卷第 70 页）侦查人员问伍健："刘文举跟李红他们有无借款纠纷？法院是如何裁判的？"伍健答："我后来才知道刘文举跟李红他们有过借款纠纷，具体情况我不知道。"（刑事侦查卷宗第 26 卷第 87 页）

3. 刘文重没有向李红等人隐瞒事实

刘文重以自己的名义与李红等人谈借贷事宜。侦查人员问刘文重："你老婆联系上陈友谊之后，你用什么电话及使用什么身份跟陈友谊联系的？"刘文

重答:"我用我的手机号码(135×××××××)和对方联系,我说我姓刘,叫我刘总就可以,我称呼对方'陈总'。"(刑事侦查卷宗第15卷第9页)侦查人员问刘文重:"你是如何跟陈友谊介绍自己的?"刘文重答:"我说我是刘总。"(刑事侦查卷宗第15卷第66页)侦查人员问刘文重:"李红等人在与你商谈借款的时候是否知道你的真实身份?"刘文重答:"我都是以'刘总'自称的,至于他们知不知道我的真实姓名我不清楚。"(刑事侦查卷宗第15卷第63页)侦查人员问刘文重:"你当时与李红等人商谈这2 000万元借款时,是以什么身份谈的?是否有用他人的身份?"刘文重答:"我就是用自己的身份去谈的,就是刘总。"(刑事侦查卷宗第15卷第67页)

关于刘文重冒用伍健身份,秦台中与李江的陈述矛盾:秦台中说,伍健到房管局时是刘文重主动说"这个才是真正的伍健,是我姐夫,我是他弟"(刑事侦查卷宗第15卷第18页);但李江说,刘文重主动说不方便借贷,所以才冒用自己哥哥的身份,实际上自己是伍坚(刑事侦查卷宗第15卷第71页)。按李江的说法,伍健应当是伍坚的亲哥哥,但秦台中却说是姐夫。而且,他们俩都说是伍健到场后刘文重主动介绍伍健,但证人陈友谊却说,他突然发现签名的秃头男子签写的名字是伍健,把这个情况反馈给李三兄弟(刑事侦查卷宗第15卷第96页)。

4. 李红接受借款的账户是李红提供的

虽然案卷材料显示有得意公司的授权委托书,里面有银行账号,但案件材料也显示伍健汇款时对方的账户亦是李红提供。侦查人员问刘文重:"你这2 000万元为什么会打到李红名下的银行账号上?"刘文重答:"是李红指定的。"又问:"李红是什么时候告诉你收款银行账号的?"刘文重答:"在微洲市房产局办理完抵押登记,等出抵押证的时候,在房产局二楼李红把银行账号写在半张A4纸上给我的。"(刑事侦查卷宗第15卷第19页)侦查人员问伍健:"你和刘文重、李鸽离开的时候,有无人拿什么物品给你们?"伍健答:"我看到有个男子(这个男子是那3个男子中的其中一个)拿着一张A4纸给刘文重。"(刑事侦查卷宗第26卷第16页)侦查人员问刘文重:"你拿到伍健的这半张A4纸上写了什么?"刘文重答:"写有李红的账号、开户行。"又问："这半张 A4 纸是谁拿给你的？"刘文重答："是李红给我的。"（刑事侦查卷宗第 17 卷第 91～92 页）侦查人员问伍健："李红的账户你是从哪里来的？"伍健答："是刘文重拿给我的。"再问："刘文重是如何拿给你的？"再答："在微洲市房管局签完名那天，我坐刘文重的车回家的时候，刘文重在车上拿一张 A4 纸给我，纸上只有一个银行卡号码。"（刑事侦查卷宗第 26 卷第 19 页）

对于《付款委托书》，秦台中承认他出具的三份《付款委托书》不一致。他交给警方的是他凭记忆打印的。"找不到底稿，我就凭自己的记忆起草了一份交给警方。"（刑事侦查卷宗第 242 卷第 22～23 页）民商典当文员许文娟也证实，《付款委托书》写了好几次，秦台中更改过好几次（刑事侦查卷宗第 242 卷第 104 页）。三份《付款委托书》有不一致之处，怎么证明账户内容是一致的？

在 2015 年 7 月 30 日报案时，秦台中说当时的合同中就"已经明确注明将借款付至品葡公司指定的左准个人账户名下"（刑事侦查卷宗第 242 卷第 26 页），而事实上合同上载明的收款人是李红。秦台中的解释是他当时"头脑恍惚表述错误"。到底是表述错误还是为了达到证明所谓出借人诈骗的目的而故意编造，如果是编造，秦台中所说的口头要求付款到左准账户是不是编造？

实际上，李河、李江、李红等人是借款人，秦台中只是以挂名的品葡公司帮他们提供借款的抵押物。因此借款方的收款人为李红合情合理。秦台中在回答侦查人员提问时说，合同上载明款项付至李红账户，刘文重强调律师起草的不能更改，又说，可以按照指定账户付款。这显然是相互矛盾的（刑事侦查卷宗第 242 卷第 26 页）。案中，另一证人陈友谊明确告诉侦查人员：刘文重没有言语上承诺会将借款打入左准账户（刑事侦查卷宗第 242 卷第 95 页）。

5. 钱被法院划扣后刘文重、伍健的反应也证明他们没有受刘文举指使

李红反映钱被法院划扣后，刘文重才向刘文举了解法院怎么会划扣借出去的款。侦查人员问："你知不知道法院为何冻结这笔 2 000 万元的款项？"刘

文重答："我就去问了刘文举，我说我借了笔款给李红，被查封了，你有没有遇到过这种情况，刘文举就跟我说可能是被他查封了。"（刑事侦查卷宗第 15 卷第 68 页）伍健被李红骂骗子后并没有找刘文举而是质问刘文重。侦查人员问伍健："你有无打电话给刘文重质问这件事？"伍健答："我就打电话给刘文重说'李红发短信给我说诈骗他 2 000 万元，到底是怎么回事？'"（刑事侦查卷宗第 26 卷第 114 页）

6. 刘文举申请法院查封和事后处理不能作为认定刘文举指使的证据

刘文举 2015 年 7 月 20 日申请法院查封李红的账户，而款项是 7 月 21 日到账。据刘文举说，他 7 月 20 日向法院提交《查封申请书》时并不知道李红本次收款的账号，因此当时打印的《查封申请书》只是请求法院"查封被执行人李红（身份证号 4402×××××××××××××××）的银行存款"（刑事侦查卷宗第 16 卷第 21 页）。《查封申请书》上面手写的开户行和账号是后来加上去的。这就说明不能根据时间和内容来判断刘文举早就知道李红这个账号有款入账，也不能推断刘文举与他人谋划。

实际上，法院判李红应当还刘文举欠款及利息共 3 000 万元，本次刘文举也不确切知道本次李红等人借款多少，所以在申请查封、划扣时并不是申请 2 000 万元，而是 3 000 万元。这从申请书可看出。执法法官和银行工作人员也证明了这一点。法官尹稳重说，李红等欠刘文举约 3 000 万元（刑事侦查卷宗第 242 卷第 138 页）。银行会计主管柴珍林说，2015 年 7 月 21 日对李红账号进行冻结，要求冻结 3 000 万元，实际完成对 2 000 万元扣划（刑事侦查卷宗第 242 卷第 167 页）。

案卷材料显示刘文举曾经给刘文重、李鸽出具了承诺书，表示承担后果，这并不表明刘文举指使他们放贷。实际情况完全可能是刘文举在未参与放贷的情况下利用这次机会实现了自己的债权，致使刘文重、李鸽的本次放贷在债权实现上出现了困难，刘文举因此对刘文重、李鸽心存愧疚，愿意承担责任。而且这种责任就是帮助刘文重实现这笔债权的责任，刘文举知道实现这笔债权不难，因为有担保。如果刘文举指使或参与了本次放贷，那么这个承诺书不是款项被划扣后才由刘文举出具给刘文重、李鸽，而是在此之前就应当出具。另外，侦查机关从刘文举家中搜出一张借条，上面有一段文字"本借款实际为刘文举所有"，落款为"伍健 2015 年 7 月 21 日"。这亦不能作为认定刘文举指使或参与本次借贷的证据。根据伍健的供述，"这段文字'本借款实际为刘文举所有'是我本人写上去的，签名日期也是我写的""在我转账过去之后，之后的具体是哪一天，张海霞来我的沱江餐馆找到我，给了这份借条的复印件给我，在家里的一楼要求我签名写字，于是她念我写，我照着她念的内容把'本借款实际为刘文举所有'写了上去"（刑事侦查卷宗第 26 卷第 88 页）。这说明，上面的记载是伍健后来补上去的，时间也不是补写的实际时间。这表明该借条完全可能是法院划扣款项后，由于款项实际上是刘文举出资的，刘文举为确保自己的出资不被名义出资的伍健所有，要求伍健补记载了上述内容。

7. 关于刘文举与李红 2 000 万元的原借款已经查封保证人土地

刘文举与李红 2 000 万元借款有新纪元公司（微洲市新纪元花园有限公司）作为担保人，在李红违约的情况下，刘文举申请法院查封了担保人新纪元公司价值 2 亿多元的土地，首封的债权只有几百万元，刘文举是轮候第二位查封者。因此，之前 2 000 万元借款的本息完全可以通过执行该查封物收回，根本无须再找执行物或抵押物，无须通过刘文重他们出名贷款再查封的方式来实现债权。

8. 退一万步，即使事实情况如《起诉意见书》所指，刘文举参与了本次放贷，也不能认定刘文举实施了诈骗

案卷材料表明李红等人在此之前确实欠刘文举 2 000 万元，刘文举在通过惯常方式无法实现自己的债权的情况下，通过这一方式实现债权。刘文举并未非法占有李红等人的财物，2 000 万元是李红等人应当支付刘文举的。伍健借给李红等人 2 000 万元也是真实的债权，李红等人确实欠伍健 2 000 万元，因此后一借贷关系中，出借人亦未非法占有他人的财物。

十一、刘文举未诈骗微洲市微城建筑设计院有限公司及陈为忠

自 2003 年始刘文举因开发房产认识微城建筑设计院有限公司（以下简称"设计院公司"）陈为忠，后来成了朋友。陈为忠因与他人合作开发房产导致资

金紧张，开始向刘文举借钱。为了便于借贷事务处理，刘文举叫张海霞出名借给设计院公司 100 万元。陈为忠为使其开发的房产资金回笼，用别人的身份证到银行做假按揭，每个月要替这些假按揭的人共还银行按揭款 10 余万元。陈为忠资金非常紧张，连每个月 10 万元都还不起，因此经常向刘文举借小额现金用于偿还这些银行按揭款。因此，刘文举与陈为忠之间的借贷关系真实存在，没有任何虚假。刘文举与陈为忠之间只有《借款协议书》中约定利率，不存在砍头息和高利息。《起诉意见书》指控刘文举诈骗设计院公司及陈为忠，该指控不成立，具体理由如下。

（一）没有证据表明刘文举收砍头息和高息

在 100 万元的借款中，陈为忠说刘文举先收 3 个月利息（100×4%×3＝12 万元），并且以现金方式交给他（刑事侦查卷宗第 255 卷第 6 页）。但刘文举以张海霞名义与设计院公司所签的《借款协议书》和《借据》中给予了陈为忠免息的优惠（刑事侦查卷宗第 255 卷第 179、183 页）。为使数字 12 万元与借款 100 万元印证，陈为忠说刘文举与设计院公司约定的月利率是 4%，但这没有其他的证据支持。而且陈为忠说砍头息是以 12 万元现金给付的，这样陈为忠就无须提交转账凭证加以证明。即使陈为忠真的到银行取了 12 万元，谁能证明这 12 万元给了刘文举？或是因砍头息交 12 万元给刘文举？

（二）13 张借条所承载的债权债务关系真实无虚假

13 张借条记载的内容完整、真实，有借款人（或法定代表人）的签字确认。《起诉意见书》指控 13 张借条虚假，是利息转为借款，这种指控不成立。如果 13 张借条所承载的是利息，那么每个月的利息应当是固定的，但每张借条上的数额并不相同（刑事侦查卷宗第 255 卷第 153～164 页），而且借据的日期也与陈为忠所说的还款日期不符。例如，第 9 份 18.7 万元的借据落款日期是 2016 年 1 月 23 日，而陈为忠备注的是"2016.1.27 转账 10 万元"（刑事侦查卷宗第 255 卷第 31 页）。陈为忠承认，另外 12 份所谓息转本借据落款日期与签订时间可能不一致，他不清楚哪些是不一致的。侦查人员问："除了第 9 份你所说的息转本借据，另外的 12 份借据有无存在落款日期与签订时间不一致的问题？"陈为忠回答："也存在这个问题，另外的 12 份息转本借据落款日期与签订时间可能不一致，也可能一致。我想不清楚哪一份是不一致的，哪一份一致的。"（刑事侦查卷宗第 255 卷第 31~32 页）陈为忠说为支付利息，他 2014 年 5 月 24 日至 2016 年 7 月 18 日取款多笔现金给刘文成共 38 万元，但没有银行流水印证，而且陈为忠自己都说"具体多少笔不记得"（刑事侦查卷宗第 255 卷第 9 页）。

陈为忠说这些借条上的数据是以"利滚利"的方式算出来的（刑事侦查卷宗第 255 卷第 10 页）。而这一说法与其关于 13 张借据中的数额矛盾。因为如果按照他的"利滚利"的算法，他所说的 13 张借据中的数额将全部不可能是整数，而事实上这些借据上的数字没有一个带小数点的。为了解决这个问题，陈为忠捏造出刘文成"取整"一说，并列举第 2 份利息算出来应当是 5.824 万元，但被刘文成取整为 6 万元。"陈为忠说因为数额相差不大，我就没有计较。"（刑事侦查卷宗第 255 卷第 32 页）实际上 5.824 万元与 6 万元两者相差 1 760 元。58 240 元的息，却要多收 1 760 元，这真是陈为忠所说的"数额相差不大"吗？

之所以会出现这样矛盾、冲突、无法自圆其说的状况，是因为陈为忠在编造，将还以前的借款强解为还息。

（三）刘文举没有非法占有的目的

当设计院公司无法按期还款时，刘文举一而再、再而三地同意对贷款进行延期，2014 年 5 月 23 日为期 3 个月的借款最后延期到 2016 年 8 月 18 日，直到 2016 年 9 月 20 日才起诉。如果刘文举有非法占有的目的，他完全可以在借款协议到期而设计院公司无法履行还款义务时通过法律手段实现自己的债权。而且，本案更为特别的是，在设计院公司拒不履行还款义务的情况下，刘文举起诉了设计院公司并胜诉，案件进入执行程序要拍卖查封资产的情况下，刘文举仍愿意通过执行和解的方式解决双方的借贷纠纷。在执行和解中刘文举做了很大的让步，有利益上的牺牲。但现在陈为忠却说："经过多次与刘文举的交涉，在我和设计院的苦苦哀求下，最终我和设计院支付了 320 万元和解了这事情。"（刑事侦查卷宗第 255 卷第 32 页）如果 320 万元的和解中设计院公司吃亏了，完全可以不接受执行和解，让法院拍卖执行就是；如果刘文举真是要非法占有设计院公司的财产，难道不希望利益最大化吗？既然案件已经进入执行阶段，查封物已经要评估拍卖了，完全可以拒绝执行和解，任凭陈为忠和设计院公司如何"苦苦哀求"。陈为忠向侦查人中曾经说过这样一句话："我找了很多朋友借钱，但是没有人肯借钱给我，我打电话找刘文举借钱。"（刑事侦查卷宗第255卷第4页）刘文举借款给陈为忠，现在陈为忠却编造事实致使刘文举待在看守所，甚至还有被定罪判刑的危险。良心何在！

（四）《起诉意见书》关于刘文举、张海霞和刘文成共同实施了诈骗行为的指控不成立

案中刘文举、张海霞和刘文成均否认张海霞和刘文成共同参与本次借贷活动。陈为忠和设计院总经理蔡天经对侦查人员的回答印证了这一点。侦查人员问陈为忠："张海霞的基本情况？"陈为忠答："我没有见过她。"（刑事侦查卷宗第255卷第6页）"张海霞我不太清楚，整件事情她都没有出面，我也没有见过她。"（刑事侦查卷宗第255卷第16页）蔡天经说："事实上刘文成跟张海霞从来没有出过面，一直都是刘文举在处理这件事，说明刘文举只是借刘文成、张海霞的名义。"（刑事侦查卷宗第255卷第49页）

（五）刘文举与周自平之间约定的律师费支付方法不违法

刘文举与周自平有约定：每个案件先付1万元的前期费用，执行完毕结案后付清余额，然后律师事务所应开具发票给付款人。由于案件现在并未执行完毕，所以刘文举还未将律师费的余额结清给周自平。至今没有付清律师费，并不表明刘文举不支付律师费，更不表明刘文举与周自平侵占诉讼对方的财产。这完全符合律师收费的惯常做法。由于本案结案是2017年12月，已过了刘文举公司年终结账时间，应当付给周自平的律师费留待2018年会计年度支付。但因刘文举等人被司法机关采取强制措施，导致该费用现在尚未付清。

十二、刘文举未诈骗微中县普江置业有限公司

刘文举与宗旨意很早就相识、熟悉，宗旨意一直向刘文举借款。后因宗旨意与胡真仁合作开发房地产资金紧张，而且宗旨意以前所借刘文举的借款久拖不还，为收回以前不规范借条中的借款，刘文举再次借2 000万元给宗旨意。

借款的条件是要求宗旨意清偿以前所借款款项的本息，并提供本次借款的抵押物。为促使宗旨意积极还款，刘文举还提供了免息的优惠。《起诉意见书》指控刘文举诈骗微中县普江置业有限公司（以下简称"普江公司"）及胡真仁，事实不清，证据不确实、不充分。

（一）《起诉意见书》的指控是基于传来证据，刘文举否认

刘文举与普江公司借贷过程中只与宗旨意商谈，没有跟其他任何人谈，胡真仁根本从来没有与刘文举商谈过借贷之事，甚至不认识刘文举。侦查人员问胡真仁："你有无参与借款的商谈过程？"胡真仁回答："没有，两次借款都是宗志斌和对方谈的，我没有参与谈判过程。"（刑事侦查卷宗第 260 卷第 11 页）侦查人员问胡真仁："你是否认识刘文举？"胡真仁回答："我不认识，至今没有见过他。"（刑事侦查卷宗第 260 卷第 12 页）胡真仁说："我听说是宗旨意去跟刘文举谈的，具体的不清楚。"（刑事侦查卷宗第 260 卷第 12 页）但现在宗旨意在监狱服刑，侦查人员试图到监狱找其做证，宗旨意第一次拒绝做证，未在讯问笔录上签字，未提供任何证言（刑事侦查卷宗第 260 卷第 80～81 页）。第二次做证时也只是片言只语谈到这个问题（第二次补充侦查卷第 16 卷第 90～91 页）。这就是说，本案中真正经历借款商谈的人基本没有就所谓砍头息、高利息、虚假收据等提供有效证词。

那么《起诉意见书》的证据来自哪里？首先来自胡真仁等未经历借款商谈的人提供的证词。案中很多未经历借款商谈的证人大谈砍头息问题，他们的证言相互矛盾。

侦查人员问胡真仁："你们是如何获悉宗志斌、宗旨意有还 486 万元砍头息的？"胡真仁答："宗志斌、宗旨意并未和我说过'砍头息'一事，是从审计报告看出来的。"（刑事侦查卷宗第 260 卷第 15 页）实际上审计报告只能根据会计资料的记载审计资金，不能审计刘文举是不是收到了该款项，更不可能审计资金的性质是不是砍头息，胡真仁完全是臆测。在本案案卷材料中有一份符绦、商萌萌于 2015 年 11 月 19 日出具的一份《2 000 万元借款情况说明》，在该《说明》中只字未提砍头息一事（刑事侦查卷宗第 260 卷第 84 页）。这充分说明根本就不存在砍头息。

（二）《起诉意见书》指控刘文举收砍头息480万元，但案中关于这一数据说法相互矛盾

胡真仁说宗志斌等人还486万元"砍头息"（刑事侦查卷宗第260卷第14页），但宗志斌说总利息是480万元，还有6万元咨询费，并未说这是砍头息（刑事侦查卷宗第260卷第42页）。而宗正能则在其刑事案件中说是还息550万元。侦查人员问普江公司会计符绦："为何在审计报告中显示还给刘文举的利息为486万元，而宗正能则供述还了刘文举550万元？"符绦答："应该是华贸行贸易有限公司的会计在记账的时候没有记完整，导致审计得不完全，这也是我们的猜测。"（刑事侦查卷宗第260卷第28页）猜测？为什么这样猜测？我们能不能这样猜测：宗正能拿了550万元，根本一分钱都没有给刘文举，只是在他们公司做账中记录给了刘文举。

（三）所谓砍头息是如何算出来的无法确定

侦查人员问胡真仁："486万元'砍头息'是如何计算出来的？"胡真仁答："我不清楚宗志斌、宗旨意和刘文举是如何商量的，按照我推测，他们之间私下约定的实际利率是每个月4%，所以486万元是按每个月约4%的月利息计算出来的，计算公式是：$2\,000 \times 6 \times 4\% = 480$。"（刑事侦查卷宗第260卷第15页）为了证明480万元是砍头息，竟然推测实际利率是月息4%！侦查人员又问宗志斌："486万元砍头息是如何计算得来的？"宗志斌答："该笔2 000万元借款的实际月利率是4%，借款期限六个月，因此总利息就是480万元，另外还有6万元是刘文举收取的咨询费。"（刑事侦查卷宗第260卷第42页），但宗志斌说："洽谈的时候我不在现场。"（刑事侦查卷宗第260卷第39页）没有在现场，怎么知道砍头息？是谁告诉他砍头息的事？6万元咨询费是怎么回事？

（四）所谓砍头息是谁给刘文举的无法确定

公司会计赵婷说："我的几个同事去银行取现，拿到普江公司交给宗旨意，至于宗旨意怎么给刘文举的我不清楚。"（刑事侦查卷宗第260卷第63页）宗旨意说是宗正能去银行取的款（第二次补充侦查卷第16卷第91页）。宗志斌说宗正能负责将现金交给刘文举（刑事侦查卷宗第260卷第40页）。但宗正能

否认，他说："我不知道，应该是我哥记错了。"（刑事侦查卷宗第 260 卷第 54 页）侦查人员问宗正能的妻子阮靓："砍头息 486 万元你知道吗？"阮靓答："金额不知道，现金由宗旨意交刘文举。"（刑事侦查卷宗第 260 卷第 54 页）

（五）刘文举出具的收据内容真实无虚假

由于宗旨意在此之前一直向刘文举借款，有 13 张借条，为促使宗旨意还款，刘文举才将 2 000 万元款项借给普江公司。当宗旨意还 13 张借条记载的借款时，刘文举出具了内容完整、真实的收据。这些收据上明确记载了借款人所还款的内容，写明了"13 张借条原件已交还宗旨意"，宗旨意写"13 张借条已收回"并签字确认。《起诉意见书》无证据证明刘文举出具的 13 张还款收据虚假。但奇怪的是宗正能在收据上写"收据上的内容是虚假的，实际是借款 2 000 万元的'砍头息'"，难道宗旨意又名宗正能，他们是同一个人？

宗旨意从未否认自己在此之前向刘文举借款，为了证明宗旨意没有向刘文举借款，侦查人员竟然询问了宗志斌："宗旨意在 2011 年 1 月至 3 月是否有向刘文举借款？"宗志斌答："没有，在 2011 年 1 月至 3 月宗旨意根本不认识刘文举，更不可能有借贷关系。"（刑事侦查卷宗第 260 卷第 40 页）本辩护人想问的是：宗志斌怎么知道宗旨意不认识刘文举？怎么知道没有向刘文举借款？侦查机关为什么不问宗旨意本人？案卷材料中有一份《收据》，其上写的是"今收到宗旨意偿还 2011 年 1～3 月份借款 13 笔合计本息人民币 486 万元，13 张借条原件已交还宗旨意。"宗志斌在这张《收据》上面写"收据的内容虚假"（刑事侦查卷宗第 260 卷第 45 页）。为什么宗志斌在宗旨意的收据上写"收据的内容虚假"？宗志斌是不是精神错乱将自己当成了宗旨意？

（六）刘文举无非法占有的目的

为了促使宗旨意积极清偿其以前不规范借条所载债务，刘文举在给普江公司的借款中给予了免息的优惠。双方在《借款协议书》未约定利息，给予免息，只是在"违约责任"中约定："借款期限届满，如借款人未按本协议的约定归还借款，借款人应从借款之日起至还清款日止每月按 2.5%利率计付利息给出借人。"（刑事侦查卷宗第 260 卷第 47 页）如果刘文举有非法占有的目的，他会给予免息优惠吗？

另外,刘文举给普江公司的 2 000 万元借款本应于 2015 年 3 月 29 日到期,但由于宗旨意他们开发的楼盘工地停工且被其他债权人查封起诉,得知消息的刘文举在 2015 年 2 月 15 日起诉了普江公司。也就是说刘文举在债务没有到期的情况下起诉了债务人。案中一些证人试图以刘文举提前起诉来证明刘文举有非法占有的目的,这种推测完全是错误的。实际上,刘文举与普江公司的借款是有抵押物的,其他债权人的诉讼不会影响他的权益,刘文举完全可以在合同到期后起诉实现自己的债权。刘文举的提前起诉实际上有先期违约的风险,刘文举为了确保自己债权的安全,宁愿在有损失的情况下主张权利。如果说刘文举有非法占有的目的,他完全可以再等一个半月,以获取更大的利益,但刘文举并没有那样做。

(七)刘文举与周自平之间约定的律师费支付方法不违法

刘文举与周自平有约定:每个案件先付 1 万元的前期费用,执行完毕结案后付清余额,然后律师事务所应开具发票给付款人。由于案件现在并未执行完毕,所以刘文举还未将律师费的余额结清给周自平。至今没有付清律师费,并不表明刘文举不支付律师费,更不表明刘文举与周自平侵占诉讼对方的财产。这完全符合律师收费的惯常做法。

十三、刘文举未诈骗微洲市远宇集团有限公司

刘文举很早就与马红军有借款往来,关系非常密切,借款金额大、次数多。刘文举与马红军没有口头约定的执行利率,没有高息和砍头息,双方至今没有发生过纠纷,刘文举未起诉微洲市远宇集团有限公司(以下简称"远宇集团")。《起诉意见书》指控刘文举诈骗远宇集团及马红军不成立,具体理由如下。

(一)刘文举没有收所谓砍头息与高息

《起诉意见书》指控刘文举收砍头息与高息并利用虚假收据或收款确认书隔断与借款的联系,这一指控不实。

第一笔借款 8 200 万元,马红军说刘文举收砍头息 2 100 万元,实收 6 000 万元(刑事侦查卷宗第 284 卷第 9 页),另一处说实收 6 100 万元(刑事侦查卷宗第 284 卷第 13 页)。侦查人员问马红军:"本笔借款中的 2 100 万元'砍

头息'是如何计算而来的？"马红军答："当时刘文举以实借本金 6 100 万元作为依据，以每个月为 1 期，按照他的利率算法（具体是什么记不清了）算出来一年之后滚出来的金额是 8 200 万元左右，于是他就要求我在借款当天支付 2 100 万元作为本笔借款的'砍头息'。"（刑事侦查卷宗第 284 卷第 16 页）马红军的解释有说服力吗？2 100 万元所谓砍头息的计算利率和算法居然说"具体是什么记不清了"！砍头息居然是以实收资金为基准进行计算！更为奇特的是，按马红军的说法，远宇集团给刘文举转了 2 200 万元，刘文举又转回 100 万元（刑事侦查卷宗第 284 卷第 15 页），如果 2 100 万元是砍头息，远宇集团会多转 100 万元给刘文举？"具有非法占有为目的"的刘文举会转回 100 万元给远宇集团？据刘文举说，马红军欠了他大额债务且不愿意还不规范借条的利息，当马红军再次向他借款时，他就要求马红军先还一部分以前的借款才借钱给他，且要求他为新借款提供抵押或保证。因此在借第一笔时，马红军先还一部分以前的旧债，然后刘文举才将 8 200 万元借给他。远宇公司财务经理王明的证词证明了这一点。他说："在收到 8 200 万元之前，我公司先转账支付了 1 500 万元后刘义举才转账支付 8 200 万元借款给我公司，我公司收到 8 200 万元借款后就转账了 700 万元给刘文举，过后几天刘文举才以刘文成账号转账 100 万元给我公司。"（刑事侦查卷宗第 284 卷第 77 页）如果是刘文举要收砍头息，远宇公司怎么可能先打款给刘文举？刘文举怎么会将 100 万元打回给远宇公司？

本笔借款的《借款协议书》约定的月利率是 2.5%，刘文举是按约定执行的，马红军也承认"在一年中没有收高息"（刑事侦查卷宗第 284 卷第 15 页），因此《起诉意见书》指控延期协议期间实际执行的月利率是 4.5%，完全没有事实根据。

第二笔借款 1 400 万元，马红军说刘文举收砍头息 42 万元，实际收到 1 358 万元。实际上为促使马红军积极还款，刘文举在该笔贷款中给予其免息优惠，因此《借款协议书》未约定利率，只是在"违约责任"部分约定"借款期限届满，如借款人未按本协议的约定归还借款，借款人应从借款之日起至还清款日止每月按 2.5%利率计付利息给出借人"（刑事侦查卷宗第 288 卷第 147 页）。

但马红军现在说口头日息利率为 0.2%，证据在哪里？马红军给了证据，他说可以根据他公司的《支付审批表》推算（刑事侦查卷宗第 284 卷第 18 页）。那我们来看看案卷材料中所附该公司的《支付审批表》。以刑事侦查卷宗第 285 卷第 28 页的《支付审批表》为例，上面的"事由及用途"一栏只是记载了"付刘文举"，我们能从这四个字里面读出什么信息？能推算出刘文举与马红军的口头约定执行利率？能以此计算刘文举收了砍头息？而且更为离谱的是，案卷材料里面的一些《支付审批表》与刘文举没有任何关系。以刑事侦查卷宗第 285 卷第 92、93 页两份《支付审批表》为例，其记载的用途一份是退还张伟雄的款项，一份是还周红兵利息，与刘文举没有任何关系。所有这些《支付审批表》的"部门""经手人"和"部门负责人签名"都是空白。而且，该公司的《支付审批表》只是他们内部的材料，即使有的表记载的内容与刘文举相关，也未交刘文举核对确认。这样的《支付审批表》在本案中能作为认定高息或砍头息的证据吗？

第三笔借款 600 万元，马红军说刘文举收砍头息 22.5 万元，公司实际收到 577.5 万元。实际上该笔《借款协议书》上约定日利率 0.1%，但马红军说实际执行日利率 0.25%，并以此为依据算出刘文举收取 22.5 万元砍头息。第四笔借款 1 500 万元，马红军说刘文举收砍头息 274 万元，公司实际收到 1 226 万元。实际上该笔《借款协议书》上约定月利率 2%，但马红军说实际执行日利率 0.25%，并以此为依据算出刘文举收取 274 万元砍头息。第五笔借款 1 000 万元，马红军说提现 306 万元给刘文举，公司实际收到 694 万元。实际上该笔《借款协议书》上约定月利率 2%，但马红军说实际执行日利率 0.25%。第六笔借款 600 万元，马红军说提现 428.42 万元给刘文举，公司实际收到 176.58 万元。实际上该笔《借款协议书》上约定月利率 2%，但马红军说实际执行日利率 0.25%。第七笔、第八笔借款分别为 600 万元和 1 500 万元，马红军说分别提现 450 万元和 480 万元给刘文举，《起诉意见书》指控刘文举在此两笔借款中收了砍头息，但并未明确具体的数字。

第三笔至第八笔借款中，马红军完全没有解释砍头息是如何计算而来的，更没有给出具体计算公式与数据。我们来按他的数据来算算所谓的砍头息。以第四笔借款为例，按马红军所说的日利率 0.25%，所谓砍头息应当是 1 500×7.5%×3=337.5 万元，不可能是其所说 274 万元。而第五笔借款中马红军只是说给了刘文举 306 万元现金，并没有说里面有砍头息，《起诉意见书》指控刘文举收砍头息 37.5 万元。第六笔借款中马红军说提现 428.42 万元给刘文举，马红军也没有说里面有砍头息，但《起诉意见书》指控其中 135 万元为砍头息；本辩护人不明白的是，在马红军都没有说刘文举收砍头息的情况下，侦查机关如何知道提现给刘文举的钱里有砍头息？

（二）刘文举没有出具虚假的收据或收款确认书

刘文举从来没有否认远宇集团和马红军还款的事实，但刘文举一直强调其还的不是后面借款的利息，而是其前期不规范借条所记载的款项。本案中，刘文举出具了 31 份收据或收款确认书，这些收据或收款确认书上明确记载了还款的内容、金额和时间，内容真实完整，并经过借款人（或法定代表人）签字确认。如果内容不真实，马红军一定会拒绝签字。马红军不是三岁小孩，可以被随便欺哄或威胁，而是集团公司的老总，其智商和情商不至于低到在涉及数以亿计资金的单据上随便签字。这些收据或收款确认书上明确记载"借条原件已交还马红军"（刑事侦查卷宗第 288 卷第 118~120 页）。

（三）刘文举没有非法占有的目的

本案中，刘文举与马红军的第一笔借贷发生在 2014 年 3 月 28 日，在贷款期限内马红军没有按期还清本息，因此对剩余本金，刘文举给马红军进行延期，直至付清。第二笔至第八笔借款中马红军同样没有按期还款，刘文举都与马红军签订《补充协议》进行延期。如果刘文举具有非法占有的目的，他为什么要延期，协议一到期刘文举即可通过法律途径实现自己的债权。刘文举为借款人一再延期，现在他的本息都面临无法收回的困境。但《起诉意见书》说刘文举以起诉威胁马红军，并且在为民事诉讼作准备。如果起诉可以威胁到马红军，刘文举为什么从 2015 年到现在都没有去起诉？在刘文举至今未起诉的情况下，《起诉意见书》凭什么说刘文举要求马红军签《承诺书》是为民事诉讼作准备？案中马红军向侦查人员说了一句让人惊掉眼镜的话："他来不及起诉我。"（刑事侦查卷宗第 284 卷第 27 页）马红军自 2015 年开始违约，刘文举没有起诉他，一再给他延期，四年过去了，刘文举仍没有起诉他，他却说刘文举来不及起诉！

（四）案中马红军本人、证人之间的说法充满矛盾

马红军本人无法确定借款的笔数，也无法与其他证人在借款笔数上形成一致。马红军的陈述中说借款 13 笔左右（刑事侦查卷宗第 284 卷第 13 页）。公司的出纳黎振杰说借款 11 笔（4 笔还清）（刑事侦查卷宗第 284 卷第 66 页）。公司财务经理王明说真实发生 13 笔（5 笔还清）（刑事侦查卷宗第 284 卷第 76 页）。连借款笔数这么简单的事，这几个人的说法尚且自相矛盾，他们的证词怎么能作为认定案件事实的证据？

（五）《起诉意见书》指控刘文举与刘文成、张海霞共同实施借贷行为没有依据

虽然案中的《借款协议书》《借据》上出现了刘文成、张海霞的名字，但刘文举只是借用他们的名义出借款项，以便催款。首先刘文举说所有钱都是他本人出借的。马红军的证词说："刘文举带上协议书和借据来我办公室，出借人是刘文成，落款处已经签好了刘文成字样的签名，我就随口问了一句'这笔钱是以刘文成的名义来借啊'，刘文举回答我说'以谁的名义来借都一样，都是我来出钱'。"（刑事侦查卷宗第 284 卷第 17 页）对于刘文成，马红军说："2016 年前后，有一天刘文举过来找我谈放款的事情时，带了刘文成过来，我只见过刘文成这一次面。"（刑事侦查卷宗第 284 卷第 7 页）只见过一次面，能说刘文举与刘文成一起放贷吗？而且这一次见面并不属实，因为以刘文成出面借出款项是发生在 2015 年 3 月 19 日，因此要么 2016 年刘文成根本没有去见马红军，要么见了马红军也不是为贷款的事。至于张海霞，案中马红军说："我不认识张海霞，也没有见过张海霞，张海霞只是出个名字。"（刑事侦查卷宗第 284 卷第 21 页）

十四、刘文举没有高利转贷行为

《起诉意见书》指控刘文举将顶世公司从朝和农商银行获得的贷款部分用于高利转贷，该指控不成立，具体理由如下。

（一）刘文举自始否认自己高利转贷

刘文举在被讯问时说："我的所有借款项都是个人自有资金，十多年来我公司还欠我两亿多元，根本不存在高利转贷的问题。"（刑事侦查卷宗第 11 卷第 182 页）从其回答中可以看出，刘文举不涉嫌高利转贷罪的原因在于他的公司一直欠刘文举个人的钱。刘文举曾经向侦查机关讲述了这个情况。侦查人员问刘文举："你名下公司因何事欠你的钱？"刘文举答："因为我的公司有时要投资房地产项目，需要使用到资金，所以我就会以个人名义借钱给公司用于投资项目。因为公司跟个人是区分开的，所以公司有钱了就要把借款还给我个人。"（刑事侦查卷宗第 5 卷第 110 页）侦查人员问刘文举："你自己的公司中有哪些欠了你的钱？"刘文举答："微洲市顶世实业投资有限公司欠我几千万元，微洲市顺和实业发展有限公司欠我几千万元，微洲市彬城实业投资有限公司欠我几千万元，微洲市宜居中房产开发有限公司欠我 1 个多亿，微洲市经信实业有限公司欠我两三千万元，还有微洲市惠华实业有限公司、金鑫集团有限公司（包括子公司）、东方矿业有限公司都欠我的钱，但具体的数额要看账本。""不管是哪一家公司，只要公司是用了我的钱，我就会在账本里记录公司欠我多少钱，我借给别人的钱都是我个人的资金，公司的钱都是拿来投资项目的。"（刑事侦查卷宗第 5 卷第 127 页）正是因为公司欠刘文举的钱，当这些公司贷款到位后，这些公司就应当还刘文举的钱，这些钱从公司账户转到个人账户后实际上是公司还了刘文举个人的钱，刘文举再将这些钱用于借贷就不存在高利转贷的问题。

（二）刘文举公司欠其个人的钱，将钱转到个人账户是公司要还其个人的钱

刘文举在被讯问时谈到了 8 000 万元为何被刘文举用作了贷款。刘文举说："经信公司这 8 000 万元如果流转到惠华公司，那也肯定是有原因的，也有可能做工程的时候借了惠华公司的钱，但具体我要看账本才知道为什么会转给惠华公司，这 8 000 万元之所以会流转到我的个人账户，是因为公司要还我的钱，但具体是哪个公司还的钱我要看账本才清楚。还我钱转入我的账户后就是我个人的资金了，所以其中 4 000 万元如果被我以个人的名义出借给了兴隆公司，也是我个人的自有资金。"（刑事侦查卷宗第 5 卷第 131 页）侦查人员问："你

借钱给自己的公司，公司又贷了钱还给你，你再用公司还给你的钱借给别人？"刘文举答："对啊，我跟你讲，比如我这个公司注册资金只有800万元，那他买了1.8亿元的东西怎么办？那注册资金不够就只能找人借，公司跟我借或者别人借都是一样的，都是要还钱给我或者其他人，公司只要账户有钱，不管是借的还是赚的都是要还给我的。公司还钱给我，我要把钱借给谁是我的事。"侦查人员问："所以你认为公司贷款的钱借给其他人就算犯法，还钱给你再由你借钱给其他人就不算犯法？"刘文举答："不是这个意思，我委托公司借也可以，就是说钱在你（公司）那里，我委托你把钱汇给其他人也没有问题，公司的账本百分之百是这样记的，我不用跟公司的会计讲，会计也是这么记录的，因为他（公司）欠了我的钱。"（刑事侦查卷宗第9卷第6页）

案卷材料确实也表明刘文举的公司欠了刘文举个人的钱。例如顶世公司《资产负债表》明确记载负债79 217 840.12元（刑事侦查卷宗第465卷第44页），宜居中房地产公司《资产负债表》明确记载负债153 214 363.7元（刑事侦查卷宗第465卷第154页），顺和公司《资产负债表》明确记载负债23 258 764元（刑事侦查卷宗第466卷第19页）。这些公司没有欠其他人的债，只欠刘文举的债。

（三）记账凭证上确实体现了公司代刘文举个人收支款项

从案卷材料上看，刘文举的公司从银行贷款后会计都在"会计摘要"中以"代收公司往来款""代刘文举收往来款""代刘文举付往来款"（刑事侦查卷宗第33卷第21页）等载明这些款项是刘文举个人的。例如，其他公司还回的款在会计摘要中会以"代刘文举收往来款"加以记载。帮助刘文举处理财务的王自桥的供述印证了这一点。侦查人员曾问王自桥："为什么要把其他公司还刘文举的借款，在银行会计账中的摘要写成是'代刘文举收往来款'？"王自桥答："刘文举只是交代我说这些钱是他个人借给其他公司的，是要借公司的账户过下账，到时这些钱要还给他个人的。"（刑事侦查卷宗第33卷第21页）具体以兴合公司还款为例，侦查人员问王自桥："兴合公司支付给刘文举的这315万元是不是这笔借款的预扣利息？"王自桥答："刘文举跟我说这是公司还给他个人的借款。"（刑事侦查卷宗第33卷第104页）登天公司的还款 280 万元也在会计凭证中记为刘文举个人款项。对此，王自桥也作了说明："刘文举跟我说这笔款是他个人借给登天公司的钱，现在登天公司把钱还给他，他是借用公司的账过账，钱是属于他个人所有的。"（刑事侦查卷宗第 33 卷第 63 页）

（四）本案查封、扣押、冻结的公司资产远超公司本应有的资产

刘文举公司欠刘文举的钱是从哪里来的呢？刘文举在被讯问中回答了这个问题。侦查人员问："既然你说公司大部分都欠你的钱，那你经营公司是否有赚钱？"刘文举答："还有一些公司有赚到钱。"侦查人员问："既然公司经营的资金是从你的个人账户得来，那你个人账户里的钱又是从哪里来的？"刘文举答："大部分是我爸留下来的。"（刑事侦查卷宗第 5 卷第 129 页）

那么刘文举的公司到底有没有钱，是不是欠了刘文举的钱？我们来看一下本案关于刘文举公司被冻结的资金。案卷材料显示：侦查机关冻结刘文举实际控制的微洲市顶世实业投资有限公司、金鑫集团有限公司等 18 家公司的对公银行账户金额为 62 659 853.97 元。而且本案中还查封微洲顺和实业发展有限公司位于微洲市江北 26 号小区的 7 882.65 平方米土地、微洲市顶世实业投资有限公司位于微洲市湖品沱溪第一小区 A 区的 10 000 平方米土地、微洲市沱溪希和木器厂位于微洲市湖品龙津骆屋上小洋地段的 8 001.1 平方米土地、微洲市宜居中房产开发有限公司位于微洲市江北 22 号区福利院老人活动中心的 2 327 平方米土地，查封犯罪嫌疑人刘文举等人及其控制的关联公司名下 329 套房产。这说明这些公司确实是有巨额财产，这些财产的数额远远超过了公司的实有注册资本金。

（五）刘文举在贷款申请时标明的用途是"归还股东借款"，已印证其公司欠其款项的说法

2013 年 2 月金鑫实业向工商银行借款 2 500 万元，贷款用途上写明的就是"归还股东借款"（刑事侦查卷宗第 327 卷第 41 页）。又如 2015 年 2 月 3 日宜居中房产向朝和农商银行借款 3 500 万元，贷款用途上写明的也是"归还股东借款"（刑事侦查卷宗第 327 卷第 41 页）。刘文举取得这些借款事实上也是公司归还欠他个人的钱，这些钱借出去就是刘文举个人借款给他人，因此不存在

高利转贷的问题。不能认为这个款项一定要转到刘文举个人账户，再由其个人账户转出才是刘文举个人借款给他人。

十五、刘文举未实施骗取贷款的行为

《起诉意见书》指控刘文举在四宗贷款中通过提交虚假财务报表、虚构贷款用途等方式骗取银行贷款，该指控不成立，具体理由如下。

（一）刘文举提交借款资料真实

希和木器厂向农村商业银行申请贷款 3 000 万元，其目的是用于购买工厂所需机器设备及安装，贷款资料真实。但由于该贷款审批和发放时间延期了多次，木器厂无法等待贷款的发放便通过向刘文举个人借款筹资购买了机器设备并加以安装。该庞大的设备重达千吨，现仍在木器厂内。因此，该贷款下拨后木器厂应当归还向刘文举的借款。

《起诉意见书》指控的另外三笔贷款刘文举也无骗取贷款的行为。2012年 4 月顶世公司向朝和农商银行申请贷款 1 400 万元，贷款资料真实，抵押物真实，与兴惠工贸公司工程项目合同真实。朝和农商银行客户经理黄超等人实地到沱溪看了该工程，他们明确告诉侦查机关"确实有工程项目在施工"（刑事侦查卷宗第 331 卷第 15 页）。虽然钟具家称兴惠公司与顶世公司签订的《工程承包合同》是假的，但我们要注意钟具家在本案中是另案的"被害人"，他的证词可信度低。而且，如果法庭采信钟具家的证词，就应当将刑事案件线索依法移交相关部门，因为钟具家涉嫌骗取贷款的共同犯罪。2013年 2 月金鑫公司向工商银行微洲分行申请贷款 2 500 万元，贷款资料真实，抵押物真实，归还股东借款的用途真实。该行客户经理方艳华在贷款时审查了贷款的真实性，还现场实地察看了抵押物（刑事侦查卷宗第 327 卷第 44～45 页）。2015 年 2 月顶世公司向朝和农商银行申请贷款 3 500 万元，贷款资料真实，抵押物真实，归还股东借款的用途真实。朝和农商银行客户经理刘军等人审查并证实了与贷款相关事实合法、合规、真实后才发放贷款（刑事侦查卷宗第 331 卷第 22 页）。如果说贷款资料与实际情况有出入，这也不是刘文举的原因。在案卷材料中，侦查机关提取了王自桥与银行工作人员方艳

华的邮件，王自桥在这些证据上写明"以上是银行工作人员方艳华教我编造假账的邮件记录"。这说明贷款资料是银行工作人员要求刘文举公司按银行要求提供。

（二）应当根据银行的合规、合法、真实标准来判断是否骗取贷款

案中证人工商银行微洲分行客户经理方艳华说银行借款主要考虑下列因素："借款主体要合法合规，借款人（包括自然人、股东、公司）征信记录要良好，客户向我行借款用途合法合规，抵押物要充足，保证人要具备保证能力，还款来源真实可靠。"（刑事侦查卷宗第 327 卷第 44 页）本案中刘文举公司的贷款完全满足这一要求。在刘文举向银行贷款时，各银行都按规审查刘文举公司借款的合规性、合法性、真实性，从来没有哪个银行认为刘文举骗取贷款。

（三）骗取贷款罪应当主要以给银行或其他金融机构造成重大损失为构罪标准

根据《刑法》第一百七十五条的规定，骗取贷款罪是指以欺骗手段取得银行或者其他金融机构贷款，给银行或者其他金融机构造成重大损失或者有其他严重情节的行为。立法表达中首先强调的是"重大损失"，没有造成重大损失时在认定构成犯罪上要特别慎重。虽然最高人民检察院、公安部在《关于公安机关管辖的刑事案件立案追诉标准的规定（二）》中对骗取贷款罪的立案标准进行了大范围的规定，但这只是立案规定，不是人民法院定罪判刑的规定。

近年来全国各地法院对骗取贷款罪的认识在不断深化，正在纠正原来机械司法和纯形式违法的立场，从实质违法的角度来正确适用《刑法》关于骗取贷款罪的规定。本辩护人从中国裁判文书网上找了相关的案例对此加以印证。四川省高级人民法院《刑事裁定书》〔2016〕川刑终 423 号判决中维持了一起一审对骗取贷款所作的无罪判决。该案维持无罪判决的理由是："被告单位交大扬华公司及被告人王晖、徐洪良在银行机构开具敞口银行承兑汇票的过程中，确有使用虚假购销合同的欺骗手段，并且实际取得敞口贷款共计 3.909 16 亿元，但涉案的 3.909 16 亿元均已正常归还结清，未造成实质危害，可不以犯罪

论处。"又如：湖南省衡阳市中级人民法院〔2017〕湘 04 刑终 130 号《刑事判决书》推翻了一审骗取贷款的有罪判决，宣告被告人不构成该罪。该判决书认为："本案中，上诉人李建兴等人因真实的工程项目建设需要申请贷款未果，遂通过向雷某 1 借款，以雷某 1 的名义向信用社申请贷款，并由雷某 1 提供真实足额的抵押担保。雷某 1 在贷款过程中，因信用社审核过程中提出需要补充材料，李建兴遂让郭勇、贺群花进行协助，郭勇、贺群花在这个过程中为成功申请银行贷款，虽伪造了相关资料，但鉴于贷款人系雷某 1，雷某 1 有足够的履行能力，信用社随时可以通过担保来实现其债权，不能认定信用社遭受重大损失。故上诉人李建兴、郭勇、贺群花的行为不符合骗取贷款罪的构成要件，不构成骗取贷款罪。"此两个案件都是因为骗取贷款的被告人没有给金融机构造成损失而被判不构成本罪。这只是本辩护人从众多无罪判决中列举的两个案例。本案中刘文举的所有借款都及时（甚至提前）归还，没有给银行造成任何损失，因此不应将刘文举作犯罪论处。

案卷材料确实表明刘文举的公司欠了刘文举个的钱。例如顶世公司《资产负债表》明确记载负债 79 217 840.12 元（刑事侦查卷宗第 465 卷第 44 页），宜居中房地产公司《资产负债表》明确记载负债 153 214 363.7 元（刑事侦查卷宗第 465 卷第 154 页），顺和公司《资产负债表》明确记载负债 23 258 764 元（刑事侦查卷宗第 466 卷第 19 页）。这些公司没有欠其他人的债，只欠刘文举的债。这充分表明刘文举没有高利转贷。

十六、刘文举不构成虚假诉讼罪

《起诉意见书》指控刘文举在通过民事诉讼的方式向李红主张债权时存在虚假诉讼行为，其依据是刘文举收了"砍头息"400 万元及罚息 8 万元，并将此两笔款项转为借款，要求李红签订《借款协议书》和《借条》，刘文举以此为据向法院起诉主张债权。对于"砍头息"与"借条"所引发的问题，本辩护人在前面关于刘文举不构成诈骗罪中有分析，在此不再赘述。本辩护人认为侦查机关现有证据无法证明刘文举收了"砍头息"，现有证据也无法排除借条内容的真实性，因此不能以此为依据认为刘文举涉嫌构成虚假诉讼罪。

十七、刘文举不构成逃税罪

《补充起诉意见书》指控刘文举涉嫌构成逃税罪。《刑法》第二百零一条第四款规定："有第一款行为，经税务机关依法下达追缴通知后，补缴应纳税款，缴纳滞纳金，已受行政处罚的，不予追究刑事责任。"这是刑法为逃税行为设置的出罪规定，说明如果补缴税款并受行政处罚的，不追究刑事责任。现在刘文举的财产全部被公安机关查封、扣押，只能由执行机关协助税务机关缴纳。国家税务总局微洲市税务局稽查局 2019 年 7 月 1 日给微洲市公安局微城区分局的《关于核查涉税违法犯罪线索的复函》中提出："目前，因涉税当事人刘文举、张海霞个人存款账户已被公安机关采取强制措施，根据《中华人民共和国税收征收管理法》第四十五条关于税收优先原则的规定，请贵局协助我局保证税款、滞纳金及时足额入库。"[补充侦查卷（二退）第 57 卷第 31 页]而且，更为关键的是，国家税务总局微洲市税务局稽查局 2019 年 7 月 2 日作出的《不予税务行政处罚决定书》中明确对刘文举"少缴税款行为不予行政处罚"。[补充侦查卷（二退）第 57 卷第 38～42 页]这就使刘文举的逃税行为完全不可能受到刑事追究。《刑法》有如此明确的规定，《补充起诉意见书》为何仍认定刘文举涉嫌逃税罪？

综上所述，被告人刘文举根本不涉嫌犯罪，更不涉嫌黑社会性质组织犯罪。从本案的起源看，完全是一些债务人为了逃避债务利用全国扫黑除恶的大背景非法举报刘文举。这些债务人捏造事实，虚假告发，意图陷害刘文举，使其受刑事追究，因此这些债务人涉嫌诬告陷害罪。刘文举是民营企业家，其合法权益受到法律保护。中共中央、国务院在《关于完善产权保护制度依法保护产权的意见》中明确要求"严格区分经济纠纷与经济犯罪的界限""准确把握经济违法行为入刑标准，准确认定经济纠纷和经济犯罪的性质，防范刑事执法手段介入经济纠纷，防止选择性司法"。最高人民检察院在《关于充分发挥职能作用营造保护企业家合法权益的法治环境支持企业家创新创业的通知》中也强调"严防将民事纠纷当作刑事案件来办"。现在案中所谓的被害人——债务人就是通过刑事手段来达到逃债的目的，如果检察机关听之任之甚至被其利用，将对刘文举权益造成重大损害，也必将损害法律的公正！

扫黑除恶是党中央、国务院部署的全国性专项斗争。作为一个法律人，本辩护人对此完全支持！但作为法律人，我们也应当严格依法办事，在刑事案件处理中应当以案件事实为依据、以刑事法律为准绳，正确贯彻中央刑事政策的精神。2009 年《座谈会纪要》中强调："各级人民法院、人民检察院和公安机关要严格依照刑法、刑事诉讼法及有关法律解释的规定办理案件，确保认定的事实清楚，据以定案的证据确实、充分，黑社会性质组织的认定准确无误。既要防止将已构成黑社会性质组织犯罪的案件'降格'处理，也不能因为强调严厉打击而将不构成此类犯罪的共同犯罪案件'拔高'认定。"2015 年《座谈会纪要》强调："要严格坚持依法办案原则，准确认定黑社会性质组织，既不能'降格'，也不能'拔高'，切实防止以'打早打小'替代'打准打实'。"2019 年 4 月 9 日中央出台四个扫黑除恶的意见，全国扫黑办主任陈一新认为，四个意见的出台，完善了涉黑涉恶案件证据、程序等方面的规定，有利于依法、准确、及时地打击黑恶势力违法犯罪，做到对涉黑涉恶案件既不"拔高"也不"降格"。2018 年《指导意见》中明确强调："在具体认定时，应根据立法本意，认真审查、分析黑社会性质组织'四个特征'相互间的内在联系，准确评价涉案犯罪组织所造成的社会危害，做到不枉不纵。"因此，中央司法机关对黑社会性质组织的认定始终强调严格依法办案，重证据、准确定性。

但现在一些地方在贯彻中央精神的时候出了问题，人为降低黑社会性质组织的认定标准，将非涉黑的案件强加涉黑罪名，引起了中央的高度重视。以最高人民检察院为例，2019 年 3 月 13 日十三届全国人大二次会议海南团小组会审议"两高"报告，最高人民检察院副检察长孙谦列席并发言："如果真没有黑社会，这不是把好人当成坏人办了？对于一个一般犯罪，也把他当成黑社会办了？这是不可以的。"张军检察长在作 2019 年工作报告时强调"不是黑恶犯罪一个不凑数！"2019 年 7 月 18 日最高人民检察院发布了《检察机关关于开展扫黑除恶专项斗争典型案例选编（第三辑）》，并印发了通知，要求严格遵循罪刑法定、证据裁判、非法证据排除、程序公正等原则，依法规范办案，既不"降格"处理，也不人为"拔高"，确保扫黑除恶专项斗争始终在法治轨道上推进，经得起历史和法律检验。在该《案例选编》中有的案例侦查机关以涉黑立案，但检察机关坚持依法办案，在起诉时去掉被告人的涉黑罪名。本辩护人也期待微洲市人民检察院能正确贯彻中央刑事政策的精神，严格根据本案事实、恪守法律的规定，对本案作出公正处理。

贺威德组织、领导黑社会性质组织申诉案

基本案情

　　贺威德，男，汉族，1967年8月15日生，文化程度为高中，住址为××省××市大坪区惠民街26号330房，凤凰山公司、康乐集团等法定代表人。公诉书指控，1994年被告人贺威德以凤凰山（香港）实业有限公司的名义入股并承包天骄大酒店，此后，其经营的酒店、桑拿、游戏机厅、迪吧、夜总会等迅速扩张。于1997年4月成立康乐（××）集团，1998年12月更名为康乐集团。与此同时，为进一步发展势力，获取更大利益，贺威德网罗"两劳"释放人员和社会闲散人员，组织、领导被告人古火辉、李泰安等人大肆进行各种违法犯罪活动，逐渐形成了以贺威德为首，其他人员参加的，以康乐集团为依托的黑社会性质组织。多年来，该组织实施了一系列违法犯罪活动。其中，通过实施合同诈骗、偷税、组织卖淫、赌博、容留他人吸毒等犯罪活动，聚敛巨额钱财；唆使、纵容组织成员及其保安人员使用暴力，进行寻衅滋事、非法拘禁、故意伤害等犯罪活动，恣意欺压、残害群众；不惜重金大肆行贿收买数十名国家工作人员，为其违法犯罪活动提供庇护，造成重大影响，严重破坏当地经济、社会生活秩序。

承办情况

　　本案一审法院判决贺威德构成组织、领导黑社会性质组织罪、组织卖淫罪等，决定执行死刑，剥夺政治权利终身，并处没收个人全部财产；二审维持一审判决；后案件报最高人民法院复核。最高人民法院复核中裁定撤销了一、二审关于组织卖淫罪的量刑部分，改判贺威德无期徒刑，剥夺政治权利终身，并处没收个人全部财产。在刑罚执行阶段，贺威德对自己被判组织、领导黑社会性质组织罪不服，向最高人民法院申诉。在申诉阶段，申诉人贺威德的家属委托我所在的律师事务所指派我担任申诉人的诉讼代理人。本代理人接受委托后，到本案一审法院复印了全案材料，并会见了正在服刑的申诉人。虽然被告人仅对组织、领导黑社会性质组织罪提出申诉，但代理人应当详阅本案的全案材料，因为组织、领导黑社会性质组织罪与本案中的其他罪有密切关联，法院是通过认定其他罪来支持组织、领导黑社会性质组织罪的认定。本案的案卷材料多达 556 卷，阅卷的工作非常艰难。用了近半年的时间，在全面掌握案情的基础上，本代理人代申诉人写出了《刑事申诉书》，交由申诉人签字后准备提交最高人民法院。后因全国开展扫黑除恶专项斗争，考虑到当时的环境，加之贺威德正申请减刑，委托人决定不提交申诉书。

　　抛开外在环境不说，本案中认定贺威德构成组织、领导黑社会性质组织罪确实是证据不确实、不充分，控方对黑社会性质组织四个特征中的任何一个特征都未证明到犯罪事实清楚的程度。

一、最高人民法院《刑事判决书》(〔2××××〕刑复字第××号) 没有证据证明申诉人经营的公司"形成较稳定的犯罪组织，人数较多，有明确的组织者、领导者，骨干成员基本固定"

黑社会性质组织是有组织犯罪的高级形式，在组织结构上具有稳定性、严密性和人数多的特点。其中稳定性是指组织者、领导者以及骨干成员比较固定；严密性是指有一定的组织形式、组织结构以及内部分工和职责，有被组织全部或多数成员认可的较为明确的组织纪律或约定俗成的行为准则，并具有约束力；人数多是指拥有相当多的成员，一般都有组织者、领导者、骨干成员及其他参加者。

申诉人自 1990 年前后开始从事电器、服装销售经营活动，近十年时间内申诉人先后开设了包括康乐集团在内的二十余家公司从事酒楼饭店、房地产开发、歌厅、电子游戏、桑拿等商业活动，所有这些行业的公司均领取了营业执照。例如 1993 年 5 月 18 日××乐成有限公司的营业执照就载明经营范围是"高级电子游戏机、KTV、卡拉 OK 舞厅、棋牌室"等 (××市检察院公诉卷宗第一卷第 215 页)；公司的员工也是从人才市场招聘，并不是犯罪组织成员。最高人民法院《刑事判决书》(〔2××××〕刑复字第××号) 中没有列举确实、充分的证据证明申诉人所有的公司具备"黑社会性质组织"的稳定性、严密性等特征，认定"康乐集团及其关联公司"为"黑社会性质组织"没有证据支持。

最高人民法院《刑事判决书》(〔2××××〕刑复字第××号) 列举申诉人为首要分子，九人为骨干，五人为成员。这些人确实在申诉人的公司任职，有的经营宾馆酒楼，有的经营歌厅，有的经营桑拿，有的管理装修公司等，他们确实是公司的骨干管理人员，在工作中各有分工，处理公司中的商业经营活动事务，但并非黑社会性质组织的骨干或成员。在整个刑事案件的侦查过程中，侦查机关没有对涉案人员就组织、领导、参加黑社会性质组织罪进行讯问，在一审法院庭审中法官问涉案被告人是否组织、领导或参加黑社会性质组织时，所有被告人都当庭否认自己组织、领导或参加黑社会性质组织，都认为康乐集团是企业，不是黑社会性质组织［××市中级人民法院一审卷宗正卷（四）第61～64页］。最高人民法院《刑事判决书》（〔2×××〕刑复字第××号）认定康乐集团为黑社会性质组织的逻辑是：康乐集团实施了一些违法犯罪行为，因此它是一个黑社会性质组织。这一逻辑是错误的。《刑法》第二百九十四条第四款规定："犯前三款罪又有其他犯罪行为的，依照数罪并罚的规定处罚。"根据这一规定，逻辑顺序应当是行为人先成立黑社会性质组织，再利用这一组织实施其他犯罪行为。因此，裁判中审判人员应当是先认定被告人组织了黑社会性质组织，他们利用这一组织进行犯罪活动，而不是基于某个单位实施了某些违法犯罪行为就推定这一单位为黑社会性质组织。

最高人民法院《刑事判决书》（〔2×××〕刑复字第××号）认定申诉人"网罗刑满释放和解除劳教人员以及社会闲散人员"。实际上，判决书所指的这些人员是古火辉和顾品。古火辉1983年因故意伤害罪被判处有期徒刑3年，顾品1991年因盗窃罪被判处有期徒刑11年。古火辉根本不是康乐集团的成员［××市中级人民法院一审卷宗正卷（四）第15页］。顾品虽然是公司员工，但他是申诉人的邻居、小学同学，申诉人看到顾品刑满释放后无事可做，要他到自己的公司上班（××省公安厅刑事侦查卷宗第十二卷第2～3页），这是帮助社会解决刑满释放人员的就业问题，为社会做了好事。2004年2月6日中央社会治安综合治理委员会颁布《关于进一步做好刑满释放、解除劳教人员促进就业和社会保障工作的意见》鼓励企业招收刑满释放人员并给予政策鼓励，怎么康乐集团招收刑满释放的顾品在判决书中就成了网罗刑满释放人员呢？

最高人民法院《刑事判决书》（〔2×××〕刑复字第××号）认定"被告人贺威德通过提供资助指使古火辉为其充当打手"，但事实上申诉人根本就没有指使古火辉去打任何人。公诉机关指控申诉人指使古火辉开枪击碎苛责家玻璃、打伤焦发明。对于××晚报记者苛责家的玻璃被枪击事件，申诉人只是要古火辉用电话恐吓一下与自己不和的苛责，并没有叫古火辉采取其他恐吓措施，更没有想到古火辉会唆使他人持枪击碎苛责家窗户的玻璃。这一点申诉人在侦查阶段和审查起诉阶段都有明确的说明，申诉人在回答侦查机关的讯问时明确说："叫了古火辉用电话威胁一下苛责"（××省公安厅刑事侦查卷宗第五卷第 62 页）；"当时，我只是雇请古火辉打电话威胁一下苛责，事后我才知道古火辉枪击了苛责家"（××省公安厅刑事侦查卷宗第八十六卷第 26 页）。古火辉及其唆使的人均承认申诉人只是希望他们电话中恐吓一下苛责。检察人员问古火辉："贺威德怎么跟你说的？"古火辉回答："他就说苛责跟他不和，叫我去吓他一下。"（××市人民检察院公诉卷宗第二卷第 78 页）

对于焦发明被枪击伤的事件，本申诉人与焦发明的老板程家正有经济上的纠纷。程家正欠申诉人 500 万元违约金不支付，还请××市副市长曾如今来压申诉人（××省公安厅刑事侦查卷宗第六卷第 1～3 页），申诉人对此确实有怨在心。申诉人也是要古火辉用电话威胁程家正，申诉人在侦查阶段、审查起诉阶段和庭审中一直承认这一点，在侦查阶段和庭审中古火辉也承认申诉人只是要他用电话威胁程家正，因此古火辉唆使华里笑持枪伤人根本就不是申诉人的意思。事件的发展过程中，古火辉唆使华里笑枪伤本意是要伤程家正，华里笑还将程家正的司机焦发明误认为程家正，错伤了焦发明。侦查机关问："贺威德是否具体要你如何去教训那个开奔驰车的人？"古火辉回答："没有，他只说教训一下，没有说具体的方式方法。"（××省公安厅刑事侦查卷宗第八卷第 18 页）在庭审阶段中，申诉人的辩护人问："在本案中，你说的'教训'一词是什么意思？"申诉人回答："是吓唬他们。"辩护人问："你知道不知道古火辉用枪打？"申诉人回答："不知道，古火辉没有告诉我，我以为是威胁程家正一下。"[××市中级人民法院一审卷宗正卷（三）第 25 页]公诉人问古火辉："当时贺威德是怎么跟你说的？"古火辉回答："说警告一下，当时对我说那人的车牌号等，当时说吓唬他一下。"[××市中级人民法院一审卷宗正卷（三）第 26 页]公诉人问古火辉："贺威德说用什么方式吓唬陈？"古火辉回答："电话吓唬一下。"[××市中级人民法院一审卷宗正卷（三）第 27 页]古火辉："贺威德没对我说伤害他。"[××市中级人民法院一审卷宗正卷（三）

第 33 页〕而且，古火辉根本就不是申诉人公司的员工，他怎么是"基本固定"的成员？因此，最高人民法院《刑事判决书》（〔2××××〕刑复字第××号）将古火辉认定为申诉人集团公司的成员，并因古火辉的行为而将集团公司认定为犯罪组织完全没有确实、充分的证据。尤其令人不解的是，焦发明被枪击是发生在 1999 年 3 月 23 日，直到 1999 年 9 月 17 日××市公安局法医学门诊部才出具了一份检验证明（编号 993270），而且这份检验证明没有任何医生或检验人员签名，仅仅盖了一个"××市公安局法医技术鉴定专用章"。4 年后，即 2003 年 9 月 18 日××省公安厅以该不符合法定要求的检验证明为基础，出具了一份法医学检验鉴定书（×公刑活字〔2003〕第 115 号），给出了焦发明的损伤为伤残六级的鉴定结论（××省公安厅刑事侦查卷宗第三十二卷第 70～74 页）。一份没有任何医生或检验人员签字的检验证明怎么能作为法医鉴定的依据？怎么能在案件发生四年后才做法医鉴定？

二、最高人民法院《刑事判决书》（〔2××××〕刑复字第××号）没有证据证明申诉人经营的公司"有组织地通过违法犯罪活动或者其他手段获取经济利益，具有一定的经济实力，以支持该组织的活动"

"黑社会性质组织"必须有一定的经济实力作为支撑，这是其经济性特征。要认定某一个组织或单位为黑社会性质组织，一是要有确实、充分的证据认定该组织通过违法犯罪活动或其他手段获取经济利益；二是要有确实、充分的证据认定其具体的经济实力；三是要有确实、充分的证据认定该组织以这一经济实力支持该组织活动。

除北京房地产公司、国际保税品公司没有实际开展经营活动外，申诉人先后开设的近 20 家公司均从事经营活动。如××金鑫鱼翅海鲜大酒楼有限公司、××新金鑫鱼翅海鲜大酒楼有限公司、××市北京饭店从事的是餐饮经营活动，××景程房地产开发有限公司、××凤凰山建筑装饰工程有限公司、××康乐房地产开发有限公司从事的是房地产开发与建筑装修经营活动，这些经营活动为申诉人的集团公司带来了大量的利润。尽管是公诉机关指控的酒店、桑拿、游戏和歌厅经营中有卖淫、赌博等违法犯罪行为，但这些行为并不是申诉人集团公司的主要利润来源，相反这些公司的合法、正当经营的营业活动才是集团的主要利润来源。最高人民法院《刑事判决书》（〔2×××〕刑复字第××号）虽然认定申诉人所经营的集团公司为黑社会性质组织，但没有基于确实、充分的证据证实这个"黑社会性质组织"如何通过"有组织地通过违法犯罪活动或者其他手段获取经济利益"，也没有查清这个"黑社会性质组织"到底获取了多少经济利益。以卖淫犯罪行为为例，判决书判定"被告人贺威德等人在组织卖淫活动中……从中获得了巨额钱财"，没有基于确实、充分的证据证实这个"巨额钱财"的具体数额，完全靠推测。公诉机关举出的证据是作为证人的罗领、曹珍香、隋同真等人的证言，她们认为桑拿中小费在300元以上的就有卖淫，这完全是猜测！例如在天骄大酒店当过服务员的罗领在接受检察机关讯问时，检察人员问："公司关于钟节、小费有没有规定？"罗领回答："公司有规定，小姐上钟，一节钟小费不能超过100元，二节钟可以签300元，三节钟以上可以更多。即使客人是待一节钟，但小费如果是签到200元、300元，也要算2节钟……我估计300元以上的都有卖淫行为。"（××市人民检察院公诉卷宗第二卷第200～201页）什么是"估计"？证人"估计"的数额能作为定案的依据吗？

申诉人所涉案件的侦查、审查起诉、起诉和审判阶段，没有任何司法机关确定申诉人违法所得的数额。2004年9月1日××省公安厅《起诉意见书》（×公刑诉字〔200×〕×号）是这样说的："经测算，1997年以来贺威德聚众赌博非法获利1 500万元人民币，组织卖淫非法获利1 000多万元人民币，容留他人吸毒非法获利130万元人民币。"什么叫作"测算"？"测算"的依据、标准是什么？违法所得可以"经测算"确定？或许是公诉机关认识到了违法所得的数额不能"测算"，在××市人民检察院《起诉书》（×检刑诉〔200×〕××号）中，仅用"贺威德聚敛了巨额钱财"加以表达，干脆就不说申诉人到底有多少违法所得。一审法院、二审法院的《刑事判决书》和最高人民法院《刑事判决书》（〔2×××〕刑复字第××号）均用了"贺威德聚敛了巨额钱财"这一表达方式，根本就不确定这个"巨额钱财"到底是多少。既然法院要判申诉人的公司为黑社会性质组织，为什么不将申诉人公司经营中的合法收入与违法收入分别计算出来，以充分、确实的证据来支撑申诉人的公司是"有组织地通过违法犯罪活动或者其他手段获取经济利益"支持"黑社会性质组织"这一结论？

三、最高人民法院《刑事判决书》（〔2×××〕刑复字第××号）没有证据证明申诉人经营的公司"有组织地多次进行违法犯罪活动，为非作恶，欺压、残害群众"

有组织地从事犯罪活动是黑社会性质组织的行为特征；正是有组织的犯罪活动使当地的群众受到欺压、残害。有组织犯罪的活动是指犯罪行为是受到组织决策、领导者授意、指使，或依照组织规定、惯例进行。

申诉人的公司经营过程中确实与他们发生过冲突，但并没有"有组织地多次进行违法犯罪活动"，更没有"为非作恶，欺压、残害群众"。最高人民法院《刑事判决书》（〔2×××〕刑复字第××号）认定"在贺威德、李泰安的指使、纵容下，保安人员打架斗殴、为非作恶，欺压群众"，完全没有事实依据。

申诉人的公司成立保安队从事内部守护巡逻等工作是完全合法的。根据2000年4月17日××省人民政府令第54号颁布的《××省保安服务管理办法》的规定，公司可以成立内部保安组织，"内部保安组织是指机关、团体和企业事业单位及其他组织设立的从事内部守护巡逻等工作的安全防范组织"；"本办法所称的保安人员是指被保安组织招用或聘用、依照本办法规定从事保安工作的人员"。侦查机关在讯问保安公司经理李泰安时，问："保安的职责是什么？"李泰安回答："保安的职责是保护好公司的内部安全，如治安安全和消防安全。"（××省公安厅刑事侦查卷宗第十一卷第27页）

公诉机关指控保安人员"打架斗殴、为非作恶，欺压群众"，主要涉及以下几个事件：一是保安非法扣留游戏厅、桑拿厅客人；二是保安打伤流星花园保安；三是保安阻止出租车停靠天骄大酒店；四是康乐商厦工地斗殴事件。这些事件均是事出有因，并非"为非作恶，欺压群众"，而且在其中一些事件中，申诉人的公司或公司员工还是受害者。

（一）关于保安非法扣留游戏厅、桑拿厅的客人

在游戏厅、桑拿厅的经营过程中，有客人偷游戏厅里的游戏币，有人在桑拿消费后不支付服务费，想跑单。对于这样的行为，保安采取相应的措施进行处理是合法的。李泰安在接受检察机关讯问时承认保安要处理在桑拿中消费不买单的人和在游戏场所偷窃、使用假代用币的人（××市检察院起诉卷宗第二卷第110页）。李泰安在接受侦查机关讯问时，侦查机关问："有哪些事交你们处理？"李泰安回答："比如说在各个游戏厅内发生的使用假投币、偷盗事件，在桑拿浴内发生的偷盗事件，一些在酒店内卖淫嫖娼被保安查获的等都是由各场地交到我们保安部处理。"（××省公安厅刑事侦查卷宗第十一卷第38页）当然，也有保安非法扣留顾客的行为，这是不当的也是违法的，但如果客人没有违规行为，保安绝不会采取管理措施。

（二）关于保安打伤流星花园保安

申诉人的公司在卸货的过程中，不慎弄破了流星花园的一块大理石，流星花园的保安不让申诉人公司的施工队离开，想借此进行敲诈。公司保安经理李泰安去处理此事时与对方发生争执，按李泰安的说法："在说话间就见从流星花园内冲出十几名保安，将我围住殴打，我就被他们打伤了。"（××省公安厅刑事侦查卷宗第十一卷第38页）两家保安公司随即发生了斗殴，造成双方都有人员受伤。后由于申诉人与流星花园老板是朋友，此事很快就和解了。

（三）关于保安阻止出租车停靠纵情音乐广场、天骄大酒店

由于申诉人开设的公司在经营纵情音乐广场、天骄大酒店期间，自己成立了出租车队从事客运，加上纵情音乐广场、天骄大酒店周边交通秩序十分混乱，因此要求保安不能让外来出租车在纵情音乐广场、天骄大酒店的门庭等待接客。但仍然有一些社会上的出租车无视公司的这一要求，坚持在纵情音乐广场、天骄大酒店门庭等待接客，保安为了落实公司的要求和维护交通秩序，确实与这些出租车司机发生过争执。

（四）关于康乐商厦工地斗殴事件

申诉人的公司在康乐商厦施工期间，发现有周边居民把他们房子的围墙砌在申诉人工地的范围内，申诉人要保安到工地把围墙推倒，由此引发冲突并造

成双方人员都有受伤。后为了平息事态，申诉人赔付了对方受伤人员的医药费。

综上所述，几个事件都是由申诉人的公司首先受到受害而引起，并不是"打架斗殴、为非作恶，欺压群众"。而且这些事件都是孤立的，并非"有组织地多次进行违法犯罪活动"。如果说这些活动是有组织的，那么组织者是谁？判决书认定申诉人是组织、领导黑社会性质组织的人，但这些事情中许多是申诉人事后才知道的。例如，保安打伤流星花园保安一事，申诉人在侦查阶段已经表明："这件事是在李泰安叫保安去打了对方后李泰安告诉我的。"（××省公安厅刑事侦查卷宗第七卷第 4 页）又如纵情音乐广场保安打出租车司机一事，在侦查阶段申诉人向侦查人员说明："这都是李泰安做的，我不知道，李泰安在纵情音乐广场管理保安时，很多事情都瞒着我。"（××省公安厅刑事侦查卷宗第五卷第 36 页）这是否说明李泰安是组织者？有组织犯罪与组织保安去打几次架不能画等号，这实际上是李泰安管理理念和能力差，管理中出现的不正常状况。"开始的时候，我还不是太了解李泰安管理不好保安，一件件事情发生后，我才觉得李泰安经常惹事……我就慢慢地将管理保安的权力移交给伍圣声、郑虎生等人管理。"（××省公安厅刑事侦查卷宗第七卷第 5 页）

四、最高人民法院《刑事判决书》（〔2×××〕刑复字第××号）没有证据证明申诉人经营的公司"通过实施违法犯罪活动，或者利用国家工作人员的包庇或者纵容，称霸一方，在一定区域或者行业内，形成非法控制或者重大影响，严重破坏经济、社会生活秩序"

非法控制或重大影响是黑社会性质组织的重要特征，不具备该特征，任何组织都不能被认定为黑社会性质组织。"非法控制"是指将某一区域或者行业处于该黑社会性质组织的非法操纵、左右、支配之下；"重大影响"，是指具有相当程度的左右、决定作用。

申诉人从事的经营活动主要涉及餐饮住宿、电子游戏、歌厅、桑拿和房地产领域，公司分布在××市的不同区域。最高人民法院《刑事判决书》（〔2×××〕刑复字第××号）没有任何证据证明申诉人经营的这些企业"称霸一方，在一定区域或者行业内，形成非法控制或者重大影响"。申诉人经营的餐饮公司有三家，这三家公司在××市或在餐饮行业无法形成非法控制或重大影响；申诉人经营的天骄大酒店只是××市成百上千酒店中的一家，也无法在宾馆住宿行业形成非法控制或重大影响；申诉人同时经营的电子游戏机厅六七家，这在××市或在游戏机行业无法形成非法控制或重大影响；申诉人同时经营歌厅四家，这在××市成百上千家的歌厅中不值得一提；申诉人同时经营的桑拿室四家，这在××市数以百计的桑拿室中影响甚微，也不可能在××市或在桑拿行业形成非法控制或产生重大影响。比如，作为桑拿管理人员之一的方新生在侦查机关讯问时曾说："2000年的时候，由于桑拿竞争激烈，整个桑拿小费行情都降下来了。"（××省公安厅侦查卷第18卷第140页）这说明申诉人经营的桑拿室在××市或在娱乐行业无法形成非法控制或重大影响，否则不会出现方新生所说的局面。在庭审中，有辩护人问被告人："据你了解××地区有多少桑拿室？"这时公诉人居然反对："审判长，反对辩护人提出的问题，与本案无关。"审判长说："反对有效，继续发问。"［××市中级人民法院刑事诉讼一审卷宗正卷（三）第102～103页］既然法院要认定申诉人在桑拿行业形成非法控制或重大影响，当然就要查清××当时有多少家桑拿厅，为什么侦查过程中不查清，也不准庭审中查清，公诉人和审判长居然都认为这一问题与本案无关！

最后想强调的是，根据一审法院××省××市中级人民法院《刑事判决书》（〔200×〕×刑初字第2号）的记载，在申诉人涉嫌犯罪被侦查过程中，申诉人因涉嫌行贿罪于2003年5月16日被××市人民检察院监视居住，因涉嫌合同诈骗罪于2003年11月17日被××省公安厅监护居住，因涉嫌赌博罪于2004年5月16日被逮捕。这里没有关于申诉人涉嫌组织、领导黑社会性质组织罪的任何记载。

申诉人涉嫌组织、领导黑社会性质组织罪是怎么来的呢？案卷材料显示：2003年11月3日××省××市人民检察院职务犯罪侦查指控中心××办案组《关于犯罪嫌疑人贺威德涉嫌刑事犯罪的案件管辖移送函》中说："在侦查过程中，根据省委'×××-0×'专案组报告，犯罪嫌疑人贺威德另有涉嫌组织领导参加黑社会性质组织……犯罪。"这是整个案卷材料中第一次出现申诉人涉嫌组织、领导黑社会性质组织罪。申诉人本来是因为涉嫌行贿罪被侦查，侦查过程中侦查机关没有发现申诉人涉嫌组织、领导黑社会性质组织罪，却被省委'×××-0×'专案组报告涉嫌犯该罪。即使这样，2003 年 11 月 28 日××省公安厅《提请批准逮捕书》（×公捕字〔200×〕×号）中，侦查机关仍然没有列明涉案人员涉嫌黑社会性质组织犯罪；2004 年 4 月 23 日××省公安厅《提请批准逮捕书》（×公提捕字〔200×〕×号）同样未列明申诉人涉嫌组织、领导黑社会性质组织罪。但 2004 年 4 月 30 日，××省公安厅《立案决定书》（×公侦字〔200×〕××号）才决定对申诉人以涉嫌组织、领导黑社会性质组织罪立案侦查（××省公安厅刑事侦查卷宗第八十三卷）。公安机关立案后，对本案包括申诉人在内的一些涉案人员进行了讯问，但这些讯问中对"黑社会性质组织"只字未提，只是重复讯问了以前侦查中问过的涉嫌其他犯罪问题（见××省公安厅刑事侦查卷宗第八十六卷至第八十八卷），这些讯问根本不是针对黑社会性质组织犯罪的侦查。200×年 9 月 1 日××省公安厅《起诉意见书》（×公刑诉字〔200×〕×号）却将申诉人以涉嫌组织、领导黑社会性质组织罪作为第一个大罪加以列举。四个月的时间，没有收集任何申诉人涉嫌组织、领导黑社会性质组织罪的证据，××省公安厅却建议××省人民检察院以该罪名起诉申诉人。正是由于侦查机关在侦查过程中没有收集到申诉人涉嫌组织、领导黑社会性质组织罪的证据，在××省公安厅《起诉意见书》（×公刑诉字〔200×〕×号）、××市人民检察院《起诉书》（×检刑诉〔200×〕××号）和《公诉意见书》[见××市中级人民法院刑事诉讼一审卷宗正卷（四）]均没有基于确实、充分的证据证明申诉人构成组织、领导黑社会性质组织罪。因此，××省××市中级人民法院《刑事判决书》（〔200×〕×刑初字第×号）、××省高级人民法院《刑事裁定书》（〔200×〕×终字第××号）和最高人民法院《刑事判决书》（〔2×××〕刑复字第××号）均无法基于确实、充分的证据认定申诉人构成组织、领导黑社会性质组织罪。最高人民法院《刑事判决书》（〔2×××〕刑复字第××号）只是罗列了申诉人涉嫌的组织卖淫、赌博、合同诈骗、行贿等犯罪，然后就得出申诉人构成组织、领导黑社会性质组织罪。这完全是缺乏证据情况下的臆断！即使申诉人构成判决书中所认定的其他犯罪，也不能由此就推定申诉人构成组织、领导黑社会性质组织罪，因为这些罪名之间并没有必然的推导关系。

综上所述，最高人民法院《刑事判决书》（〔2××××〕刑复字第××号）认定申诉人构成组织、领导黑社会性质组织罪没有确实、充分的证据，最高人民法院应当依据《刑事诉讼法》第二百四十二条的规定对申诉人的案件进行重新审判，并依法撤销最高人民法院《刑事判决书》（〔2××××〕刑复字第××号）中关于申诉人构成组织、领导黑社会性质组织罪的判决。

顾成远受贿案

顾成远，男，汉族，1968年8月9日生，文化程度为大专，户籍所在地为××省本阳市明道街17号5栋503房。顾成远1989年分配到本阳市烟草公司，先后任本阳市烟草公司和平烟草站技术员，本阳市烟草公司原烟科副科长、烟科所所长和烟草专卖局副局长。政治面貌：中共党员，无违法犯罪记录。2009年12月本阳市检察院指控顾成远在任本阳市烟草公司原烟科副科长、烟科所所长和烟草专卖局副局长期间多次收受他人财物，共计47.5万元，为他人谋取不正当利益。具体为：被告人顾成远向顺天塑料厂法定代表人武某借20万元，武某只要其还10万元，将另外10万元送给被告人顾成远，顾成远指定武某塑料厂的塑料为本阳烟草种植大棚的塑料；顾成远收受华颂肥料公司法定代表人方某3万元"实验费"，帮助方某公司做烟苗"复施壮"药剂的实验；同年顾成远收受华源大学大庆叶面肥厂厂长贝某"产品宣传费""推广费"共计20万元，帮助其销售"绿蒂3号"给本阳烟农；顾成远收受华顺漂浮育苗材料厂法定代表人罗某4万元，为其谋取不正当利益；顾成远收受上西物资公司业务员李某4.8万元，帮助其结清货款；顾成远收受化成市百放海洋生物农药有限公司总经理秦某给付的2.5万元，帮其公司催收货款；顾成远收受西庆市植物保护研究所工作人员利某3.2万元为其推广"太阳"牌杀虫剂。

在本案一审阶段，我所在律师事务所受被告人顾成远的家属委托，指派我担任顾成远的辩护人。确定委托后，本辩护人与法院取得联系，复印全案案卷材料。在初步掌握基本案情后，本辩护人多次会见被告人顾成远，询问顾成远下列情况：讯问中是否受到违法讯问、在看守所是否受到不公对待、归案过程、刑事强制措施情况、任职及职权、与案中证人的关系、技术职称及等级、技术水平、与他人债权债务关系、实验地点及时长、实验内容与过程等。在询问中本辩护人发现被告人所讲的内容与案卷材料中的记载存在较大出入。在一审开庭的过程中，本辩护人就上述情况进行了认真的质证、问话，并在此基础上发表了辩护意见。

本案一审判决中采纳了本辩护人的部分辩护意见，认定顾成远收受他人财物 14.2 万元（指控金额为 47.5 万元），且认定顾成远自首（但未认定其有重大立功表现），一审判处顾成远有期徒刑 3 年，没收财产 3 万元。

本案中的关键问题是如何对受贿与合法兼职收入加以合理区分。作为具有专业职称和拥有创新适用技术的技术人员，在工作之余受托从事科学实验、转让和许可使用创新技术，从而获得工资外收入，不但不违法，而且是应当受到鼓励的行为。

一、武某借给顾成远的 10 万元不能认定为受贿款

起诉书称："2004 年下半年，被告人顾成远向武某借 20 万元，武某只要还 10 万元，将另外 10 万元送给被告人顾成远。"这一指控不当。2004 年 12 月，顾成远之妻彭某做生意急需资金，顾成远打电话给武某，向其借 20 万元，后由彭某到武某爱人郑某之处借得 20 万元，并留有借条。2005 年 3 月 6 日，彭某欲将 20 万元还给武某。武某之妻郑某听从武某的意见，只要彭某先还 10 万元（注意是"先还 10 万元"，检察机关对武某第 3 次询问笔录第 3 页）。事后，顾成远多次向武某表明"桥还桥，路还路，该还的还是要还"，10 万元一定要还，即使是在 2005 年 5 月底的一天，即顾成远出事前不久（顾成远 6 月 1 日被"双规"），他还向武某说："10 万元还是要还给你。"（关于对顾成远的第 25 次讯问笔录第 13 页）这说明，由于顾成远不知他爱人已将借条撕毁，他认为他与武某之间的债权债务关系还存在，且一直要求将所欠的 10 万元还给武某。在他心目中，该款并不是武某送给他的财物，这 10 万元是借款，只是还未来得及将该款还给武某，自己就出事了。所以，该 10 万元不应当认定为顾成远的受贿款。

二、顾成远作为技术人员可以依法获得劳务报酬

顾成远是本阳市烟草专卖局副局长，但也是 20 世纪 80 年代末期新林农学院的一名大学生，也是本阳市烟草系统以招录成绩第一名录取的大学生。顾成远 1989 年分配到本阳市烟草公司，1991 年就任和平烟草站技术员。自此便一直从事烟草生产的技术工作。理论与实践相结合，积累了烟叶生产的丰富经验。在以后与农资生产厂商打交道中，也正是因为技术这一因素，顾成远与许多生

产和销售农资的人有了往来。后来，顾成远也是利用自己的技术，总结农资施用于本阳的实际情况，向生产厂家提供合理化建议，并从他们那里得到一定数量的技术服务费。

从本阳市烟草公司及后来华顺公司与农资生产厂家签订的购销协议看，合同中并没有要求本阳市烟草公司对农资施用于本阳的具体效果及改进提供意见或建议。而且，从职务上看，顾成远作为烟草专卖局副局长，虽然有技术管理的职责，但这种技术管理是对内管理，即管理本单位内部技术的技术事务，包括原烟种植育苗、施肥、病虫害的处理、收烟、烤烟等技术方案的提出和落实。对于烟草局工作人员是否有义务向农资生产厂商反馈使用效果这一问题，检察人员询问了烟草专卖局局长林某，检察人员问："你局原烟科在杀虫剂、烟用肥料采购过程中，是否有义务将货物的使用情况、使用效果等方面的内容反馈给对方？"林某的回答是："从道理上讲，我们烟草局的每个员工都有这个义务。"（查看案卷关于对林某的询问笔录）"从道理上讲"是什么意思？是法律上讲吗？不是！法律上没有这种规定！是烟草局内部规定吗？不是，烟草局内部也没有这种规定！而且，"烟草局的每个员工都有这个义务"恰好说明顾成远向农资生产商反馈农资使用情况，没有利用其曾担任原烟科副科长、烟科所所长和烟草专卖局副局长的职务之便。而且，根据林某的说法，烟草专卖局的职工反映的是农资"使用情况、使用效果"，但不包括针对本阳的实际情况改进农资的建议。在顾成远与厂商接触过程中，顾成远针对本阳的实际情况对多家生产厂商的产品提出了技术改进方案和建议。这一方面提高了本阳烟草生产能力，另一方面也促进了生产厂家对农资产品的升级换代。再者从义务与报酬的关系角度，义务并非均为无偿劳动，义务的履行可以是有偿的也可以是无偿的，正如仓储企业有义务管理好其他企业交其保管的物资，而仓储企业也可以收取管理费用。所以顾成远为农资生产厂商提供产品改进建议，是提供了合同约定以外的技术服务或劳务，且这种服务或劳务不是法定义务，也非单位规定的义务。技术也是商品，根据商品经济等价交换的原则，只要提供了技术或劳务，就应获得相应的报酬。只要科技人员提供的额外技术服务不严重侵犯其所在单位技术利益或违反国家保密法规，对其所得收入应予肯定。

但起诉书将顾成远为农资生产、销售厂商提供合理化建议后所得到的报酬全部计入其受贿款内,这种做法是与事实相悖的。我们认为有几笔应当从金额中撤除,其中包括以下几方面。

(一)方某第一次送给顾成远的实验费3万元

2003年,方某打电话请顾成远对烟苗做"复施壮"药剂的实验,后来顾成远在黄花村做了该实验(关于第2次对方某的询问笔录案卷材料第2页),并取得了较好的效果。为此,方某送3万元实验费给顾成远。在这个过程中,顾成远深入田间地头,查看药剂施用情况,收集相关数据,评价施用效果。这不但要顾成远有吃苦的精神,更要运用其技术,否则就无法收到实验效果。该实验时间长达半年,花费了顾成远大量的时间和精力,更倾注了其科研热情。但实验这一活动并不是其职责要求,他完全可以拒绝,因为他没有义务要这样做。试想,如果不是顾成远主持方某的该实验,方某的"复施壮"就无法取得烟农的认可,也就无法使该具有奇效的药剂广泛施用于本阳,为本阳的烟草种植作出重大贡献。所以,顾成远在工作要求之外主持药剂实验只要不影响正常工作的进行,就不应当受到指责,其合法收益也应当得到承认和保护。

(二)贝某送给顾成远的"产品宣传费"和"推广费"20万元

华源大学大庆叶面肥厂厂长贝某在本阳烟农销售"绿蒂3号"中,送给顾成远"产品宣传费""推广费"共计20万元。为什么要给"产品宣传费"和"推广费"?我们可以从检察院的案卷材料中找到答案。案卷材料关于贝某的询问笔录第9页,有这么一段话,即检察院侦查人员问贝某:"你的产品为什么要顾成远宣传和推广呢?"贝某答道:"因为顾成远是搞技术出身,我们就是通过他与烟民沟通,收集烟农的反映情况,分析每年烟叶的产品质量,来调整配方,为更好地提高来年的烟叶质量,同时也完善我们的服务。"这段问话表明,华源大学大庆叶面肥厂厂长贝某看中的是顾成远的技术,而不是因为看中顾成远是本阳市烟草专卖局副局长的权力;而且,实际上,顾成远也确实为华源大学大庆叶面肥厂产品的更新和优化提出了合理化建议。所以,这在华源大学大庆叶面肥厂厂长贝某看来,他不是在行贿,顾成远也不是在受贿,而是获取合法的劳动报酬。从法律上分析也应如此。况且,贝某与顾成远就"产品宣传费"

"推广费"的给付有口头协议。所以，我们认为，顾成远收受此 20 万元是合法的劳动报酬，而不是受贿。司法机关非但不能剥夺其合法收益，而且应当对其合法收益加以保护。

（三）罗某给付的 4 万元不能认定为受贿款

罗某的华顺公司在本阳市平安镇兴建了漂浮育苗材料厂。该厂的可行性方案就是顾成远论证的，而且以顾成远为主的技术人员拥有漂浮育苗的专利技术，罗某使用了该专利技术（案卷材料关于对罗某第 3 次询问笔录第 6 页），但罗某没有向顾成远支付任何专利使用费。庭审中，顾成远确认，罗某送给他的 4 万元是罗某使用专利费用的一部分。作为专利使用费的 4 万元，是顾成远的合法收入，不能认定为受贿款。

（四）武某给顾成远的 6 万元不能认定为受贿款

武某与顾成远是多年的朋友，武某开办了塑料厂，而顾成远拥有一项地膜专利技术，顾成远将该项专利技术授权给武某使用，两人口头约定专利使用费为 6 万元。由于两人是多年的朋友，所以顾成远与武某之间就专利使用费只有口头合同而没有订立书面合同，但这不能成为否认两人之间存在专利使用费用支付与获取的债务债权关系的理由。所以，该 6 万元是专利使用费，而不是受贿款。

三、起诉书所列顾成远收受的其他他人财物并非均为收受贿赂

《刑法》第三百八十五条第一款规定："国家工作人员利用职务上的便利，索取他人财物的，或者非法收受他人财物，为他人谋取利益的，是受贿罪。"根据该规定，国家工作人员利用职务上的便利，索取他人的财物或者非法收受他人的财物，为他人谋取利益，才是受贿款。如果国家工作人员没有为他人谋取利益或没有利用职务上的便利，就不可能将其收受的财物认定为受贿款。《刑法》第三百八十五条第二款规定："国家工作人员在经济往来中，违反国家规定，收受各种名义的回扣、手续费，归个人所有的，以受贿论处。"该款中没有明确规定"利用职务之便"和"为他人谋取利益"，这是否说明只要收受回扣就构成受贿罪，而不要求"利用职务之便"和"为他人谋取利益"？不是的。

因为该款规定了"国家工作人员在经济往来中,违反国家规定"。什么是"国家规定"?这里的"国家规定"是指《国务院办公厅关于严禁在社会经济活动中牟取非法利益的通知》❶,该《通知》指出:"当前,在社会经济活动中,以'回扣''佣金''红包''提成费''好处费'等名目非法收受'酬金',违反财经纪律,牟取非法利益的现象相当严重。有的为了小集团的、个人的非法利益,为犯罪分子提供方便;有的利用职权和工作之便,敲诈勒索,中饱私囊;有的招摇撞骗,推销伪劣商品,坑害消费者,等等。这些行为不仅危害社会主义经济秩序,干扰经济体制改革,而且腐蚀干部、职工思想,败坏社会风气,必须严加禁止。"在该《通知》中就明确了"利用职务之便"和"为他人谋取利益",我们理解《刑法》中的"回扣"时不能脱离《通知》的限制条件。所以,"为他人谋取利益"和"利用职务上的便利"是认定国家工作员收受他人的财物是否为受贿款的并列条件而非择一条件。下面,我们以该条件来分析顾成远所收受的秦某、李某和利某的财物是否为受贿款。

(一)起诉书将秦某给付顾成远 2.5 万元的催款费认定为受贿款不当

秦某是化成市百放海洋生物农药有限公司的总经埋,该公司 2003 年将"施特灵"销售给华顺公司,但华顺公司拖欠货款不付,秦某经本阳市生资公司张某介绍认识了顾成远的爱人彭某,希望其丈夫顾成远能帮其公司催收货款,并支付其 2.5 万元。后来,彭某多次到华顺公司帮秦某催该款,顾成远也给华顺公司总经理罗某打招呼,最后终于帮秦某催到了货款。此 2.5 万元是否为顾成远利用职务之便为秦某的公司谋取利益?不是!因为,华顺公司是 2002 年成立的一家具有独立法人资格的民营企业,该企业与烟草局之间不存在任何隶属关系,不存在领导与被领导关系(关于这一点可以查看案卷材料关于对华顺公司法定代表人罗某的询问笔录)。所以,顾成远替秦某的公司催款,不存在利用顾成远职务上的便利。而且,华顺公司是民营企业,顾成远也没有利用其他国家工作人员职务上便利的行为为他人谋取利益。所以,顾成远的催款行为是与其职务无关的行为。从检察院对罗某的询问笔录看,当检察院问:"为什么

---

❶ 根据《国务院关于宣布失效一批国务院文件的决定》(国发〔2016〕38 号),此文件已宣布失效。

顾成远让你支付谁的货款，你就支付呢？"罗某的回答是："不能这么说。"罗某的回答实际上就说明顾成远不可能依其职务便利要求他们支付货款。那么彭某为什么能帮秦某催到该款？那是因为彭某、顾成远与秦某是多年的朋友。而且，从案卷材料我们也可得知，本阳市供销社农业生产资料有限公司的农药部经理张某在介绍秦某与彭某认识这一事上，也从秦某那里得到了好处费 6 000 元。张某只是介绍秦某认识一个朋友就得了 6 000 元，顾成远帮其催款，得 2.5 万元的费用一点都不过分。

（二）李某送给顾成远的 4.8 万元不能认定为受贿款

检察机关在询问上西物资公司业务员李某为什么送该 4.8 万元给顾成远时，他说："送钱给顾成远，是我觉得我这个性格不适应做供销这个业务，所以我不想干了，我带着我的同事吴某和顾成远认识，我对他说本阳的业务我不想做了，将给吴某，请他将那一单的货款给我结了。"（案卷关于对李某询问的第 5 页）很显然，李某送钱给顾成远是为了要顾成远结清货款，但实际上，顾成远收收该财物时是否承诺（包括明示或默示）了为他办该事呢？公诉方本身没有认定顾成远有这一意向，庭审中顾成远也否认了自己当时有这一意向。事后顾成远是否因收受了他的钱就为其办了事呢？案卷材料本身没有认定顾成远因为收了该款而为李某办了事，庭审中顾成远也否认了因收受了李某的钱而为他办了该事。所以，顾成远收了李某 4.8 万元钱是事实，但自己没有承诺为其办事，事后也没有基于这一收钱行为而为李某办事。也就是说，顾成远收他人钱后，并没有利用职务之便为他人谋取利益。既然没有谋取利益，当然就不应当将收受他人的财物作为受贿款。

（三）利某第一次送给顾成远的 3.2 万元不能认定为受贿款

西庆市植物保护研究所工作人员利某 2001 年即与顾成远相识，并作为朋友往来。2003 年 11 月，西庆市烟草公司组织的农用物资订货会上，顾成远作为主管生产的副局长代表本阳参加了这个会议。会议前，利某即与顾成远电话取得联系，希望本阳定购其代理的"太阳"牌杀虫剂。由于顾成远与利某本身就是朋友，而且"太阳"牌杀虫剂质量好，所以顾成远当即答应，并在订货会上签订了购买 8 吨"太阳"牌杀虫剂的合同。2004 年 10 月的一天，利某送了

3.2万元给顾成远，其说法是："感谢你对我业务的关照，这是你帮忙销售'太阳'的费用，请收下。"（案卷关于对利某询问的第5页）从先后顺序看，是有顾成远的订货，才有利某的送钱，而且顾成远的购货行为也事实上为利某带来了经济利益。这是否可以认定顾成远该收钱行为是受贿行为？不能。因为签订合同前与签订合同时利某并没有表示要给顾成远好处，这一结论从检察机关询问利某的笔录中可以得出。即当检察人员问道："对给顾成远钱款，你们在签订合同前有约定吗？"利某的回答是："没有。"事前没有约定，事中也没有表达，说明顾成远在签订合同时完全没有为他人谋利的目的，其依职权签订合同的行为就是完全正常的职务行为。在行为时没有为他人谋利，事后受到朋友的感谢，就不符合受贿罪为他人谋取利益、利用职务便利收受财物的构成要件。所以顾成远收受利某的3.2万元，不是受贿款。

四、顾成远自首后重大立功应当依法减轻处罚

顾成远在司法机关对其立案侦查之前，主动交代了自己收受他人财物的事实，符合最高人民法院《关于处理自首和立功具体应用法律若干问题的解释》关于自首的认定条件，应当认定为自首。本阳市人民检察院的起诉书也认定顾成远在司法机关对其立案侦查之前，经教育、盘问，即主动交代了自己的受贿犯罪事实，系自首，适用《刑法》第六十七条之规定。

另外，顾成远在被羁押于本阳市看守所期间，提供重要线索，使公安机关得以侦破重大案件，符合最高人民法院《关于处理自首和立功具体应用法律若干问题的解释》关于重大立功的认定条件，成立重大立功。而且在被羁押期间，顾成远帮助看守所照看死刑犯，表现突出，符合一般立功的要件，成立一般立功。

《刑法》第六十八条规定，犯罪后自首又有重大立功表现的，可以减轻或者免除处罚。依据《刑法》的规定，结合本案的实际情况，我们认为对顾成远应当减轻处罚。

五、顾成远多年来为本阳烟草事业作出了重大贡献

顾成远自 1989 年参加工作就致力于本职工作，深入基层服务烟草事业。大学毕业的他率领基层技术员，走村访户，深入田间地头，实地调研本阳烟区的自然生态环境，并自行设计开展了 20 余项研究。通过 15 年的摸爬滚打和实验研究，顾成远掌握了第一手资料，并总结创新了一套优质烟叶生产技术体系和"三位一体"、核心片区、协会式片区管理和产业化等的管理体系。

1994 年步入领导岗位的他始终将基层和科研视为重点，提出"科技兴烟"和"人才兴业"战略。他成功研究并推广了"稻草还田+生石灰溶田土壤改良技术""工厂化漂浮育苗""立体平衡施肥技术""硝态氮复合肥+饼肥+硝酸钾+微肥配套施肥技术""半堆积密集型烤房建造技术""烟叶收购质量控制"等 50 多项创新适用技术。其中一项他主持的自选项目"烤烟（春烟）大穴深栽营造栽穴微气候和延长大田生育期研究项目"，已通过市科技成果鉴定，并获市科技进步三等奖；协助完成"优质高香气烤烟生产综合技术开发与应用"项目顺利通过国家烟草专卖局的鉴定，并荣获国家烟草专卖局科技进步一等奖；主持完成的省烟草专卖局项目"烟草优质高效施肥技术体系及其决策系统的研究"顺利通过市科技成果鉴定；同时他参与国家烟草专卖局科教司、中国烟叶公司共同制定《烟叶收购及交接过程质量监控工作规程》行业标准的项目，以 37 票全票通过专家的审定，即将发布实施。他的科技创新与普及推广为本阳烟叶质量提升和技术创新作出了突出贡献。

他以"科学技术是第一生产力"为起点，牢固树立科学的发展观，提出了"以项目推动科技进步，以科技促进烟叶质量提升"的思想，率领科研人员主持承担了"国家级烟叶农业综合标准化示范县""国际型优质烟叶开发与应用研究""国家优质高香气烤烟生产综合技术开发与应用研究""烤烟收购质量控制体系研究""烤烟优化灌溉理论与技术应用研究""智能化烤房技术研究""国家平衡施肥研究与应用""国家烟草病虫害预测预报研究""全国替代进口烟叶生产示范"等 9 个国家级重大科研项目。又开展了"烟草优质高效施肥技术体系研究""品种区域比较试验研究""漂浮育苗技术体系研究""本阳特色品牌体系研究"

等 20 余个省级科研课题。本阳也因此被国家烟草专卖局评为"1999—2001 年度全国烟叶工作先进单位"和"2003 年度全国优质烟叶生产示范先进县",林局长评价说:"本阳的烟叶基地是我们全国烟草的一个样板,是我们烟叶生产的一面红旗!"

顾成远在烟叶生产技术和管理方面取得的成绩得到了行业内外高度认可和好评,多次应邀参加行业内外全国性会议。其中特邀起草《国家级烟叶标准化示范县管理办法(试行)》和《国家级烟叶标准化示范县考核验收办法》,特邀在科教司组织的"全国优质烟叶生产科技示范基地暨农业标准化示范县建设工作座谈会"上作专题发言,被科教司认定为国家级烟叶标准化示范县考核验收专家,参与《烟叶收购及交接过程质量监控工作规程》行业标准的研究编写,被西庆市公司聘为"西庆市烟草系统中级专业技术职称评审委员会委员"等。

他在本职岗位上兢兢业业,克己奉公,视企业为家,视事业为己任。他主管的烤烟亩均收入从 1998 年的 684 元增至 2003 年的 1 175 元,亩平产量从 105 千克增至 2003 年的 135 千克,盈利从 1 167 万元上升到 2003 年为 6 612 万元,使公司的利润总额在 2003 年突破亿元大关(1.006 8 亿元)。烟叶生产也因此被企业誉为"生命工程",被政府视为"致富工程""民心工程",为企业创造了较好的经济效益和社会效益。

立足本职、敬业爱岗和钻研技术的他先后荣获了"科协系统先进个人""岗位标兵""优秀联片工作者""高香气开发科技奖""特殊贡献奖""本阳市优秀科技工作者""青年科技兴业领头人""'九五'农村能源建设先进个人""先进科技工作者""本阳市首届十佳科技创新人才""本阳市十佳青年""西庆市烟叶生产技术推广先进个人""西庆市烟叶工作先进个人""全国烟叶生产技术能手"等多项殊荣。

当然,顾成远作为一位能人,一位为本阳烟草事业作出突出贡献的人,应当严格地约束自己,增强法律观念,让自己的人格也与自己的技术能力一样,让人钦佩。我们在这里阐述顾成远为本阳作出的贡献,不是希望以其功掩其过,更不是希望法院以其功抵其过,我们只是希望法院在给被告人顾成远量刑时基于本阳的需要，在法律范围内作出轻缓的处罚。因为，惩罚犯罪毕竟不是刑法的唯一目的，治病救人，并使其尽早回归社会，为社会作出新贡献也是运用刑法所应当考虑的因素。顾成远作为一名拥有精湛技术的人员，使其尽早回归社会便能尽早为本阳烟草事业贡献智慧。

反腐倡廉是一场深入持久而艰巨的斗争，这是民之所盼、国之所幸、党之所需，是令人振奋的；同时，我国也正在沿着建设社会主义法治国家的道路前进，这同样是民之所盼、国之所幸、党之所需，是令人欣慰的。这就要求司法机关和其他有关部门在反腐败时，一定要在法治的轨道上和框架内展开。

本此法治之基本要求和辩护人的职责，我们阐述了上述辩护意见和理由，提请法庭研究和考虑。希望法院能够依据事实和法律，作出合法、公正、合理的判决，以维护法治的尊严，保障合法权益，使反腐败的斗争能够沿着法治的轨道进行，并使本案的判决经得起实践的检验和时间的考验。

叶自强受贿案

叶自强，男，汉族，1969 年 5 月 11 日生，文化程度为大专，户籍所在地为××省开城市湖滨大道 12 号 3 栋 233 房，政治面貌为群众，无违法犯罪记录。叶自强于 2007 年至 2008 年先后任开城市工业科技产业园融资财务部部长和项目融资部部长。2008 年 11 月 22 日开城市纪委通知叶自强去纪委说明相关情况，叶自强当天上午自行乘车到达纪委，于 11 月 23 日如实交代了收受宋某钱款的事实，11 月 26 日叶自强被宣布采取"两指"措施。起诉书指控叶自强利用融资财务部部长和项目融资部部长职务便利，于 2008 年 1 月在开城市工业园食品工业区主干道、河特产工业区主干道的建设项目和工业园开东公路辅道工程项目中收受宋某财产 10 万元，其中现金 6 万元，免除债务 4 万元。

案件审查起诉期间，本人所在律师事务所接受叶自强家属的委托并指派我

担任叶自强的辩护人。本辩护人首先到检察机关复印了所有案卷材料，在掌握基本案情后，多次到看守所会见叶自强，核实相关情况。本辩护人通过查阅案卷材料、到叶自强单位调取相关文件以了解叶自强的任职时间、职务与权责范围；通过开城市产业园的融资方式了解叶自强在融资中发挥的作用；知晓叶自强收受宋某6万元的事实、免除4万元债务的事实；并核实了叶自强到案的时间、方式、交代事实的时间。在充分掌握案件事实后，本辩护人向检察院提交了《律师意见书》，强调叶自强从职责来看，没有利用职务之便为他人谋利；从具体项目运作上看，叶自强也没有利用职务之便在本案所涉项目的运作过程中为他人谋利。叶自强收受的6万元中有3.4859万元属于宋某应当支付的费用；宋某免除叶自强4万元债务的事实不清、证据不足；如果控方认为叶自强涉嫌构成受贿罪，鉴于叶自强主动到纪委说明情况，应当认定为自首。

检方在收到《律师意见书》后，虽然仍认为叶自强涉嫌构成受贿罪，但结合叶自强到案情况与到案后如实供述的事实，认为自首可以成立。本辩护人在该案一审开庭前作了充分准备。庭审中控方指控叶自强构成受贿罪，但建议认定其成立自首。本辩护人在庭审中进行了细致的质证、问话并发表了辩护意见。当时的情况下，在当地受贿金额在20万元以下且有自首情节的基本可以判处缓刑，该案也有判处缓刑可能，但法院没有当庭宣判。该案休庭后三天，最高人民法院、最高人民检察院《关于办理职务犯罪案件认定自首、立功等量刑情节若干问题的意见》于2009年3月12日生效，该《意见》对职务犯罪案件自首的认定采取了从严的立场。在该案恢复庭审后，控方认为该《意见》规定："没有自动投案，在办案机关调查谈话、讯问、采取调查措施或者强制措施期间，犯罪分子如实交代办案机关掌握的线索所针对的事实的，不能认定为自首。"本案中叶自强是接到纪委的电话才去接受谈话，不是自动投案，且是在办案机关谈话过程中交代案件事实，因此叶自强不能认定为自首。本辩护人认为，叶自强接到纪委电话后选择去接受谈话，并没有置之不理，更没有出逃。叶自强接到电话后可以选择去，也可以选择不去，但最终去接受谈话完全是由叶自强自己决定的，纪委打电话给叶自强只是促使叶自强去接受谈话的引发因素，而非叶自强到案的决定因素。因此，如果法院认定叶自强受贿罪成立，应当认定其构成自首。最终法院认定叶自强成立受贿罪，属于自首，判处叶自强有期徒刑 2 年，并处没收财产 1 万元。

本案处理过程中一个比较突出的实务问题是新司法解释出台对在审案件审判结果的影响。最高人民法院、最高人民检察院《关于适用刑事司法解释时间效力问题的规定》规定："对于司法解释实施前发生的行为，行为时没有相关司法解释，司法解释施行后尚未处理或者正在处理的案件，依照司法解释的规定办理。""对于新的司法解释实施前发生的行为，行为时已有相关司法解释，依照行为时的司法解释办理，但适用新的司法解释对犯罪嫌疑人、被告人有利的，适用新的司法解释。"应当说该"规定"对司法解释的溯及力规定得很清楚，但实践中什么是"行为时没有相关司法解释"和"行为时已有相关司法解释"的判断并不是轻而易举的事。

一、叶自强没有利用职务之便为他人谋取利益

起诉书指称叶自强涉嫌犯受贿罪。本辩护人认为叶自强没有利用职务之便为他人谋取利益，其行为不构罪。理由如下。

所谓受贿罪是指国家工作人员利用职务便利索取他人财物，或者非法收受他人财物，为他人谋取利益的行为。案中，叶自强虽然是国家工作人员，主体上符合受贿罪的条件，也收受了财物，但他并没有利用职务之便，也没有为他人谋取利益。

（一）从职责来看，叶自强没有利用职务之便为他人谋利

案中工业园食品工业区主干道和河特产工业区主干道项目合同签订时间为 2006 年 3 月，工业园开东公路辅道工程项目合同签订时间为 2007 年 10 月，

宋某于 2007 年 10 月承诺给感谢费，融资资金获批时间为 2007 年 11 月，叶自强于 2008 年 1 月收取宋某 6 万元。2007 年 1 月至 12 月，叶自强任开城市工业科技园融资财务部部长；2008 年 1 月后叶自强才担任项目融资部部长。这说明如果叶自强利用职务之便，只可能是利用其财务融资部部长期间的职务之便。从工业园管委会党组开农管组字〔2007〕4 号文件《关于明确部、科工作职责和人员职务及分工的通知》的规定上看，叶自强负责的财务融资的职责主要是财务工作，兼管融资工作。根据该文件，"财务融资部部长，天空公司总经理，主持财务融资部全面工作，负责税收、融资和天空公司日常工作"。其融资的具体内容包括"努力搭建融资平台，创建多渠道、多层次融资体系、确保融资任务圆满完成"；"搞好融资资金后续管理，保证资金路径畅通，使资金发挥最大效益"。这说明叶自强当时的融资工作是搭建融资平台，创建多渠道、多层次融资体系，以及资金后期管理。所谓"搭建融资平台"就是加强天空公司的管理，运作好天空公司，让天空公司在融资中健康运作；所谓"创建多渠道、多层次的融资体系"是寻找融资的各种途径。叶自强的职责并不包括具体融资项目的论证、包装，也不包括为具体项目的融资者找上层关系。所以，从当时的职责上看，叶自强是没有相关的职务之便可以利用的。

当然，在项目融资过程中，叶自强利用了自己与相关单位人员比较熟悉、私人关系较好的有利因素，帮助宋某进行沟通；但是，叶自强帮助宋某对其项目进行包装、论证，是基于与其多年的朋友交情以及自身对融资业务较为熟悉，这并不能说明叶自强是利用了职务之便。

（二）从具体项目运作上看，案中涉及的项目运作中叶自强也没有利用职务之便为他人谋利

起诉书指称叶自强利用融资财务部部长和项目融资部部长职务便利收受他人财产。从工业园管理委员会党组文件看，叶自强的工作职责包括负责融资的相关工作。融资，是指企业从有关渠道采用一定的方式取得经营所需的资金的活动。所以，融资属于企业的工作。工业园的项目融资通常做法与程序是：工业园拟定相关发包项目，承接工程项目的承包方必须带资或具有融资能力，然后通过工业园这个平台上报项目，在这个项目上报过程中一般由承包方进行

策划、论证、包装上报，然后由承包方进行攻关以获得相关部门批准，资金到位后通过工业园的账户拨给承包方。

本案涉及两个工程：一个是工业园食品工业区主干道、河特产工业区主干道的建设项目；另一个是工业园开东公路辅道工程项目。从案卷材料看，第一个项目是采取"谁融资、谁开发"的形式操作（2008年12月1日检察机关对宋某的问话第3页）。另外，根据开城市现代工业园（甲方）与宋某（乙方）签订的《融资建设框架协议》总则第一条的规定：乙方为甲方融资，甲方工程项目给乙方建设；第三条规定，乙方为甲方进行筹融资；第四条规定，"乙方为甲方筹融资开展的活动及乙方其他代理业务必须依法依规，并且甲方不负任何经济与法律责任"（融资建设框架协议第1页）。这说明项目融资不是工业园的责任。根据责权利相统一原则，既然工业园不是融资主体、无融资责任，自然也就无相关职权。叶自强虽然是工业园融资部部长，但项目融资却是承包人宋某的责任，融资过程中叶自强无须利用职务之便，也无职务之便可以利用。在检察院对宋某的询问笔录中，宋某也明确地说："工业园委派了当时的融资财务部部长叶自强一起协同我办理相关融资手续及协调相关关系。"（对宋某的问话第3页）这说明融资是宋某的责任，工业园只是协助其完成相关工作。

第二个项目则是工业园自己进行融资建设的项目，融到的资金由工业园支配，宋某是工程承包商，所以能否融到资，什么时候融到资，以什么方式融到资，均与宋某没有关系。宋某工程款的支付时间、支付方式完全由承包合同约定，能否融到资不是工业园付款的必要条件，不存在融资失败工业园就不向宋某支付工程款的问题，也不存在资金不到位就拖延支付的问题。因此，在该项目的融资中不存在叶自强利用职务之便为宋某谋利的问题。当然，项目融资到位间接上会为宋某带来好处，因为其建设资金可以及时得到结算。但受贿罪中行为人的目的是"为他人谋取利益"，"为他人谋取利益"说明行为人是为了他人的获利而做某事，他人获利是直接利益，不是间接利益。

贵院对宋某的问话笔录中记载了宋某送给叶自强财物的理由，即"主要是为了感谢叶自强在我所承包的工业园两个工程项目的融资过程中给予的帮助"。综上所述，宋某的这种说法是完全不符合事实的。

基于上述分析，本辩护人认为叶自强的行为不符合受贿罪的构罪要件，其行为不构成犯罪。

二、关于数额问题

起诉书指称，叶自强收受他人财物的数额为 10 万元。我认为，叶自强收受他人财物的数额不能认定为 10 万元。2008 年 1 月，叶自强确实收受了宋某 6 万元，但在融资过程中，叶自强却将其中一部分用于支付了融资相关费用。根据工业园与宋某签订的融资框架协议，融资过程中所发生的一切费用由宋某负责（对宋某的询问笔录中宋某完全承认这一点），但叶自强为帮助宋某融资支付了相关经费共计 3.485 9 万元。为感谢国家开发银行某省分行的朋友帮宋某融资，经宋某同意，2008 年 10 月叶自强请国开行的朋友外出旅游，共花费 3.485 9 万元。旅游之事叶自强事先告知了宋某，宋某同意，但因宋某自己没有时间故而没有一起前往。这笔费用本就应当由宋某报销，但宋某以暂时没有钱为由拒不报销。而这 3.485 9 万元恰恰是从宋某送给叶自强的 6 万元中支出的（对叶自强的第一次讯问笔录中第 12 页：叶自强说他将 6 万元中的 5 万元存入了银行，"所存的 5 万元钱，其中有 3.4 万元钱我用于了请开发银行的人到××旅游开销了。"）。宋某是东城水泥制品厂的法人代表，还承包了一些千万元级的工程，真的会暂时没有钱而不报销这区区 3.485 9 万元的费用吗？是没有钱报还是不报？该笔费用至今没有报销，所以本辩护人认为不能将其计算在收受数额之内。因此，叶自强虽然收受了宋某所给的 6 万元，但其为帮助宋某融资支出了 3.485 9 万元，即叶自强收的这些钱已大部分用于宋某融资过程中。本辩护人认为，为了同一事项收受财物与支出钱款，应当抵销，而不能人为地将收与支分开（如果不是为了同一事项则另当别论）。所以，叶自强虽然收了宋某 6 万元钱，但其为宋某融资支出了 3.485 9 万元，该款项应当从叶自强收受的 6 万元中充抵。

另外，关于免除 4 万元债务问题。起诉书指控"被告人叶自强收下 6 万元后向宋某提出用之前所借的 4 万元作抵，宋某表示同意"。本辩护人查阅了检察院对宋某的询问笔录和对叶自强的讯问笔录，均都明确说明宋某对叶自强的"以4万元借款作抵"没有表示同意也没有表示不同意。检察院对宋某的询问笔录中宋某说："我当时听他这样讲也就没作声了。"（第一次讯问笔录第9页）检察院对叶自强的讯问笔录中，叶自强说"宋某听了未作声"（第一次讯问笔录第10页）。对抵债的提议没有作声，是不是表明宋某同意抵销4万元债务？本辩护人认为，没有作声，并不表示同意，而更表明不同意。宋某之前是说过要送叶自强10万元，这4万元加上已送的6万元恰好是10万元，这似乎可以印证宋某会同意抵债，但这只是推测，宋某或许本来就仅送6万元，另4万元就不送了。现在叶自强提出4万元抵债，他不好不同意，只好不作声。所以，这4万元与收受4万元完全不同，宋某完全可能以后向叶自强主张债权。如果将这4万元算作受贿款，宋某以后向叶自强主张债权，司法机关如何处理？只可能是两种方式：一是支持宋某的主张，因为叶自强确实借了宋某的钱；二是反对宋某的主张，因为宋某同意了抵销债务。这两种方法都是行不通的。因为，如果支持宋某的主张，说明宋某与叶自强之间的债权债务关系仍存在，既然存在，怎么能将其算入宋某的行贿款？如果反对宋某的主张，认为他们之间不存在债权债务关系了，那么等于支持了宋某这种非法免债方式。

三、关于是否认定为自首的问题

本辩护人认为叶自强的行为不构罪，所以不存在自首的问题。退一万步讲，即使将叶自强的行为作犯罪处理，其行为也符合自首的特征，应当认定为自首。

自首是指犯罪嫌疑人自动投案、如实供述自己的罪行。根据2009年3月12日最高人民法院、最高人民检察院《关于办理职务犯罪案件认定自首、立功等量刑情节若干问题的意见》的规定："没有自动投案，在办案机关调查谈话、讯问、采取调查措施或者强制措施期间，犯罪分子如实交代办案机关掌握的线索所针对的事实的，不能认定为自首。"叶自强是在纪委与其谈话期间如实交代自己收钱事实的，这说明叶自强是否属于自首取决于其是否自动投案：如果是自动投案，其行为应当认定为自首；如果不是自动投案，其行为不能认定为自首。

最高人民法院、最高人民检察院《关于办理职务犯罪案件认定自首、立功等量刑情节若干问题的意见》对何为自动投案作了规定："犯罪事实或者犯罪分子未被办案机关掌握，或者虽被掌握，但犯罪分子尚未受到调查谈话、讯问，或者未被宣布采取调查措施或者强制措施时，向办案机关投案的，是自动投案。"这里包括三种情况：一是犯罪事实或者犯罪分子未被办案机关掌握，向办案机关投案的，是自动投案；二是虽被掌握，但犯罪分子尚未受到调查谈话、讯问，向办案机关投案的，是自动投案；三是未被宣布采取调查措施或者强制措施时，向办案机关投案的，是自动投案。为帮助广大读者准确理解和掌握《意见》的基本精神和主要内容，2009 年 3 月最高人民法院、最高人民检察院有关部门负责人就相关问题回答记者的提问时也明确表明了这一观点。

叶自强是 2008 年 11 月 22 日接到市纪委的电话通知后主动去纪委的。很显然，叶自强是市纪委掌握了其受贿的线索（不是受贿犯罪事实）但尚未受到调查谈话、讯问前，向办案机关投案的。根据上述规定，其行为应当认定为自动投案。

叶自强是接到市纪委的电话通知后去接受调查的，接电话通知后才去是否说明叶自强是被动归案？本辩护人认为，接到市纪委的电话通知，是叶自强去市纪委说明情况的原因，但这并不影响自动投案的成立。因为叶自强接到电话通知后，可以去市纪委，也可以不去市纪委，甚至可以逃跑，但他接到电话通知后就去纪委说明情况。这说明叶自强投案是自动的，不是被采取强制措施或被扭送的，不能因为是接电话通知后才去市纪委就认为其不属于自动投案。而且 1998 年 4 月《最高人民法院关于处理自首和立功具体应用法律若干问题的解释》规定："公安机关通知犯罪嫌疑人的亲友，或者亲友主动报案后，将犯罪嫌疑人送去投案的，也应当视为自动投案。"在该《解释》中，最高人民法院认为，公安机关通知（当然包括电话通知）犯罪嫌疑人家属将犯罪嫌疑人送去投案，应当视为自动投案，那么办案机关通知犯罪嫌疑人后，犯罪嫌疑人亲自投案的，是不是应当视为自动投案？答案显然是肯定的。

所以，本辩护人认为，结合两个关于自首的司法解释，叶自强的行为应当认定为自动投案。

根据 2009 年 3 月 12 日最高人民法院、最高人民检察院《关于办理职务犯罪案件认定自首、立功等量刑情节若干问题的意见》的规定，犯罪分子在受到调查谈话、讯问期间，如实交代自己的主要犯罪事实的，应当认定为自首。叶自强于 11 月 23 日如实交代了收受钱款的事实，11 月 26 日叶自强才被宣布采取"两指"措施。所以，叶自强是在市委谈话期间如实交代自己收受钱款的事实，应当认定为自首。根据《刑法》第六十七条的规定："对于自首的犯罪分子，可以从轻或者减轻处罚。"基于被告人的自首情节，本辩护人请求法院对其减轻处罚。

综上所述，本辩护人认为，本案中叶自强的行为不构成犯罪，即使法院认定叶自强构成受贿罪，也应当在数额认定和自首情节认定上实事求是。

伍永华挪用公款案

伍永华，男，汉族，1966 年 8 月 12 日生，中共党员，文化程度为高中，户籍所在地为××省朝东市胜利工业园村 399 号，原系胜利工业园村会计。由于土地征收，2010 年 2 月，朝东市工业新城建设开发有限公司（以下简称"城建公司"）将土地征收款 2 100 余万元存入朝东市胜利工业园村民委员会（以下简称"工业园村民委员会"）银行账户，由被告人伍永华保管。当月，伍永华等三人决定参与朝东市中烟工业有限责任公司原料仓库及配套设施工程项目的投标。为了增大中标的概率，三人决定挂靠四家公司参与投标，但参加一个投标需保证金 45 万元，三人手头均拿不出如此多的资金。于是三人商议，由伍永华从村上的征地款中借用 180 万元作为投标保证金，伍永华同意并从村账户中借出 180 万元，三人将该 180 万元分为四份 45 万元，分别以四家不同公司的名义参与工程投标，但伍永华等人所挂靠的四家公司均没有中标。2010 年 3 月，三人所挂靠的四家公司分别将投标的保证金退还给了伍永华等人。他们于 2010 年 5 月上旬将从村上所借的 180 万元如数归还，三人不但没有赚到钱，各自还亏损 3 万余元。2014 年 2 月，在朝东市纪委对胜利工业园村财务进行检查时，被告人伍永华等人主动交代了借用款项的事实。

承办情况

　　在一审阶段，被告人伍永华的家属委托我所在律师事务所指定我为伍永华辩护人。接受委托后，本人首先向处于取保候审中的伍永华了解案件情况，然后联系一审法院的承办法官，复印全案案卷材料，在充分阅卷的基础上为庭审作准备。本案中一个比较棘手的问题是，根据 2000 年《全国人民代表大会常务委员会关于〈中华人民共和国刑法〉第九十三条第二款的解释》（以下简称《解释》）的规定，村民委员会等村基层组织人员协助人民政府从事土地征用补偿费用的管理，利用职务上的便利，挪用公款、构成犯罪的，适用《刑法》第三百八十四条挪用公款罪的规定。本案中，伍永华等人是该村村民委员会的人员，确实借用了土地征用补偿费用，因此似乎本案没有任何法律性质上的争议。按当年挪用公款罪的标准，180 万元已经属于情节严重，将被判处五年以上的有期徒刑。本辩护人在准备辩护意见时注意到，按《解释》中关于村干部协助人民政府从事土地征用补偿费用的管理的过程中借用该款项的规定，一律作挪用公款罪处理是不正确的。本辩护人认为从法律规定上看，在朝东市工业新城建设开发有限公司代表政府向朝东市胜利工业园村支付土地补偿款后，土地补偿款就不再是公款而是部分属于村集体，部分属于村民；村民委员会的工作人员是代表村民在管理属于村集体的补偿款和属于村民的补偿款，而非代表政府发放土地补偿款。因此，伍永华不构成挪用公款罪。在庭审中，辩护人进行了认真的质证，仔细询问了被告人，在法庭辩论阶段从借用资金的性质、身份定位等方面充分阐述了伍永华不构成挪用公款的理由，也分析了伍永华在借用资金中的角色与态度。经过本案的庭审，承办法官注意到了《解释》的规定与本案的差异之处。由于《解释》的存在，法官很难从《解释》的规定中走出来，司法实践中此类借用行为基本也是以挪用公款罪定罪量刑。最后一审法院认定伍永华构成挪用公款罪，判处其有期徒刑 2 年，缓刑 2 年。

案件的审理结果虽然认为被告人伍永华构成犯罪，但量刑是比较轻的，当事人对判决结果满意，没有上诉。本案中折射出来的一个问题是：立法解释或司法解释本身是否合法、正确。立法解释与司法解释都是法院理解法律、作出判决的依据，如果立法解释与司法解释本身存在问题，那么实践中法官依据这些规定作出的判决就会出现错误。

主要辩护观点

一、关于伍永华借用资金的性质

本案中，被告人伍永华等人将存于村账户上的 180 万元取出用于投标保证金的这一行为如何定性？本辩护人认为，这一行为不能套用《全国人民代表大会常务委员会关于〈中华人民共和国刑法〉第九十三条第二款的解释》的规定，认定为挪用公款。对被告人伍永华行为的定性应当从村民委员会在土地征收中的作用出发，结合土地补偿费、安置补偿费和设施补偿费的性质，作出合法、科学的定性。

首先，工业园村民委员会在土地征收中的作用问题。依据《中华人民共和国宪法》第十条第二款的规定，农村和城市郊区的土地，除由法律规定属于国家所有的以外，属于集体所有。《中华人民共和国物权法》❶（以下简称《物权法》）第五十九条第一款规定，农民集体所有的不动产和动产，属于本集体成员集体所有。《中华人民共和国土地管理法》（以下简称《土地管理法》）第十一条规定，农民集体所有的土地依法属于村农民集体所有的，由村集体经济组织或者村民委员会经营、管理。《中华人民共和国村民委员

---

❶ 本书中所涉及法律、法规、司法解释等，皆为代理案件时有效力的法律、法规、司法解释等。

会组织法》（以下简称《村民委员会组织法》）第八条第二款规定，村民委员会依照法律规定，管理本村属于村农民集体所有的土地和其他财产。这些法律明确规定，农村土地属于集体所有，由村民委员会管理农村集体所有的土地。

村民委员会如何管理农村集体所有的土地呢？村民委员会对集体土地的管理有许多方面的内容，包括集体土地的承包、土地荒废管理、土地所有权性质变更事项的处理等。因此，在集体土地被征收的过程中，村民委员会代表所在的村处理相关事宜。这些事宜包括是否同意所在村集体的土地被征收、征收补偿标准的确定、征收费用的管理和发放等。正因为如此，《物权法》第五十九条规定："农民集体所有的不动产和动产，属于本集体成员集体所有。下列事项应当依照法定程序经本集体成员决定：……（三）土地补偿费等费用的使用、分配办法……"很显然，这里强调土地补偿费等费用的使用、分配办法要由集体成员决定，由村民委员会按照集体成员的决定使用、分配这些费用。所以，村民委员会代为管理土地补偿费等费用是村民委员会代替村民管理这些费用，而不是协助政府管理这些费用。

我们来看看伍永华案中工业园村民委员会在土地征收及土地补偿费等费用的相关情况。2010 年 1 月 17 日签订的《征地协议书》的合同双方是城建公司和工业园村民委员会，而土地补偿费等费用是由朝东市工业新城建设开发有限公司（通过朝东市恒远建设开发有限公司）代表政府支付的。合同当事人双方是对等的关系，前者代表政府，后者代表村组织，合同明确了工业园村民委员会是"被征地单位"。

从合同内容来看，合同第二条明确规定，"经甲乙双方协商议定，包括土地补偿费、安置补助费、敲诈补偿费在内共计人民币贰拾壹万零肆佰贰拾元整"。第三条第三项规定，"甲方按协议给予补偿后，乙方不得再提出任何异议"。这都说明工业园村民委员会是代表村集体与代表政府的城建公司商议处理土地补偿费等费用问题，而不是政府要村民委员会管理这些费用。

另外，《朝东市人民政府征收土地公告》（朝政函〔2008〕541 号）规定："本征地的村民委员会、村民小组和个人应服从大局，支持配合有关部门迅速做好征地拆迁安置工作。"在该《公告》中，村民委员会、村民小组和个人是并列列举，并不是只列村民委员会，也不是要求村民委员会协助政府工作，实际是强调村民委员会、村民小组和个人都是政府工作对象。这也充分证明了村民委员会、村民小组和村民是一体的，村民委员会并不是代表政府在处理事务。

因此，从法律上看，农村的土地由集体所有，由村民委员会代为行使相关权利，包括代表村集体与政府协商土地征收事宜。从职责上看，村民委员会是代表村集体管理征收费用，而不是代表政府。

其次，土地补偿费、安置补偿费和设施补偿费的性质问题。对这些费用的归属，《中华人民共和国土地管理法实施条例》有明确的规定，即第二十六条规定："土地补偿费归农村集体经济组织所有；地上附着物及青苗补偿费归地上附着物及青苗的所有者所有。""征收土地的安置补助费必须专款专用，不得挪作他用。需要安置的人员由农村集体经济组织安置的，安置补助费支付给农村集体经济组织，由农村集体经济组织管理和使用……"这说明土地补偿费和安置补助费本来就是属于村组织，由村组织管理、使用，只有青苗补偿费及设施补偿费是青苗、设施所有人所有。从城建公司与工业园村民委员会签订的《征地协议书》看，政府支付的费用有土地补偿费、安置补偿费、青苗补偿费和设施补偿费等，其中土地补偿费、安置补偿费占了绝大部分。当然，根据《物权法》第一百三十二条规定，承包地被征收的，土地承包经营权人有权依照本法第四十二条第二款的规定获得相应补偿。但补偿前，费用是由村民委员会管理、使用的。

这就说明，政府向工业园村民委员会支付的费用中，绝大部分是属于村组织或村组织管理、使用的，只有相当小部分的青苗补偿费和设施补偿费属于村民。即使是这小部分的青苗补偿费和设施补偿费，也应当是村民委员会代农民向政府收款，然后再由村民领取，而不是由村民委员会代政府发放。这就是本案中朝东市新城建设开发有限公司将款项打入工业园村民委员会 194×××× 809322×××5 账户而不直接打给村民的原因之所在。当这些资金打入村账户后所有权就转移给了村民委员会，其性质就变成了集体款项而不再是国有资金。

实际上，村民委员会代替村民管理这些费用是要向村民收取管理费的，根据伍永华的说法，"征地款村上只过账分发给村民，按照村民的表决收取2%的管理费，后调整为4%"（2014年4月24日9时19分至24日12时55分朝东市人民检察院讯问笔录第5页）。工业园村民委员会的李光明与戴永平都证实了管理费用是4%（2014年7月15日朝东市人民检察院对李光明《询问笔录》第2页、对戴永平《询问笔录》第2页）。如果村民委员会是协助政府发放款项，就应当是政府给村民委员会发放相关费用，而不是向村民收取费用。

另外，最高人民法院认为村民委员会分配征地补偿款属于农村集体经济所得收益分配，是平等主体之间的民事行为。根据2001年12月31日，最高院研究室对陕西省高级人民法院作出的《关于村民因土地补偿费、安置补助费问题与村民委员会发生纠纷，人民法院应否受理的答复》（法研〔2001〕116号）指出：农村村民因土地补偿费、补助费、安置费与村民委员会发生纠纷，人民法院的受理问题参照法研〔2001〕51号答复办理。该答复认为：人民法院应当依法受理农村集体经济所得利益分配纠纷，同时认为村民与村民委员会之间的该类纠纷属于平等主体之间的民事纠纷。如果认为村民委员会是在协助政府管理征地补偿款，那么村民委员会与村民就不是平等民事纠纷，而应当是行政机关与行政相对人之间的纠纷，由此引起的案件就不是民事案件而是行政案件。这也说明村民委员会是代村组织管理土地征收费用，而不是代替政府管理这些费用。

综上所述，本案伍永华的借用资金行为不能依全国人大常委会《关于〈中华人民共和国刑法〉第九十三条第二款的解释》的规定，作挪用公款处理。该《解释》规定村民委员会等村基层组织人员协助人民政府从事公务的过程中（包括协助政府管理土地征用补偿费用的工作中），利用职务上的便利，挪用公款的，以挪用公款罪处理。显然，政府从事的是国家事务，不是集体事务。村民委员会等村基层组织在协助乡镇基层人民政府工作的同时，又担负着从事大量的村集体事务的职责。这些基层组织的人员在从事国家事务或者本集体内部事务的过程中，都存在利用职务之便实施违法活动的可能性，但是其性质又完全不同，因此在认定其所从事的事务的性质时，要注意具体问题具体分析，防止任意扩大事务范围的倾向。

二、伍永华在借用资金中的角色与态度

伍永华虽然是工业园村总支委员、会计，工业园村的土地征收费等款项也是由他开户管理，但借用资金的意见并不是他提出来的。相反，当案中其他人找到他要借用村民委员会的款项时，他第一反应是不同意。但考虑到这些人都是同村人且关系要好，如果完全不同意在感情上过不去，就同意一起借用，以便起到监督作用，保障款项能归还。这一点在伍永华自己的供述和其他被告人的供述材料中都有明确的体现。

当他们所投的标没有中标时，伍永华及时组织归还挪用的款项。伍永华等人 3 月 2 日挪用 180 万元资金，投标失败后，伍永华即于 3 月 31 日将 90 万元还清（2014 年 4 月 24 日 9 时 19 分至 24 日 12 时 55 分朝东市人民检察院《讯问笔录》第 11 页）。为了将剩余的资金归还到位，伍永华还从自己存折上取钱出来垫还。"我担心村级资金账户的钱借出来时间太久不好，就用自己存折上的钱还了 47.5 万元。"（2014 年 4 月 24 日 9 时 19 分至 24 日 12 时 55 分朝东市人民检察院《讯问笔录》第 13 页）在自己资金不够的情况下，伍永华还以自己的名义向黄理成借钱来还挪用的资金。"2010 年 4 月中旬，黄理成来领工业园村江边组征地款，我提出向他借 29 万元归还工业园村的征地款。"（2014 年 4 月 24 日 9 时 19 分至 24 日 12 时 55 分朝东市人民检察院《讯问笔录》第 13～14 页）最后，在 2013 年 5 月 11 日，伍永华将所有的借用资金全部归还。这些事实说明，伍永华开始并没有借用资金的意图，挪用后又千方百计归还挪用款项，集体资金没有受到损失。对于借用资金从事营利活动，案发前全部归还的，比照《最高人民法院关于审理挪用公款案件具体应用法律若干问题的解释》第二条（二）的规定，"在案发前部分或者全部归还本息的，可以从轻处罚；情节轻微的，可以免除处罚"。

本案案发前，2014 年 2 月 26 日朝东市纪委工作人员打电话给伍永华，希望他去工业园村民委员会办公室说明情况。伍永华接到电话后当即去了工业园村民委员会办公室，并且将挪用村民委员会资金情况向纪委工作人员作了如实陈述，纪委工作人员根据其陈述作了《调查笔录》。2 月 27 日伍永华还向市纪委

写了《检讨书》和《自我交代》，再次如实陈述了所有事实。2014 年 4 月 24 日朝东市检察院传唤伍永华，伍永华接到《传唤证》时当即到案向检察机关如实陈述了实情。依据《最高人民法院关于处理自首和立功具体应用法律若干问题的解释》的规定，伍永华的行为构成自首。《刑法》第六十七条规定："对于自首的犯罪分子，可以从轻或者减轻处罚。其中，犯罪较轻的，可以免除处罚。"

综上所述，伍永华的行为只是借用资金的行为，而不是挪用公款的行为，其主观恶性不强、人身危险性低，且具有法定从宽情节。辩护人恳请贵院本着以事实为依据、以法律为准绳的原则，依法对本案的事实作出客观的认定和定性，并对被告人从宽处理。

胡兵金融凭证诈骗案

基本案情

胡兵，男，1966年9月7日生，文化程度为大专，户籍所在地为××西江市华军区北苑小区2栋909室，系西江市中海贸易公司、西江海威电子铝箔有限公司、西江市华海贸易公司等公司的法定代表人。1993年2月，西江市中海贸易公司与西江市明楼区五交化公司、明州海卢有限公司合作成立了西江海威电子铝箔有限公司。该公司成立后，明州海卢有限公司与西江市明楼区五交化公司没有资金投入，只是由明楼区五交化公司和明楼区商业局以收取利息的形式共同借款3800万元给西江海威电子铝箔有限公司。同年5月，胡兵还投资注册成立了以其本人为法定代表人的西江市华海贸易公司，注册资金为800万元，主要经营电器机械及器材。自1993年以来，胡兵以西江海威电子铝箔有限公司或西江市华海贸易公司，或其个人的名义，先后向多家银行及单位借款数笔，共计人民币6335万元，债务未归还。此外，西江海威电子铝箔有限公司还向中国银行北华分行贷款291万多美元用于购买铝箔生产设备，亦未归还。胡兵为筹款偿还欠款及经营海威、华海两公司，找到其朋友罗亦凡，请他介绍在银行工作的朋友给其认识，以便能进行高息用资。尔后，罗亦凡便先后介绍了时任中国银行西江分行明楼支行中山路办事处副主任的被告人彭定国和时任中国银行西江分行明楼支行大德路办事处副主任的被告人周少平给胡兵认识。在此期间，胡兵还经人介绍认识了原为中国银行西江分行财务科职员的被告人周福生。胡兵与彭定国等人商定，以高息引资，用套取后变造的银行定期存单交换出资方活期存折的方法，借用出资款，事后向彭定国等人支付好处费。1996 年 4 月，胡兵通过周福生从陈语处拉来一笔 200 万元的高息存款。胡兵通过彭定国、周福生与出资方经办人商定好存款年利率为 25%，即付利差等存款条件。同月 15 日，彭定国以陈卫东的名义存 200 万元入中行西江分行中山路办事处，采用不打印存单的方式，套出空白银行定期存单一张，号码为：2286×××。随后彭定国将存单交给胡兵。4 月 20 日，胡兵指使他人在海威公司办公室把户名、"政务"、存款金额 200 万元及存款利率等内容打印在彭定国套出的空白存单上，再将存单交给彭定国拿回单位盖中山路办事处的公章、其本人及郑国华的私章。然后由周福生等人带出资方经办人到中山路办事处，由彭定国用变造好的定期存单换对方的活期存折，以中行名义吸存不入账。事后，胡兵与彭定国分别以海威公司和中山路办事处的名义签订借款协议，由彭定国将出资方存有 200 万元的活期存折交给胡兵支配使用，胡兵给彭定国支付好处费。在长达两年的时间中，胡兵通过同种方式从多个银行获得款项共计 20 798.46 万元人民币。此外，胡兵还与梁富华商议，利用梁富华的职务之便，先后挪用银行资金人民币 1 166.1 万元给其使用。事后，胡兵向银行工作人员彭定国、周少平、梁富华支付好处费共 373 万元人民币。胡兵将以上述方式所得的款项，绝大部分交由蓝格记入西江市华海贸易公司的资金来往之中，然后再以其个人名义用于支付高息利差、好处费，归还以往借款，作为海威、华海两公司的经营费用，并少部分用于个人生活等开支。

承办情况

　　本案二审阶段中，被告人胡兵的家属委托我所在的律师事务所指派我担任被告人胡兵的辩护人。在接受委托后，本辩护人立即与二审法院取得联系，复印全案案卷材料，并会见被告人胡兵。由于本案一审判决中认定被告人胡兵犯金融凭证诈骗罪，因数额特别巨大，被告人胡兵被判处死刑。在第一次会见时，被告人胡兵显得十分着急，担心二审法院维持一审判决被执行死刑。因此，要求本辩护人连续多次会见，以便将案件实情的来龙去脉完整、清晰地讲述给本辩护人听。在会见中了解案件真实情况的基础上，结合全案案卷材料，本辩护人从被告人胡兵的主观目的、客观行为的角度分析，被告人胡兵不构成金融凭证诈骗罪；在整个案件中，被告人胡兵并未起主要作用。当时的思路就是两个方面：一是否定被告人胡兵构成金融凭证诈骗罪，因为当时该罪法定刑中有死刑配置，如果被告人胡兵不构成金融凭证诈骗罪，就不会因此被判处死刑；二是否定被告人胡兵主犯作用，如果法院认定被告人胡兵构成犯罪，但属于从犯，也不会判处被告人胡兵死刑。

　　本案属于银行经营中的体外循环，是国有银行工作人员利用职务的便利挪用银行资金给单位使用。根据2002年《全国人民代表大会常务委员会关于〈中华人民共和国刑法〉第三百八十四条第一款的解释》的规定，国家工作人员利用职务上的便利，个人决定以单位名义将公款供其他单位使用，谋取个人利益的，为挪用公款"归个人使用"，可以构成挪用公款罪。本案即属于这种情况。公诉机关却没有指控银行工作人员挪用公款罪，只是指控受贿罪，而且没有指控银行工作人员与被告人胡兵共同犯金融凭证诈骗罪。这是一个自相矛盾的指控。作为辩护人，首先要反驳控方的指控，其次要将案件朝正确的方向引导，且不能指控自己的当事人。因此，在辩护中，本辩护人主要的辩护内容在于被告人胡兵不构成金融凭证诈骗罪，同时强调其在整个案件中不起主要作用。这是为整个案件作挪用公款罪处理作准备。也就是，如果法院最后将案件定性为挪用公款罪，被告人胡兵也不是主犯。挪用公款罪的最高法定刑是无期徒刑，如果案件定性为挪用公款，且被告人胡兵非主犯，则无期徒刑也不会适用于他。

本案最终的判决仍认定被告人胡兵构成金融凭证诈骗罪，但考虑案中被告人胡兵诸方面的情况，认为可以不立即执行，因而二审改为死刑缓期两年执行。从结果上看，达到了当事人保命的目的，但判决中对被告人胡兵等人行为的定性仍然值得商榷。二审判决生效后，被告人胡兵认罪服判，入狱服刑，没有提出申诉。

一、被告人胡兵不构成金融凭证诈骗罪

（一）被告人胡兵没有实施金融凭证诈骗的客观行为

一审判决书认定被告人胡兵在中介人拉来存款后，指使银行工作人员以变造或伪造金融凭证的手段为自己骗取资金，从而认定被告人胡兵有金融凭证诈骗的客观行为。我们认为，判决书的认定没有事实和法律依据。其理由如下。

1. 本案涉及的所谓的"金融凭证"并不是伪造的或变造的

本案涉及的金融凭证有两种：银行存单和单位存款证实书。单位存款证实书因其不是结算凭证而不能构成法律意义上的金融凭证。本案中的银行存单因式样和印鉴都是真实的，自然不存在伪造和变造的问题。理由如下。

（1）单位存款证实书不属于金融凭证

依据《刑法》第一百九十四条第二款的规定，"使用伪造、变造的委托收款凭证、汇款凭证、银行存单等其他银行结算凭证的"构成金融凭证诈骗罪。这说明该"金融凭证"指银行结算凭证，而非其他银行单据。而事实上，单位存款证实书只具有证明或事后检查的作用，不具有货币支付和清算作用，不是银行在结算中所使用的结算凭证。所以，不能将伪造的银行存款证实书认定为伪造的"金融凭证"。退一步讲，即使本案中的存款证实书属于金融凭证，被告人胡兵也不明知其所使用的单位存款证实书系王德权伪造的，故被告人胡兵虽客观上使用了伪造的单位存款证实书，但没有使用该伪造存款证实书的主观故意。

（2）本案中的银行存单也不存在变造的问题

1）存单是指在存款人和银行之间建立存款关系的凭证。只有建立了真实的存款关系才能开出真实的存单。认定存款人和银行之间是否存在存款法律关系的标准是存款人将款项交给银行、银行将存单交给存款人。在本案中，出资人（储户）将款项交付给银行，银行将银行存单交给出资人，那么出资人与银行之间就建立了真实的存款关系。即使银行交给出资人的银行存单与银行的电脑账不一致，也不能否认存单的真实性。这一点得到了《最高人民法院关于审理存单纠纷案件若干规定》和××省高院的认定。依据《最高人民法院关于审理存单纠纷案件若干规定》的解释和适用的规定：伪造或变造的存单是指当事人制作或当事人和金融机构工作人员串通制作，在样式和印鉴上有别于真实存在的存单。本案中的存单在样式和印鉴上均是真实的。××省高级人民法院生效的（2001）××法经一终字第 333 号、第 133 号民事判决书均确认出资人与银行之间存在真实的存款关系和本案涉及的银行存单是真实的存单。

2）在本案中，银行工作人员吴获、威海公司工作人员程程在空白存单上打印内容前，空白存单没有盖银行印鉴，故这些存单并不是真实、生效的存单，也就不存在在真实的存单上进行变造的问题。当吴获、程程按银行工作人员指示打好存单后，交给银行工作人员，由银行工作人员代表银行盖上银行印鉴和他们的私印，此时表明对存单内容进行了确认。也就是说，出资方拿到的存单是得到银行确认的真实存单，储户完全可以持该存单向银行取款，银行则负有见单即付的义务。这一点得到了××省西江市法经终字第 227 号民事判决书的认定。在该判决书中认定：银行工作人员在存单上盖章的行为属于职务行为，并判决银行对存单负有还本付息的义务。

2. 被告人胡兵并没有实施任何诈骗行为

所谓的"诈骗行为"是指虚构事实、隐瞒真相的行为。在本案中，被告人胡兵既没有对出资人（储户）也没有对银行实施任何虚构事实、隐瞒真相的行为。

（1）被告人胡兵没有对出资人实施诈骗行为，也不可能对出资人实施诈骗行为

其理由如下。

1）一审判决书既然认定出资人将款项交给了银行，银行将与款项一致、印鉴真实的存单交给出资人，那么出资人和银行之间就建立了存款关系。银行就对出资人的资金享有绝对的处分权，也就是说被告人胡兵不可能对本案中的出资人实行任何诈骗行为。

2）在本案中，当银行工作人员将这些印鉴真实、与款项一致的定期存单交给出资人时，出资人是明知自己的资金是没有进入银行的电脑账、这些银行定期存单内容与银行账不一致的，因为他们知道这些资金一旦进入银行的电脑账，就不可能由银行进行账外经营，从而自己也就不可能拿到高额息差。在这里，出资人唯一担心的只是银行工作人员交给自己存单中的样式、印鉴是伪造的而无法套取银行的信用。故在本案中银行交给出资人的那些样式、印鉴都是真实的，存单正是出资人所希望得到的存单，也就是说被告人胡兵对出资人根本就不需要用一审判决所认定的"用伪造的和变造的银行存单为手段"对出资人进行诈骗。辩护人现从以下几个方面阐述这个问题。

①1994—1998年，由于当时紧缩银根，企业很难从银行得到正常贷款，但当时社会闲置资金较多，所以在当时银行这种体外循环、账外经营的情况比比皆是。同时这种体外循环的用资人支付 20%～30% 的高额息差以及 10% 的好处费也是当时的一种惯例。因此一审判决书认定"被告人胡兵以高息为利诱，以支付银行工作人好处费为手段诈骗"是错误的，因为体外循环这种方式必定不是由被告人胡兵独创的，且威海公司支付的息差和中介费也符合当时的惯例。更何况当时相当多的资金是出资人主动找上银行和威海公司的，因此根本就不存在被告人胡兵以高息利诱之说。

②从案卷材料可看出，出资人中大多是银行工作人员或其他单位的财务人员，对于体外循环的做法，他们也相当熟悉。所以，他们均知道银行存单与银行电脑账不一致的目的不在于骗取他们的资金，而在于实现资金的体外循环。

③在出资人存款时，银行与出资人均在存款协议书上约定：出资人在存款期内不得提前支取、不得查询，也不能质押。从这些约定可以看出，出资人是明确知道其存入的款项没有进入银行的电脑账，而是在进行体外循环、账外经营。

④在本案中，银行工作人员均明确告知出资人其资金是用于账外经营，而没有进入银行的大账（电脑账）。这一点可以从涉案银行工作人员、中介人、出资人的讯问笔录中得以证实。

⑤有些存款到期之后在无法取出的情况下，出资人并没有向银行及时追款和向公安机关报案，而是与银行或威海公司重新办理存款延期手续，这也充分说明他们知道其存入的款项是在用于账外经营。他们也不愿意让银行或公安机关知道款项用于体外循环的真相，否则他们以此赚取高息利差的真相也会被其知晓。

这些均说明被告人胡兵与银行工作人员的账外资金体外循的做法并没有向出资人隐瞒真相或捏造事实，自然也不存在以高息为诱饵、支付中介费、使用伪造和变造的银行凭证进行诈骗的行为。

（2）被告人胡兵没有向银行隐瞒真相或捏造事实

在1996年，威海公司与银行达成高息用资的意愿后，由银行工作人员具体操作完成每笔非法用资。其具体操作如下：由银行工作人员或他人拉来存款→银行工作人员和出资人协商息差→银行工作人员利用职务便利套取并打印定期存单，并由银行盖上印鉴→银行工作人员用银行定期存单交换出资人的活期存单→银行工作人员代表银行与威海公司签订贷款协议→银行将息差扣除后将资金交给威海公司使用。由此，从整个过程进行来看，银行向威海公司非法借贷的意图很明确，银行也是按照这种意图操作的，银行在整个过程中一直处于主动地位，而被告人胡兵只能是被动地接受用资。所以，威海公司非法贷款并没有向银行捏造任何事实，也没有隐瞒任何真相，当然就不存在诈骗银行的问题。

（二）被告人胡兵主观上没有诈骗的故意即没有非法占有的目的

刑法上的非法占有和非法占用具有不同含义，占用并不是占有。

占有是指对所有权四项权能全部长久地侵犯，而占用是指暂时性地侵犯所有权中的占有或使用权能。在本案中判断被告人胡兵是以非法占有为目的还是以非法占用为目的的主观态度时，必须以其实施活动为基础，并综合考虑事前事中以及事后的各种主客观因素进行整体判断，从行为人的行为过程以及各个行为的环节着手，才能得出正确的结论。辩护人从以下几个方面论证被告人胡兵并没有非法占有的目的，其只是暂时性地使用这些资金。

（1）首先从事前来看，从被告人胡兵代表威海公司高息借款时的客观情况和目的来看，当时公司面临资金短缺而同时拥有前景极好的电子铝箔的项目和西江味精厂技改项目的情况下，为了渡过难关，被告人胡兵代表威海公司与银行协商采取体外循环的方式以获取高息的资金。因此事前被告人胡兵并没有非法占有贷款的目的，这一点也得到了一审判决书的认定。

（2）从被告人胡兵代表威海公司进行整个行为运作的过程来看，被告人胡兵也不具有非法占有资金的目的。被告人胡兵代表威海公司和银行协商采取体外循环的方式获取高息贷款并与银行签订借款合同，用这些高息贷款来运作经营威海公司的几个项目和归还以往的借款（包括到期高息贷款），通过这种方式来使项目运作起来和降低威海公司的负债率，以便已批准的银行贷款及时到位并用新的低息贷款来归还高息贷款。最后通过公司项目产生的利润来归还银行的低息贷款。正是基于这种思路，被告人胡兵代表威海公司与银行达成高息用资的意愿并在事后签订贷款协议，在取得体外循环的资金后将该笔资金用于电子铝箔工程，经营威海、华海公司，归还以往借款，支付中介费和高额息利差。高息贷款的资金走向可以充分反映出被告人胡兵当时极想使电子铝箔工程、西江味精厂及时投产并产生利润。而另外，被告人胡兵用高息贷款通过华海公司的账户来归还威海公司的借款和支付威海公司的经营费用的方式降低威海公司的负债率，以便使银行贷款及时到位和争取新的贷款，为此威海公司向银行办理了 1 亿多元的固定资金抵押手续，从而获得中国银行总行 800 万美元的贷款和 500 万美元贷款的承诺。另外中国农业发展总行已基本同意在 1998 年分两次借贷 5 000 万元给西江味精厂收购的项目。在这里不妨设想一下，如果按照被告人胡兵的经营思路正常运转下去，那么威海公司将能归还高息贷款，被告人胡兵也就不会成为今天的被告。

（3）从威海公司对款项的处理来看，被告人胡兵也没有非法占有的目的。从这整个事中的运作过程我们不难看出，威海公司将大部分资金用于投资和生产经营活动而只是将少量的资金用于个人生活（一审判决书也是这样认定的），在这里我们也不如设想一下，如果被告人胡兵明知没有归还能力而大量骗取资金的话，那么被告人胡兵还会用骗取的绝大部分资金去投资电子铝箔项目和收购西江味精厂吗？会用骗取的钱去偿还正常的借款和出资方的资金吗？

（4）从本案中被告人胡兵是否采取诈骗的手段来看，被告人胡兵也不具有非法占有的目的。金融凭证诈骗罪同其他类型诈骗罪一样，其落脚点都应当有诈骗的行为，如果行为人没有诈骗的行为，那么也就不存在以非法占有为目的。在本案中，被告人胡兵既没有对银行也没有对出资人实施任何诈骗的行为，故其也不具有非法占有的目的。

（5）从本案初露端倪及案发后被告人胡兵的行为来看，被告人胡兵并没有非法占有的目的。其实在 1996 年时被告人胡兵即明知公安知道威海公司在采取这种方式获取高息贷款，在这时候被告人胡兵不仅没逃跑，反而积极还款和继续将大量资金投入公司项目。如果当时被告人胡兵确实有骗取的故意的话，被告人胡兵难道不会携巨款逃跑吗？待到 1997 年下半年本案案发后至 1998 年 5 月差不多一年的时间内，在明知银行工作人员被抓时，被告人胡兵仍然在西江经营公司并继续投入几千万元的资金到项目中，归还几千万元的资金给银行和企业。如果一审判决书认定的"被告人胡兵准备假身份证明以便逃跑"是事实，那么被告人胡兵为什么还要将资金投入项目和归还借款呢？被告人胡兵为什么不会变卖巨额资产而携款逃跑呢？

（6）判决书以"事前被告人胡兵不顾其本人是否有偿还能力和事中明知没有归还能力而大量骗取资金"来推断被告人胡兵具有非法占有的目的，是没有事实依据的。下面就从两个方面来述说这个问题。

1）威海公司要以高息借用各银行的资金和威海公司最后不能偿还大量借款，是由很多不应有的客观不利因素和自己的经营决策错误造成的。而且，很多客观不利因素都是被告人胡兵无法预料的。

①由于政府的各种原因才造成了电子铝箔工程和西江味精厂技术改造无法及时产生利润，从而造成了被告人胡兵公司巨大的亏损。

②被告人胡兵花费了大量的精力和财力争取到了建行的几千万元贷款，但是建行西江分行属下的第二营业部出尔反尔，不兑现几千万元的贷款承诺，致使被告人胡兵公司的电子铝箔项目举步维艰，以及造成威海公司重大的经济损失。这也是被告人胡兵要用高息贷款的原因。

③中国银行西江分行以各种借口推迟贷款给威海公司使用，并擅自挪用威海公司的专项贷款 500 万美元去堵分行内部缺口，中国银行西江分行的这种违规行为，致使威海公司的 1 300 万美元贷款中的 1 000 万美元贷款无法及时到位。

④威海公司的各股东没有按照合作协议及时注入股金，致使威海公司面临资金严重短缺。

⑤被告人胡兵为了争取电子铝箔项目，占用和浪费了大量的宝贵时间和精力，致使被告人胡兵没有时间去经营公司原来效益相当好的贸易业务，从而造成了公司在贸易方面巨大的亏损。

⑥用现在眼光来看，被告人胡兵用支付高息利差的方式借款投建威海公司确实是一个决策性的错误。因为公司借到的资金期限最长的才一年，期限短的才三个月，还要提前支付出资人的巨额利差与经办人员的好处费，能够到手的也只有 60%左右。而在上次的投产尚未产生效益的情况下，还款期限已到。为了还款与投资，威海公司不得不以同样方式再次筹款，如此循环往复，致使债务像滚雪球一样越滚越大，形成恶性循环。这不但造成了威海公司建设周期的拖延，也造成了资金的巨大浪费和为应付出资人的追讨花费了被告人胡兵和公司的大量精力。对于这一点，被告人胡兵当时并没有意识到。当时从被告人胡兵看来，只要公司的运作不停止，就有投产出效益的这一天，大不了被告人胡

兵几年的时间白费了。对这个决策错误，被告人胡兵直到 1998 年 5 月才意识到。后来的事实也证明了被告人胡兵是无法使公司走上正轨的。最后，被告人胡兵在 1998 年 5 月主动放弃公司的经营。被告人胡兵事业上的失败是由于各种原因造成的，这与一开始就想"非法占有"的诈骗是完全不同的。

2）在当时，按被告人胡兵的想法，威海公司是可以偿还高息借款的，其依据如下。

中国银行总行已经批贷了 800 万美元给威海公司使用，并承诺再贷 500 万美元给威海公司。另外，中国农业发展总行在 1998 年中旬也准备分两次批贷 5 000 万元的固定资产贷款给被告人威海公司，再加上被告人胡兵的朋友李海军同意用威海公司收购的西江市味精厂作抵押，引进 1 亿元资金借给威海公司，这样威海公司可以得到 2.5 亿元的资金。其实威海公司电子铝箔项目再用 3 000 万元（包括 2 000 万元流动资金）即可建成投产，味精厂技改生产无毒农药再有 3 000 万元（包括 1 000 万元流动资金在内）即可投产。余下的近 2 亿元的资金可以作偿还高息贷款的资金。威海公司的电子铝箔项目上马后以及技改后的西江市味精厂的固定资产总额达 2 亿元，并根据这两个项目的可行性计划，这两个项目真正上马后可以产生几千万元的年利润。因此，在被告人胡兵看来，他完全可以偿还借款。

二、威海公司高息贷款的行为是单位行为，而不是被告人胡兵的个人行为

单位行为是指为了单位利益、通过单位领导或单位集体决定、以单位的名义实施的行为。单位行为的构成条件在于三个方面：一是经单位领导或单位集体决定实施；二是为了单位的利益而实施；三是以单位的名义实施。只有同时具备此三个要件，才能认定为单位行为，同时具备了此三个条件也就必须认定为单位行为。

下面就以此三个条件来分析案中被告人胡兵的行为，究竟是个人行为还是单位行为。

（一）威海公司高息贷款是经单位领导决定实施的

威海公司是由被告人胡兵经营的凯能中海贸易公司（后来的华海公司）、

凯能五交化公司和明州海卢有限公司合作成立的一家具有法人资格的公司。该公司的法定代表人是被告人胡兵，由被告人胡兵任董事长兼总经理，全权负责公司管理工作，其他合作者并不参与公司的经营与管理。被告人胡兵为了公司的利益代表公司所作的决定就是公司的决定。所以，为了威海公司电子铝箔项目能够顺利建设，高息贷款一事只需由被告人胡兵一人决定，无须与其他合作者商议。

（二）被告人胡兵是为了单位利益而实施贷款行为

被告人胡兵于 1992 年开始筹办生产电子铝箔的威海公司，聘请了相关专家进行了严格的论证，举办了可行性论证报告会，一致认为该项目前景好，潜力大。该项目于 1994 年被××省科委列为省级火炬计划，并被国家列为"八五"计划投资项目。国家计委和西江市计委均为威海公司向银行下达了贷款额度，共计 7 450 万元。中国建设银行总行同意为该项目贷款，并于 1995 年年初将贷款规模逐步下达到中国建设银行西江分行第二营业部。但由于贷款政策的变化，该贷款未能及时到达。这种情况下，被告人胡兵向中国银行西江分行申请贷款，中国银行总行于 1995 年和 1996 年分两次批准给被告人胡兵公司 800 万美元专项投资贷款。被告人胡兵用该款中的 300 万美元购买设备，其余的 500 万美元却被中国银行西江分行挪用。在贷款没有到位的情况下，被告人胡兵已将大量个人自有资金投入威海公司的前期建设筹备工作中。另外，威海公司其他三个股东也没有及时将合作协议股金注入。正是在这种情况下，为了使威海公司的电子铝箔项目能尽快建成投产，作为公司董事长和总经理的被告人胡兵只得另想其他办法，以获得公司建设的资金。这就是被告人胡兵采取支付高额贴息向银行借款的原因所在。高息贷款实在是被告人胡兵为了威海公司顺利建设不得已而采取的办法。在整个过程中，被告人胡兵并没有为其个人获得任何利益，相反，在威海公司的建设过程中，因为筹集贷款花费了过多的时间和精力，使其本来盈利情况很好的凯能中海贸易公司（后来的华海贸易公司）效益下降。

另外，从威海公司获得的资金用途来看，威海公司得到高息贷款后，将这些资金用于支付高息利差、银行经办人及中介人好处费、归还公司以往的借款、作为公司经营费用及个人生活开支（这些均在本案的一审判决书第 79 页作了认定）。支付高息利差、银行经办人及中介人好处费是威海公司在当时获得贷款资金的必要开支；将部分款项用于归还公司以往借款（这些以往的借款都投入了威海公司电子铝箔项目），及时归还到期贷款是威海公司保证信誉的基础；一部分资金用作威海公司的经营费用，这属于公司成立和正常运作的开支；将少量资金用于华海贸易公司是因为华海贸易公司是威海公司最大的股东，并且华海公司是威海公司经营运作的后盾，在 1996 年威海公司的账户统归中国银行管理，在经营中为了不被银行划走高息贷款，作为两家公司法定代表人的被告人胡兵不得不运用华海贸易公司的账户。在某种意义上华海贸易公司是为了更好地运作威海公司而成立的；将极少部分资金用于个人生活是因为被告人胡兵本人也要生存，他全身心投入威海公司的建设和华海贸易公司的经营中，不可能另有收入来源。所以，从资金运用的角度，贷款完全是为了单位的利益。

（三）被告人胡兵是以威海公司的名义而贷款的

被告人胡兵代表威海公司在每次和银行签订的贷款合同中，贷款乙方总是威海公司，而不是被告人胡兵个人。也就是说，在每次贷款中，被告人胡兵都是以单位的名义向银行贷款，从未以个人的名义与银行发生交易关系。那么被告人胡兵是否盗用了威海公司的名义？如前所述，威海公司是经工商部门登记的、具有法人资格的企业；被告人胡兵是威海公司的法定代表人，其他几个股东并不参与经营、管理。所以，被告人胡兵以威海公司的名义贷款并没有盗用威海公司的名义。被告人胡兵以威海公司的名义贷款，说明其贷款行为是"以单位的名义实施"的。

综上所述，既然被告人胡兵为了威海公司的利益，以威海公司的名义高息贷款属于威海公司单位行为，那么一审法院认定该行为是被告人胡兵个人的行为就违背了事实。同时基于该"个人行为"判决被告人胡兵死刑更是错误。即使将威海公司贷款行为认定为犯罪，也不能将单位犯罪行为作为自然人犯罪行为处理，更不能判处被告人胡兵死刑。

三、一审判决书中自相矛盾

（1）判决书中既然认定被告人胡兵"指使"银行工作人员彭定国、周少平等人使用变造或伪造的金融凭证为其骗取资金。那么这说明被告人胡兵与这些银行工作人员之间存在金融凭证诈骗的共谋，即他们之间存在共同的犯罪故意；同时这些判决书所认定的诈骗行为都是由银行工作人员利用职务完成的，依据《刑法》第二十五条的规定，如果认定这一"指使"行为，那么银行工作人员与被告人胡兵之间就存在共同犯罪行为。然而，在本案中承担金融诈骗刑事责任的只有被告人胡兵一人。显然这种判决违反了《刑法》关于共同犯罪的规定，也有悖于法律面前人人平等的基本原则。

（2）关于非法占有为目的的认定自相矛盾。判决书第 32 页认定被告人胡兵是为了筹款偿还欠款以及经营威海公司而采取非法高息用资活动，同时一审判决书还认定被告人胡兵有"拆东墙补西墙"的归还行为，这就否认了被告人胡兵具有非法占有的目的。但不知为什么一审判决书却在第 87 页又认定被告人胡兵是"为了非法占有他人的资金及非法使用银行公款"，这就否定了判决书前面的认定，转而将"非法占有"的目的强加于被告人胡兵。同时，"为了非法占有他人的资金及非法使用银行公款"本身也是自相矛盾的。因为被告人胡兵在全案中的行为性质是一致的，并不因"他人"或"银行"而异，同一性质的行为不可能有两种完全不同的目的。

（3）一审判决书认定诈骗对象也存在自相矛盾。一审法院认定了银行吸存不入账的基本事实。何谓吸存不入账？吸存不入账是指银行和出资人建立合法存储关系，只是该笔资金没有进入银行的电脑账，但该笔资金所有权属于银行。因此一审法院既然认定了银行吸存不入账的基本事实，那么被告人胡兵也就不可能诈骗出资人。这显然和一审判决书认定的诈骗对象不是银行而是他人（出资人）自相矛盾。

（4）一审判决书既然认定本案所涉及的银行存单系变造的，那么对于银行存单变造者也应当追究其变造银行存单的刑事责任。但在本案中，银行工作人员并没有受到这种追究。这似乎说明银行工作人员这种行为不是一种变造银行存单的行为。这两者之者，难道不存在矛盾吗？

（5）一审法院既然认定被告人胡兵有"拆东墙补西墙"的归还行为，那么被告人胡兵到底归还了多少？这种归还的资金理所当然地不应当算作其诈骗的数额。然而一审法院并没有将这些归还的数额查清，而是一揽子认定为被告人胡兵的"诈骗"数额，这显然也是自相矛盾。

（6）案中银行工作人员均被认定构成了受贿罪。什么是受贿罪？受贿罪是指国家工作人员利用职务便利非法收受他人财物，为他人谋取利益的行为。本案中，银行工作人员为他人谋取了什么利益？按照判决书来理解，是银行工作人员利用职务之便为威海公司办理了体外循环贷款。如果办理该贷款的行为是犯罪行为，那么银行工作人员就应当对此承担刑事责任，应当数罪并罚。但一审判决并没有认定银行工作人员构成金融凭证诈骗罪，也没有认定挪用公款的行为构成犯罪。这说明一审判决认为该办理体外循环贷款的行为，不是犯罪行为。既然贷款行为不犯罪，那么借款行为更不应当构成犯罪。为什么被告人胡兵却要承担金融诈骗的刑事责任？

四、出资人与银行之间是合法存储关系，威海公司和银行之间是一种借贷关系

理由如下。

（一）出资人与银行之间是合法存储关系

一审判决书认定被告人胡兵诈骗了客户的资金（判决书第 87 页："为了非法占有他人的资金"），这种认定是错误的。在本案中，当银行工作人员将定期存单交给出资人以换取其活期存单时，也就是说出资人将款项交给了银行，银行将存单交给了出资人（一审判决书也是这样认定的），那么出资人与银行之间就建立了一个合法的存储关系，出资人的该笔资金所有权从此时起便转移给银行。这点得到了最高人民法院《全国法院审理金融犯罪案件工作座谈会纪要》《关于审理存单纠纷案件的若干规定》的确认，即这种体外循环的资金是银行的资金，出资人和银行存在着合法的存储关系。这也得到了××省高级人民法院〔2000〕××高法民终字第 135 号生效民事判决书（第 8 页）的认定。所以，威海公司非法用资中不可能利用所谓的"伪造或变造的金融凭证"诈骗出资人的资金。同样也不会造成出资人任何损失，××省高级人民法院〔2000〕××高法民终字第 135 号生效民事判决书和××省高级人民法院

〔2001〕××法一终字第 333 号生效民事判决书均认定银行与出资人之间存在着合法的存储关系，且银行负有归本还息的义务。如果威海公司"诈骗"的是出资人的资金，那么银行为什么要归还出资人的本息？其实在一审判决书里面也多次认定了银行与出资人之间存在着"吸存不入账"的法律关系。

（二）威海公司和银行之间是一种借贷关系

本案中，在银行和威海公司达成以体外循环的方式非法高息用资的意愿后，余下的操作过程都是银行工作人员利用本身的职务完成的：银行工作人员和出资人协商息差→银行工作人员利用职务便利套取并打印定期存单→银行工作人员用银行定期存单交换出资人的活期存单→银行工作人员代表银行与威海公司签订贷款协议→银行扣除息差后将资金交给威海公司使用。所以，银行工作人员主导了整个非法用资的过程，而这些银行工作人员均是在各自的职务范围内行使职务行为，将所有权已经属于银行的资金贷给威海公司。也就是说，这些银行工作人员的行为代表的是银行的行为，不管这种行为是否真正符合法律规定的要求，都不能改变威海公司依据贷款合同取得贷款的基本事实。××省高级人民法院〔2000〕××高法民终字第 135 号生效民事判决书和××省高级人民法院〔2001〕××法一终字第 333 号生效民事判决书也作了如下认定：①案件性质为非法借贷关系；②银行工作人员的行为是职务行为；③银行和出资人存在存款关系；④银行和威海公司签订了借款协议；⑤银行指定威海公司为用资人（贷款人）；⑥银行向客户承担还本息的义务。这些均说明威海公司与银行之间存在着借贷关系。

五、被告人胡兵在非法用资中不起主要作用

一审判决书基于威海公司是用资人且造成了资金的损失，将所有的罪过归于被告人胡兵，这显然是客观归罪。理由如下。

（1）在 20 世纪 90 年代中后期，国家实行紧缩银根的政策，贷款十分困难，银行采取体外循环的方式进行贷款十分普遍，尤其是在西江。银行经办人高息吸收存出资人的资金以体外循环的方式借款给威海公司，是他们在罗亦凡的介绍下主动与被告人胡兵联系、调查和商谈的。调查和商谈的事宜主要有：调查威海公司实力、电子铝箔项目批文；协商威海公司还款的事宜；要求威海公司替银行支付高息利差给储户；告知如何办理体外循环贷款手续（在此之前银行工作人员已经以同样的方式与其他人有过体外循环贷款）；支付经办的银行工作人员 10%的好处费。所以，在威海公司高息借款中，被告人胡兵处于被动的地位。

（2）从银行与威海公司的关系上看，两者是借与贷的关系，银行处于主动地位。在当时银根紧缩的情况下，与借款人相比，银行更是处于绝对主动地位：贷与不贷、如何贷、贷多少完全由银行说了算，借款人根本没有讨价还价的余地。被告人胡兵在这种情况下不可能有能力指使银行工作人员为其服务。相反，是银行工作人员利用当时银根紧缩政策贷款难的时机，为自己谋取好处费而主动与被告人胡兵联系，希望利用当时流行的体外循环方式贷款给威海公司。

（3）在打印存单的过程中，银行工作人员确实使用了威海公司的打印设备，有的情况下被告人胡兵也确实在场，但不能据此认定被告人胡兵起了主要作用。因为使用于体外循环的定期存单不可能在银行的打印机上打印，而威海公司有打印机，所以双方为了体外循环贷款得以实现，选用了威海公司的打印设备。在打印时，存单的内容都是由银行工作人员指定的，并且由银行工作人把好质量关，在打印不符合要求的情况下，银行工作人员会要求他们重新打印。大量询问笔录和讯问笔录都表明了这一点。这说明，在打印中，起主要作用的不是被告人胡兵而是银行工作人员。

（4）套取的空白存单不是被告人胡兵指使的。体外循环必须套取空白存单，这些银行工作人员十分清楚。为了使体外循环得以实现，银行工作人员无须被告人胡兵指使便会主动套取空白存单。在案中，大量的情况是：银行工作员首先就套取好了数张空白存单（有的甚至是在与被告人胡兵接触以前，就套取了空白存单以供体外循环使用），等着使用。例如，周少平在 1996 年 9 月 22 日以杨东照的名义套取了空白存单（侦查卷第八卷第 49 页），而判决书中认定 1996 年 11 月至 1997 年 4 月，周少平才与被告人胡兵使用空白存单体外循环贷款。又如，彭定国要求孙志彪一次性套取空白存单 2 张以备用（侦查卷第九卷第 40、42 页）。

（5）从证据角度看，本案指证被告人胡兵指使银行工作人员的证据只有被告人胡兵在公安侦查中的供述，而没有其他证据。彭定国、周少平等银行工作人员均在供述中和庭审中否认自己是受被告人胡兵的指使，并承认自己是为了体外循环而采取那些手段。另外，被告人胡兵的供述是在特定环境下作出的，他对不是自己做的事情也予以承认。例如，周少平手写的存单和周少平在外面打印的存单，被告人胡兵均说是自己所写或打印的。

本案中真正的犯罪行为不是被告人胡兵借用款项的行为，而是银行工作人员为个人获取非法利益，以银行的名义将资金借给其他单位使用的行为，即银行工作人员利用体外循环将款项发放给被告人胡兵所在的单位。2002 年《全国人民代表大会常务委员会关于〈中华人民共和国刑法〉第三百八十四条第一款的解释》规定，国家工作人员利用职务上的便利，个人决定以单位名义将公款供其他单位使用，谋取个人利益的，为挪用公款"归个人使用"。本案中涉案的银行工作人员就属于这种情形。

综上所述，本辩护人认为被告人胡兵代表威海公司和银行一起进行非法用资活动，在主观上并没有诈骗的故意，在客观上也没有实施金融诈骗的行为。一审判决事实认定错误，案件定性错误。

霍文章侵犯商业秘密案

基本案情

　　霍文章，男，汉族，1970年3月19日生，文化程度为本科，户籍所在地为××省华阳市行政小区6栋303房，政治面貌为群众，无违法犯罪记录。霍文章原系华阳胜利实业有限公司（以下简称"胜利公司"）副总经理，主管技术研发与市场销售。2008年2月28日霍文章从华阳胜利公司辞职，与文某等人成立华阳成功化工有限公司（以下简称"成功公司"）。成功公司与胜利公司均是工业用胶的生产企业，均生产薄板复合胶、石材胶、玻璃胶等工业用胶，均主要销售给广东云浮、福建南安等批发市场。2008年12月，胜利公司向华阳市公安局报案称成功公司的CG008石材复合胶、CG108石材修补胶和CG608石材面胶涉嫌侵犯胜利公司的1888薄板复合胶、118裂缝修补胶和2666石材面胶的商业秘密，而且成功公司销售的对象亦为胜利公司销售的对象，造成胜利公司损失1亿多元。公安机关对霍文章等人以涉嫌侵犯商业秘密罪为由进行立案侦查，并对其采取拘留措施。在侦查阶段，公安机关委托多个司法鉴定机构对胜利公司的1888薄板复合胶、118裂缝修补胶和2666石材面胶是否属于商业秘密，成功公司的CG008石材复合胶、CG108石材修补胶和CG608石材面胶是否分别与胜利公司的1888薄板复合胶、118裂缝修补胶和2666石材面胶的配方相似，胜利公司的客户名单是否属于商业秘密，成功公司给胜利公司造成的损失等做了共八项司法鉴定。公安机关根据这些鉴定得出的结论，认定霍文章等人涉嫌侵犯胜利公司的商业秘密，造成胜利公司损失 148.88 万元，涉嫌构成侵犯商业秘密罪，后将案件移送检察机关审查起诉。

在侦查阶段，犯罪嫌疑人霍文章的家属委托我所在律师事务所指定我为霍文章提供法律服务。本人首先联系承办案件的公安机关，与办案人员交流，了解霍文章所涉罪名、刑事强制措施情况、案件进展情况等；其次会见因被采取逮捕措施而已经被押近两个月的犯罪嫌疑人霍文章，了解侦查人员讯问是否合法、刑事强制措施变更情况、是否受到非法待遇、霍文章对案件的看法与要求等。本人在了解案情的基础上写出《法律意见书》，强调犯罪嫌疑人不构成犯罪，并代犯罪嫌疑人申请取保候审。但办案人员认为，本案中犯罪嫌疑人从生产工业用胶的公司辞职，自己成立公司同样生产工业用胶，且销售给同样的客户，很明显是侵犯商业秘密，本案是铁案。而且当时正值全球金融危机，企业生产经营普遍困难，要帮扶企业发展，办案机关希望从快从重处理本案。在本案移送审查起诉后，本人继续担任被告人霍文章的辩护人。本辩护人到检察院复印全案案卷，并结合案卷中呈现的问题，在会见中向霍文章核实相关情况。本辩护人对案卷中的八项司法鉴定进行了仔细研究，发现八项司法鉴定均存在突出的问题。针对案中存在的问题，本辩护人写了《律师意见书》提交检察机关，将律师意见作了较为充分的表达。审查起诉人员认可本辩护人的意见，先后两次将案件退回侦查机关补充侦查。经侦查机关两次补充侦查，案件证据仍然达不到事实清楚、证据确实充分的要求。但由于本案中被告人被羁押近八个月，加之案外因素的影响，检察机关不愿意作存疑不起诉的决定。而案件已经退侦两次又不能再退侦，检察机关只好以霍文章等人涉嫌侵犯商业秘密罪向法院提起公诉。在一审开庭过程中，本辩护人申请法院通知鉴定人员就司法鉴定出庭接受询问，在庭审中，经本辩护人的询问，其中有司法鉴定人员当场向法院请求撤回司法鉴定结论，导致案件审理休庭。在休庭期间，公诉机关撤回起诉，一个月以后又以同样的案号、同样的案由、同样的被告再次向法院提起公诉。最终法院以霍文章等人构成侵犯商业秘密罪，对案中包括霍文章在内的四位被告人均免予刑事处罚。

本案处理中的核心问题是如何对司法鉴定进行质证。为达到追究霍文章等人侵犯商业秘密罪的目的，侦查机关先后请了多家司法鉴定机构做了八项司法鉴定，包括涉嫌被侵权产品的配方是否为商业秘密、指控涉嫌侵权的产品与被侵权的产品配方是否相同、客户名单是否为商业秘密、造成损失的具体数额等。对司法鉴定的质证包括鉴定人员是否合格、鉴定基础资料是否客观充分、鉴定过程是否合法、鉴定结论是否科学等。本案中的八项鉴定都存在着严重的问题，包括：多项鉴定中鉴定人员态度不端、专业能力不够，弄错鉴定名称、错误使用"竞业禁止"概念；鉴定中所依据的被害人提交的查新报告不客观，中立委托的查新报告没有审核员签字；技术秘密鉴定中缺乏涉嫌侵权单位的技术能力、科技研究资料；已经申报专利的技术信息仍然被认定为商业秘密；损失鉴定中没有剔除税收成本、鉴定中缺乏原始凭证；鉴定结论侵犯司法权，明确得出侵犯商业秘密的侵权结论等。侵犯商业秘密的刑事案件中，大多数公安机关在证据收集上经验严重不足，导致控方在庭审中极为被动。本案中，由于司法鉴定存在的诸多问题，法院基于现实在无法作无罪判决的情况下，只好对四个被告人均作免予刑事处罚的判决。

主要辩护观点

　　霍文章从胜利公司辞职后另行成立成功公司生产工业用胶，给人的感觉是霍文章等人侵犯了胜利公司的商业秘密，起诉书也指称霍文章涉嫌犯侵犯商业秘密罪。霍文章有没有侵犯胜利公司的商业秘密，不能从感觉出发，而应当基于事实和法律加以分析和判定。侵犯商业秘密罪是指行为人以盗窃、利诱、胁迫或者其他不正当手段获取权利人的商业秘密，或者非法披露、使用或者允许他人使用其掌握的或获取的商业秘密，给商业秘密的权利人造成重大损失的行为。行为构成侵犯商业秘密罪要求侵犯的是商业秘密。何为商业秘密？《中华人民共和国反不正当竞争法》（以下简称《反不正当竞争法》）第十条第二款规定，商业秘密是指不为公众所知悉、具有实用性并经权利人采取保密措施的技术信息、经营信息。商业秘密包括两方面的内容：一是非专利的技术秘密，二是经营信息。辩护人认为无论是非专利技术还是经营信息，霍文章都没有侵犯胜利公司的商业秘密，辩护人认为起诉书在主体认定和损失确定上也存在错误。

一、关于成功公司是否侵犯胜利公司的技术秘密问题

　　起诉书认为成功公司的 CG008 石材复合胶、CG108 石材修补胶和 CG608 石材面胶涉嫌侵犯胜利公司的 1888 薄板复合胶、118 裂缝修补胶和 2666 石材面胶的商业秘密。为了证明成功公司侵犯了胜利公司的技术秘密，侦查机关委托鉴定机构对所涉产品作了三项司法鉴定。这些鉴定分别是：清湖司法鉴定中心对华阳胜利公司实业有限公司的 1888 薄板复合胶、118 裂缝修补胶和 2666 石材面胶技术资料是否构成商业秘密进行鉴定；华阳市明诚司法鉴定中心就华阳成功公司生产的 CG008 石材复合胶，是否侵犯华阳胜利公司技术性商业秘密进行鉴定；浪州华美知识产权司法鉴定中心就胜利公司的 118 裂缝修补胶和 2666 石材面胶是否为技术秘密，成功公司的 CG108 石材修补胶和 CG608 石材

面胶配方是否与之相同作了鉴定。起诉书正是基于这些鉴定，认为成功公司霍文章等人涉嫌侵犯胜利公司的商业秘密。然而，这些鉴定均存在严重的问题，辩护人将逐一加以分析。

（一）关于胜利公司的 1888 薄板复合胶和 2666 石材面胶产品配方是不是商业秘密的问题

对于胜利公司的 1888 薄板复合胶、118 裂缝修补胶和 2666 石材面胶产品技术资料是不是商业秘密这个问题，×××市公安局聘请清湖司法鉴定中心作了《华阳胜利公司实业有限公司的技术资料是否构成商业秘密的鉴定》，但该鉴定存在严重缺陷，不能作为定案依据。

1. 关于胜利公司技术的秘密性问题

根据《反不正当竞争法》第十条第三款的规定，商业秘密的特性之一的技术信息不为公众所知悉，即该信息是不能从公开渠道直接获取。最高人民法院《关于审理不正当竞争民事案件应用法律若干问题的解释》第九条也规定：“具有下列情形之一的，可以认定有关信息不构成不为公众所知悉：（一）该信息为其所属技术或者经济领域的人的一般常识或者行业惯例；……（三）该信息已经在公开出版物或者其他媒体公开披露；……（五）该信息从其他公开渠道可以获得。”辩护人只要证明胜利公司上述产品的技术资料可以从上述方式中获取，便可以否定胜利公司上述产品技术资料的秘密性。

清湖司法鉴定中心在该鉴定意见中采用科技查新的结论，认为胜利公司的 2666 石材面胶和 1888 薄板复合胶的技术信息无法通过公开渠道直接获取。但其鉴定意见中又指出：“除该查新委托单位申报的专利外，目前尚未见与该查新项目以上技术特点相同的 2666 石材面胶的文献报道。”（鉴定第 34 页）这说明查新委托单位（胜利公司）就其所谓的商业秘密（2666 石材面胶）申报了专利。专利申请程序中要求申请人将技术信息公开以便进行实质性审查。既然 2666 石材面胶的技术信息已经在申报专利时公开，其秘密性问题从何谈起？该鉴定中一方面指出委托单位就相关技术申报了专利，另一方面又认定其秘密性，显然是自相矛盾的。

关于 1888 薄板复合胶秘密性的认定中存在同样的问题。鉴定书中指出：

"目前国内已有室内固化改性环氧胶……的文献报道，但目前未见与该查新项目以上技术特点相同的 1888 薄板复合胶的文献报道。" 1888 薄板复合胶是一种环氧胶。环氧胶在国际上已经有 60 年的生产经验，在国内亦有 40 余年的生产经验，其技术已经非常成熟、为相关领域人士所公知，环氧胶的生产技术已经是通用技术，生产企业完全可以通过公开渠道获得相关技术。而且胜利公司于 2006 年 3 月 16 日向国家知识产权局提交了"一种石材薄板复合胶及其制备方法"的专利申请，该专利申请就是 1888 薄板复合胶的专利申请，该专利申请公开了 3 年多时间，现在该申请已经被国家专利局驳回，未被授予专利权，其原因就是其技术没有新颖性。胜利公司委托的查新机构也查到了胜利公司"一种石材薄板复合胶及其制备方法"的专利申请。所以，1888 薄板复合胶的技术并不具有秘密性。

专利保护与商业秘密保护是两个完全相对的保护思路。对于一项技术，所有权人要么选择专利保护，要么选择以商业秘密加以保护，不可能既利用专利保护又以商业秘密为由加以保护。因为申请专利时要公开专利内容，就胜利公司的产品而言，就是要公开配方，让同业者对其进行实质审查，发现专利申请不具有独创性时，他人有权向专利主管部门提出异议。

专利申请时有权利主张，这些权利主张是对技术核心内容权利的主张，而不是对细枝末节的方面主张权利。胜利公司 2666 石材面胶和 1888 薄板复合胶的专利申请中，已经将配方公布，对配方要求主张专利权（当然胜利公司没有列举具体的原料名称，但从其专利申请权利主张中专业人士完全明白具体原料，否则等于没有公开配方，就不符合专利申请的公开条件）。胜利公司也只可能对 2666 石材面胶和 1888 薄板复合胶配方的核心部分主张权利，其生产过程中可能对原来的配方进行微调，但其产品的核心内容并没有变。这一点从胜利公司专利申请和其产品配方中可以清晰地看到。仔细对比鉴定中胜利公司的产品配方与专利申请中的配方（特别是鉴定书第 7～9 页），会发现两者没有实质区别。正因为如此，华阳市明诚司法鉴定中心 2009 年 11 月 5 日的鉴定书中认定"SK2666 的技术配方中的主要内容已经在发明专利申请［2］中公开"（鉴定书第 9 页）。

仔细核对成功公司的配方，我们可以明确地得出这样一个结论：成功公司的配方完全可以从专利申请的配方中得到！（但这并不说明成功公司用了胜利公司专利申请中的配方，因为其他渠道同样可以获得这些配方，只是为了说明胜利公司 2666 石材面胶配方不具有秘密性，才这样论证。）

成功公司 CG608 石材复合胶配方（略）

胜利公司"一种用于石材表面修补的双组分环氧树脂胶黏剂及其制备方法"专利申请中的配方（略）

从两个配方可以明确看出，成功公司 CG608 石材复合胶配方完全可以从胜利公司《一种用于石材表面修补的双组分环氧树脂胶黏剂及其制备方法》专利申请中的配方中得出。原因在于两者均在 A 胶配方中使用了××，均使用××作为稀释剂。B 胶配方中均使用了××固化剂。最后专利书中，A、B 组分的配比为××，CG608 石材复合胶配比同样为××。实际上，成功公司还使用了自己的固化剂，××。根据华阳明诚司法鉴定中心的鉴定，该固化剂由 IPDA、AGE、E–51 和苯甲醇配制而成，属于一种改性脂环胺固化剂，有自身的优点（鉴定第 29 页）。

胜利公司 1888 薄板复合胶的配方（明诚司法鉴定中心在进行司法鉴定时采纳的配方）和其公开的《一种石材薄板复合胶及其制备方法》专利中的产品配方进行比较。

通过比较看出，A 组分专利使用的环氧树脂为××、××，都是通用型的双酚 A 环氧树脂，专利中用××做增韧剂，其价格要比××高很多，固化后光泽度要高一些；两者都使用活性稀释剂，专利中使用单环氧基化合物，而 1888 薄板复合胶使用的 662 是一种××稀释剂，和××稀释剂基本性能一样，只是 662 带有××，固化物的分子量要大些；1888 薄板复合胶和专利中都添加了 50%的××；在专利中使用了××屏蔽剂，1888 薄板复合胶中没有；在 1888 薄板复合胶中添加有气相和××剂而专利中没有提到，这些都不参与固化反应，为非关键组分，业内人士都知道根据一些实用要求来调整。综上所述，1888 薄板复合胶的 A 组分和专利中提到的 A 组分制备方法，两者具有等同性。

对比 B 组分：专利中提到了改性胺的制备，是异弗尔酮二胺××和二乙烯基三胺××用缩水甘油醚改性，而 1888 薄板复合胶中用到的 5953 就是××改性固化剂，5100 为××改性固化剂，2011 也是一种××固化剂；两者都使用了促进剂，专利用××，1888 使用××，两者都是常用的促进剂，两者没有本质区别；两者都使用了××填料，它们作用相似都不参与反应；在专利中使用××偶联剂，而在 1888 配方中将偶联剂××加入 A 组分中，这是由于××含有氨基，只能放在 B 组分中，××含有环氧基，只能放在 A 组分中，两者在胶黏剂中所起的作用是一样的，没有本质的区别；1888 中还用到气相，而专利中没有提到气相，而气相在体系中只是起到防沉降、防流挂的作用，加与不加气相对胶黏剂体系没有本质的改变。因此专利中提到的 B 组分制备方法涵盖了 1888 的 B 胶配方，两者具有等同性。

通过对 A、B 组分的对比分析，我们不难发现专利《一种石材薄板复合胶及其制备方法》涉及的配方与 1888 薄板复合胶实质相同。

另外，为了查清胜利公司 2666 石材面胶和 1888 薄板复合胶的配方是否具有公开性，本辩护人于 2009 年 10 月委托中国化工信息中心（×××市公安局最后一次司法鉴定也是委托此查新机构）对胜利公司 2666 石材面胶和 1888 薄板复合胶是否为新技术、是否有相同技术或类似技术进行了查新。该查新机构于当年 11 月出具了《科技查新报告》。2666 石材面胶的《科技查新报告》明确表明："委托方提供的'2666 石材面胶'包含双××添加××、××或它们的混合物，使用××、××或它们的混合物等技术要点，国内已有报道"；1888 薄板复合胶的《科技查新报告》明确表明："委托方提供的'1888 薄板复合胶'包含双酚 A 环氧树脂中加入××，使用××、××或它们的混合物，选用不同规格××、××作为填料等技术要点，国内已有报道。"这说明×××市公安局认可的中国化工信息中心的《科技查新报告》，也表明胜利公司 2666 石材面胶和 1888 薄板复合胶的配方国内刊物已有报道，其配方完全丧失了秘密性。

既然胜利公司的 2666 石材面胶和 1888 薄板复合胶技术不具有秘密性，而缺乏秘密性其技术就不是商业秘密。

2. 关于鉴定态度的严谨性和可采性问题

司法鉴定结论作为法庭使用的证据，应当科学，而要得出科学的结论，鉴定过程中鉴定人员就应当有严谨的态度。但在清湖司法鉴定中心出具的〔2009〕知鉴字第 2 号的鉴定书却存在一些鉴定人员不应当犯的错误。

（1）关于华阳胜利公司的称谓问题

该公司到底是"华阳胜利公司实业有限责任公司"还是"华阳胜利公司实业有限公司有限公司"（鉴定第 32 页）或是"华阳胜利公司"（鉴定第 33 页）？一份司法鉴定出现了三个公司名称，它们是不是同一个公司？如果不是，那么霍文章涉嫌侵犯的是哪家公司的商业秘密？如果是，为什么有不同的名称？这是不是鉴定人员的素质或态度问题？这种司法鉴定有何公信力？

（2）该司法鉴定中出现了用语、用词的错误

司法鉴定第 36 页有这样一句话"并且在保密合同书中还有'竞业禁止'的相关规定"。什么是"竞业禁止"？具备一定的法律素养的人都知道合同法理论中有"竞业禁止"或"竞业限制"一说，但从来没有人说"竟业禁止"。所谓"竞业"是竞争业务的简称。该司法鉴定中出现了"竟业禁止"，是鉴定人员不熟悉相关业务还是疏忽？如果不熟悉业务，就没有能力作出有效的司法鉴定；如果是疏忽，就不符合司法鉴定人员审慎的执业要求。

本辩护人认为公诉机关基于清湖司法鉴定中心《华阳胜利公司实业有限公司的技术资料是否构成商业秘密的鉴定》认定胜利公司的技术属于商业秘密，完全不能成立。

（二）成功公司 CG008 石材复合胶有没有侵犯胜利公司 1888 薄板复合胶的商业秘密

基于上述分析，既然胜利公司的 2666 石材面胶和 1888 薄板复合胶技术不具有秘密性而不是商业秘密，成功公司就不存在侵犯胜利公司的商业秘密这一问题。但为了进一步论证这一结论，本辩护人愿意深入分析。

2009 年 7 月 30 华阳市明诚司法鉴定中心接受×××市公安局的委托，就成功公司生产的 CG008 石材复合胶是否侵犯华阳胜利公司技术性商业秘密进行鉴定，并于 2009 年 8 月 30 日得出华阳市明诚司法鉴定中心〔2009〕知鉴字

第 011 号司法鉴定书。本辩护人认为该鉴定书存在以下问题。

1. 鉴定材料和相关资料不全面

该司法鉴定书中所使用的鉴定材料及相关资料共 18 份。这些鉴定材料及相关材料只反映了胜利公司技术研发情况，没有资料反映成功公司的技术研发情况。对于产品技术而言，研发人员、设备、研发过程等都非常关键，鉴定中根本就没有关于成功公司产品研发人员、设备和研发过程的相关资料。鉴定材料中有关于胜利公司产品研发记录，却没有收集成功公司的产品研发记录；而且鉴定中，鉴定人员曾赴胜利公司进行现场勘察，收集胜利公司产品研发证据，却没有来成功公司现场勘察、没有收集成功公司的产品研发证据，对成功公司实验、生产情况完全没有了解。这很容易得出成功公司没有产品研发，只能侵犯其他公司技术秘密的结论。本鉴定中，公安机关在委托鉴定的程序中缺少犯罪嫌疑人抗辩的环节，鉴定仅仅依据权利人单方的主张和证据进行，但鉴定人员依据一方的证据而作出客观的鉴定结论是困难的，尤其是判定技术秘密是否侵犯他人的技术，必须有对方的抗辩证据，才能作出对比，否则只能得出片面的鉴定结论。实际上，成功公司成立前霍文章就与华阳化工研究院的技术人员周某工程师取得联系，请他为即将成立的公司提供产品配方。公司成立后即成立了自己的实验室，招聘技术人员、购买实验设备，承担公司技术实验开发工作，同时成功公司还聘请了华阳化工研究院的周某、平化的总工宋虎威、空军某工厂高工方某等专家为技术顾问，指导成功公司的产品研发（案卷材料第 55 页）。周某不是成功公司的员工，但本案案发前他在成功公司领取了 8 个月工资，每个月 1 600 元（这相当于股东的工资），并领取了 3.5 万元奖金。这说明周某为成功公司作了贡献，否则成功公司为什么要支付工资与奖金？那么，周某能给成功公司作什么贡献？他是技术人员，当然是技术上的贡献。周某自己承认给成功公司技术指导、负责固化剂的开发、给成功公司配方（包括 CG008 石材复合胶、CG608 石材面胶、CG108 石材修补胶的配方），产品被销售商、客商退货后对固化剂进行调整（在其"情况说明"中，周某更是明确说了 2007 年七八月间给成功公司提出了第一个配方），更是直接说明了周某在成功公司技术开发中的主导作用。从 9 月 19 日的证言中，周某再次强调自己提供产品研发思路、负责固化剂开发，2008 年三四月间 CG008 石材复合胶研制出来（这些证言与案中犯罪嫌疑人的说法可以相互印证）。鉴定中公安机关没有向鉴定机构提交这些资料，鉴定机构自然无法得出对成功公司产品研发实力的正确判断，也就会得出成功公司侵犯胜利公司技术秘密的结论。

2. 鉴定内容单一

在该司法鉴定中，鉴定组对于成功公司 CG008 石材复合胶和胜利公司 1888 薄板复合胶两种产品等同性的鉴定只涉及两种产品的配方，比较了两种产品的成分。环氧胶产品的等同性问题并不是只要考虑胶成分材料，这些成分的含量、组成、产品物理性能和力学性能差异等，都是决定产品等同与否的因素。但该司法鉴定中只是鉴定了两种不同的配方，其鉴定结论基于不全面的信息，所以得出的结论不科学。而且环氧胶从来就不是胜利公司独有产品，胜利公司不是唯一掌握环氧胶生产技术的公司，市场上与胜利公司 1888 薄板复合胶产品同类的产品很多，生产环氧胶的公司也到处都是。所以，环氧胶生产中的工艺除核心材料和技术外，许多成分是公知的、通用的。不能因为不同公司同类型产品中有相同成分就认为是产品等同，更不能说是侵权。

3. 鉴定中忽视产品核心技术 CG111 的作用

CG111 是成功公司的独自开发的核心技术，效果好，性能优越于胜利公司的固化剂，是 CG008 石材复合胶产品迅速占领石材胶市场的关键。成功公司的 CG111 与市场上的固化剂完全不同。核心技术的独创性就决定了 CG008 石材复合胶配方的独创性。鉴定结论没有考虑 CG111 的独创性，没有考虑 CG111 在配方组成中的关键作用。

在该司法鉴定中，鉴定人员认为胜利公司 2005 年至 2007 年使用过与 CG111 类似的固化剂，CG111 性能比 1888 薄板复合胶的固化剂差。什么是"类似"的固化剂？该司法鉴定中没有列举"类似"固化剂的成分，我们无从对比 CG111 与 1888 薄板复合胶的固化剂，该司法鉴定书中也没有说明 1888 薄板复合胶的固化剂为什么比 CG111 优越，没有参考任何资料也没有进行任何分析论证，就得出 CG111 的性能比 1888 薄板复合胶的固化剂差，显然是十分唐突和武断的。

167

4. 鉴定中使用了案件当事人委托查新的查新报告

本鉴定中，鉴定机构采信了胜利公司提供的 1888 薄板复合胶查新报告，并基于该报告得出胜利公司的 1888 薄板复合胶产品配方为商业秘密。我们认为，鉴定机构应当是一个中立的机构，对采信资料的真实客观性应当进行审查，对鉴定材料不真实、不完整、不充分或者取得方式不合法的（《司法鉴定程序通则》第十五条第二项）鉴定机构不能受理。胜利公司是本案的利害关系人，其委托的查新报告不具有客观性，鉴定机构应当自行委托查新机构对胜利公司 1888 薄板复合胶进行查新，而不是简单认可、接受案件当事人委托的查新报告。很多证据证实，胜利公司 1888 薄板复合胶配方是公知技术。

5. 从"竞业禁止"推导侵犯商业秘密的结论偏颇

该鉴定认为，成功公司中的部分成员违反"竞业禁止"的规定，侵犯胜利公司的技术性商业秘密。霍文章确实原为胜利公司员工，分别签订了劳动合同或签订了责任书，其中有关于"竞业禁止"的条款，但其经济补偿的规定是不公平的。《中华人民共和国劳动法》规定：对负有保密义务的劳动者，用人单位可以在劳动合同或者保密协议中与劳动者约定竞业限制条款，并约定在解除或者终止劳动合同后，在竞业限制期限内按月给予劳动者经济补偿。胜利公司规定保密费已在工资中给付，而实际上是每月 10 元，显然是极低的，这与没有经济补偿没有质的差别，该责任书违反民法中的公平原则，该竞业限制的规定无效。

成功公司的员工从胜利公司出来后从事同类业务，并没有侵犯胜利公司的技术秘密。从胜利公司出来是因为胜利公司的经营管理方式存在问题，他们对胜利公司的前景没有信心，他们对环氧胶业的前景、效益有比较深入的了解，对行业熟悉，所以就成立了成功公司通过自己的研发，生产自己的产品。违反竞业禁止的规定和侵犯商业秘密是两个不同的概念，两者不能画等号！

6. 鉴定结论与商业秘密的定义特征相违背

商业秘密，是指不为公众所知悉、具有商业价值并经权利人采取相应保密措施的技术信息、经营信息等商业信息。因此商业秘密包括两部分：非专利技术和经营信息。具有商业价值是商业秘密的重要特征。该司法鉴定认为：

××、××、××配制而成，其成本低，性能比 1888 薄板复合胶的固化剂差，胜利公司在 2005 年至 2007 年也使用过种类似的自配固化剂，现在已基本改用 5100、5953 等。如果真如鉴定意见书所指，成功公司合成的 CG111 与 1888 薄板复合胶原使用的固化剂存在类似性，既然胜利公司认为类似的固化剂性能差而弃用，说明这些对胜利公司没有过实用性、无法给胜利公司带来经济利益，那这些就不是商业秘密。所以，即使如该司法鉴定书所说，也不存在侵犯商业秘密的问题。

7. 鉴定结论侵犯了司法权

该鉴定结论认为："成功公司生产的 CG008 石材复合胶和胜利公司的 1888 薄板复合胶两者具有等同（相似）性，已经侵犯了胜利公司的技术性商业秘密。"鉴定结论是一种证据，与证人证言等证据一样，是定案的依据；但鉴定结论与证人证言一样，只能确认事实，至于事实性质的认定则是法官的权责范围。可以说张某看见李某杀了人，但张某行为是否属于侵犯他人生命权的故意杀人罪，则要经法官依据证据和法律加以认定。案中，该司法鉴定结论"认定"成功公司已经侵犯了胜利公司的技术性商业秘密，显然是错误的。成功公司是否侵犯了胜利公司的商业秘密是法院认定的事，不是司法鉴定确认的事。

（三）关于成功公司 CG608 面胶、CG108 石材修补胶是否侵犯胜利公司 2666 石材面胶、118 裂缝修补胶商业秘密问题

2009 年 12 月 31 日浪州华美知识产权司法鉴定中心就华阳胜利公司被侵犯商业秘密案中有关技术问题出具了鉴定意见。鉴定意见涉及两个产品的问题：一是 CG608 石材面胶是否侵犯胜利公司 2666 石材面胶；二是 CG108 石材修补胶是否侵犯胜利公司 118 裂缝修补胶。辩护人认为，该鉴定书存在以下方面的问题。

1. 关于公知技术信息检索报告方面存在的缺陷

知识产权司法鉴定机构对商业秘密方面的鉴定，通常是先委托科技查新机构对权利人的技术性商业秘密进行查新，从而得出权利人的技术性商业秘密是否为非公知技术信息。

当然，浪州华美在鉴定过程中，也委托中国化工信息中心（以下简称"化工信息中心"）对本案涉及的技术信息进行查新，但该中心的检索报告存在以下缺陷。

（1）化工信息中心的查新报告在形式上不符合《科技查新规范》的形式要求

我国《科技查新规范》第6条规定："查新人员，对一项查新事务，查新机构应当确定专职查新员和审核员。"因此，查新机构接受查新委托后，对于需要进行的查新事务，应当指定查新员和审核员，接受指定的查新员完成查新后，交由审核员进行审核后，再向委托查新人出具查新报告。但化工信息中心的查新报告的签名处只有查新员的签名，而无审核员的签名，显而易见，化工信息中心出具的查新报告在形式上不符合《科技查新规范》的规定。

（2）化工信息中心的查新报告无明确的查新结论，不符合《科技查新规范》关于查新报告的要求

我国《科技查新规范》第9.2条第6项规定："查新结论应当客观、公正、准确、清晰地反映查新项目的真实情况，不得误导。查新结论应当包括下列内容：①相关文献检出情况；②检索结果与查新项目技术要点的比较分析；③对查新项目新颖性的判断结论。"依据规定，申请人将化工信息中心出具的三份查新报告（报告的编号分别是：js2009-288，js2009-289，js2009-290）的查新结论进行比照，比照的结果是：①无检索结果与查新项目要点的技术比较；②无对查新项目新颖性的判断结论。通过比照，显而易见，化工信息中心出具的三份查新报告的结论不符合《科技查新规范》关于查新结论的要求。

（3）化工信息中心出具的三份查新报告，不具有法律效力

我国《科技查新规范》第9.2条第9项规定："有效的查新报告应当具有查新员和审核员的签字，加盖查新机构专用章，同时对每一页进行跨页盖章。"依据这一条文规定，申请人详细阅读了化工信息中心出具的三份查新报告，但三份查新报告的查新员签字的地方只有查新员的签字而无审核员的签字，这就足以说明，化工信息中心出具的三份查新报告由于没有审核员的签字，依据前述的《科技查新规范》的规定，不具备法律效力。

2. 鉴定对象选择错误

从事鉴定的人员都知道，被鉴定物如果是实物和其相关的文字、图纸、影

像等资料共存时，应当鉴定实物。

就本案而言，×××市公安局从成功公司生产现场和广东云浮市场查收的共七个产品实物。2009 年 9 月 18 日在×××市公安局四楼经侦办公室，华阳市明诚司法鉴定中心鉴定人员、公安办案干警、胜利公司代表（利某等四人）、成功公司代表（文等二人）等共同见证下，将七个产品分装到 28 个小样品瓶中（7 个产品，A、B 胶共 14 种，每种 2 瓶），并分别在小样品瓶口贴上封条，封条上有胜利公司代表和成功公司代表的签字，并加盖公安经侦队公章，此后 7 个产品 14 个样品由华阳市明诚司法鉴定中心鉴定人员和胜利公司代表共同赴上海，送交上海高分子测试中心进行检测，该所于 2009 年 9 月 28 日出具了检测报告。该检测报告非常清楚地列举了每个样品的化学成分组成。该份检测报告分析的成分与成功公司产品的真实配方是相吻合的。这些样品也是成功公司销到市场上的产品，既然×××市公安局认为成功公司产品涉嫌侵权，那么×××市公安局就应当将产品检测报告中的配方送浪州华美知识产权司法鉴定中心，而不是将工人手抄的配方送鉴定中心。我们相信任何一家公正的、负责任的鉴定机构，都会选择这份检测报告的配方内容作为鉴定对象，但是，让人十分诧异的是，浪州华美知识产权司法鉴定中心的鉴定人员对上海高分子测试中心这份具有权威性和真实性的检测报告视而不见，反而将工人手抄的配方与胜利公司产品配方进行对比。

浪州华美知识产权司法鉴定中心出具的鉴定意见，其鉴定依据对象（配方不是我们真正的生产配方）是一张公安人员在成功公司生产现场查抄的生产工人随手写的操作记录。该操作记录只是真实生产配方的一部分内容而已，从保密的需要出发，真正的生产配方现场操作工人是不掌握的。操作工人只是根据技术人员的指示按我们的内部标注的化工原料配比生产而已。

这不得不让人怀疑其出具的鉴定意见的科学性、公平性和真实性。一个将鉴定对象都选择错误的鉴定报告，其鉴定结论肯定也是错误的！

华阳市明诚司法鉴定中心鉴定与浪州华美鉴定中产品成分差异（华阳市明诚司法鉴定中心鉴定中用的是上海检测分析成分）（略）

华阳明诚司法鉴定中心鉴定中的成功公司 CG608 配方（鉴定第 28 页）（略）

浪州华美司法鉴定中的成功公司 CG608 配方（鉴定第 11～12 页）（略）

明显可以看出，华阳明诚司法鉴定中心鉴定中的成功公司 CG608 配方有自己的原料 CG1581，华阳明诚司法鉴定中心的鉴定书中明确指出："成功公司 CG608 使用了自己研制开发的 CG1581 固化剂。"（鉴定第 28 页）但浪州华美的鉴定中却没有该原料。

华阳明诚司法鉴定中心鉴定中的成功公司 CG108 配方（鉴定第 30 页）（略）

浪州华美司法鉴定中的成功公司 CG108 配方（鉴定第 11～12 页）（略）

从两个列表中可以看出，华阳市明诚司法鉴定中心鉴定中有 D-230 成分在浪州华美鉴定中却不见了。而且华阳明诚司法鉴定中心的鉴定中还明确指出："成功公司 CG108 多使用了××固化剂，××为××固化剂，而 IPDA 属××固化剂，二者是不同类型的固化剂，其性能和作用也有差异"。

3. 鉴定结论错误

该鉴定结论认为成功公司上述两个产品与胜利公司相关产品配方相同，但根据该鉴定书技术分析所述，辩护人可以十分明确地得出成功公司的产品与胜利公司类似产品的配方不同的结论。

成功公司生产的 CG108 石材修补胶和 CG608 石材面胶两种产品都是其自主研发的，B 胶中的固化剂是成功公司自主研发的，具有自主的知识产权，这一点从证人出具的证据中可以明确。CG108 石材修补胶和 CG608 石材面胶两种产品与胜利公司 118 裂缝修补胶及胜利公司 2666 石材面胶配方有本质的区别，一般技术人员可以显而易见得出配方不同的结论，但该鉴定中的专家却得出了违反科学规律的结论。

根据鉴定中对比的两家公司的生产配方和胺类固化剂用量计算公式：W=环氧值×胺的分子质量/胺分子中活泼氢原子数，可以分别计算出胜利公司的 2666 石材面胶每克 B 胶理论所需 A 胶为××克，而胜利公司 2666 石材面胶采用配比为××，则可以推算出其采用的固化剂用量修正系数为××；同样成功公司的 CG608 石材面胶每克 B 胶理论所需 A 胶为××克，而成功公司的 CG608 石材面胶采用配比为××，则可以推算出其采用的固化剂用量修正系数为××。比较发现两家公司配方设计中采用的固化剂用量的修正系数根本不同，因此鉴定第 14 页"作为本领域的公知常识，成功公司 B 胶用量可依据理论计算和经验，减少胜利公司 B 胶用量就能够满足固化剂的用量要求"这句话不严谨。事实也并非如此，就如鉴定中第 6 页所说"研发出一项能够稳定使用并特定应用于石材修补领域的胶黏剂配方，一般需要技术人员根据胶黏剂产品的性能要求进行整体研制，并需经过大量实验验证和不断完善才能最终确定"。

再者，为了确认胜利公司的两种产品配方是否为公开信息，鉴定机构委托中国化工信息中心进行技术信息检索，该中心出具了检索报告和查新报告，118 裂缝修补胶的检索报告称"通过国内外专利及非专利文献的检索，查到相关文献 100 篇，其中国内文献 15 篇，国外文献 85 篇"；2666 石材面胶的查新报告称"通过国内外专利及非专利文献的检索，查到国内相关文献 15 篇，国外文献 32 篇，共 47 篇"。这两份报告明确表明查到了相关文献，而鉴定机构却完全不顾事实，认定 118 裂缝修补胶的检索报告和 2666 石材面胶的科技查新报告中，公开文献与胜利公司的产品配方没有相同或实质相同的内容记载。为证明胜利公司产品不具有秘密性，辩护人曾委托中国化工信息中心（与鉴定委托的机构相同）对胜利公司 2666 石材面胶进行科技查新，《科技查新报告》得出的结论是："委托方提供的'2666 石材面胶'包含双酚 A 环氧树脂添加丁基缩水甘油醚、苯甲醇或它们的混合物，使用脂肪胺，改性脂肪胺或它们的混合物等技术要点，国内已有报道。"如果说浪州华美知识产权司法鉴定中心委托中国化工信息中心检索时，检索机构说得还不明确的话，本辩护人委托化工信息中心进行的科技查新报告就说得十分明确了。

既然胜利公司的 118 裂缝修补胶和 2666 石材面胶的配方均是公开的信息，为什么说成功公司侵犯了胜利公司的商业秘密呢？

二、关于成功公司是否侵犯胜利公司的经营信息问题

2009 年 4 月 3 日清湖司法鉴定中心接受×××市公安局的委托，对华阳胜利公司的"客户信息""营销策略、方式"等信息资料是否符合商业秘密构成要件进行鉴定，并于 2009 年 4 月 22 日得出鉴定结论，认定华阳胜利公司的"客户信息""营销策略、方式"等信息资料构成经营性商业秘密。

商业秘密，是指不为公众所知悉、具有商业价值并经权利人采取相应保密措施的技术信息、经营信息等商业信息。该鉴定在鉴定秘密性时认为胜利公司的上述信息"不能从公开渠道直接获取"，故具有秘密性。这说明鉴定者认为如果成功公司的人员能从公开渠道直接获取这些信息，这些信息就不具有秘密性，只有能从公开渠道获取的信息才不具有秘密性。这一认定违背了最高人民法院于 2006 年 12 月颁布的《关于审理不正当竞争民事案件应用法律若干问题的解释》的规定（该鉴定中鉴定者依据的是 1998 年国家工商行政管理局的规定和答复，根本没有引用最高人民法院最新的本解释）。该《解释》对"不为公众所知悉"作了解释，并明确规定具有下列情形之一的，可以认定有关信息不构成不为公众所知悉："（1）该信息为其所属技术或者经济领域的人的一般常识；……（3）该信息已经在公开出版物或者其他媒体上公开披露；（4）该信息已通过公开的报告会、展览等方式公开；（5）该信息从其他公开渠道可以获得。《解释》并没有强调只有"直接获取"的信息才不是秘密信息。"

我们来看看与本案直接相关的胜利公司的"客户信息"是否应当鉴定为商业秘密。从案卷材料看，胜利公司确实要求加强对客户信息的保护。但问题的关键是，这些客户是不是只有胜利公司知道？是不是通过公开的途径得不到这些客户资料？如果说这些客户信息并非胜利公司独有，通过公开途径也知道这些客户信息，那么即使胜利公司采取了保密措施，也不能认定为商业秘密。

事实情况如何呢？现在是个信息社会，各个行业、各个企业都会通过各种途径提高自己的知名度，让相关行业和企业了解自己，胶的生产和销售企业同样会通过各种途径将自己的联系方式广而告之。胶行业协会（如石材商会、石材复合板专业委员会）、行业杂志、行业网络（如石材网、全球石材网等）、黄页均提供胶生产和销售的企业、客户名单，成功公司完全可以通过这些公开的途径获得所需的客户信息，而没有必要从胜利公司获取。另外，成功公司也为自己的公司和产品做了大量广告，包括成立自己的网站，在行业杂志上刊登公司形象与产品的广告，参加行业展会（上海石材及石材设备展，厦门、水头、东莞、云浮等专业展会），获取了大量客户信息。这些均可以在犯罪嫌疑人供述中得到印证（例如案卷第 6 卷第 75 页）。也就是说，胜利公司的客户信息并不是胜利公司所独有的，成功公司并非无法从公开渠道获得这些信息。

再者，即使如鉴定所说的胜利公司的经营信息是商业秘密，也不能认定霍文章侵犯了胜利公司的商业秘密，因为成功公司根本就没有使用该"商业秘密"。如果要认定霍文章侵犯了胜利公司的商业秘密，必须作出成功公司与胜利公司经营信息相同的司法鉴定。但案卷材料里根本没有这份司法鉴定。

三、关于行为主体的问题

起诉意见书中指控，霍文章等人涉嫌侵犯商业秘密罪，将本案定性为自然人犯罪，本辩护人认为，起诉意见书中的定性是错误的。案卷材料清楚地表明本案中行为主体是单位——华阳成功公司化工科技有限公司，而不是自然人——霍文章等人。

霍文章等人于 2008 年 3 月签订了《股东协议书》，然后制作了《华阳成功公司化工科技有限公司章程》，2008 年 3 月 21 日获得华阳市工商局颁发的企业法人营业执照，2008 年 4 月 23 日获得华阳高新区国家税务局颁发的税务登记证。华阳成功公司化工科技有限公司是依法成立的公司，具备法人资格。其住所地是华阳市平民丽路 217 号中化府 1808 室。霍文章等人在技术研发、产品生产和销售过程中，均是以单位的名义对外从事相关活动，是为了单位的利益从事相关活动。实际上，2009 年 3 月 25 日胜利公司就以成功公司为被控告人向×××市公安局报案，其提交的控告书明确要求被控告人成功公司停止侵权。所以成功公司的产品研发、生产和销售是单位行为而不是自然人的个人行为。对此，我们还可以从公司成立和成立后的活动加以分析。

首先，从公司成立前的情况看。

霍文章等人由于各种原因从胜利公司辞职，想自己做实业。因为他们长期以来从事的是胶的生产、销售，所以就想从事自己熟悉的行业。霍文章是从事管理的，并不了解胶的生产技术，2007 年七八月间霍文章就向华阳化工研究所的技术人员付某提出能不能制作一种黏接性很强的胶，当时付某就设计了一个配方给霍文章（付某写给公安部门的说明材料，见案卷材料第 208 页），正是因为霍文章觉得付某可以做胶，自己就有了信心。霍文章多次邀请付某加入即将成立的公司并担任公司的技术主管。由于付某家人不同意其从华阳化工研究所辞职，霍文章就请付某兼职为公司的技术人员，每月给付某 1 600 元工资，费用按实报销。（案卷材料第 53 页）。这说明公司成立前，霍文章就请好了自己的技术人员，想自己开发胶生产技术，而不是为了侵犯胜利公司的技术而成立了成功公司。

其次，从公司成立后的情况看。

成功公司于 2008 年 3 月成立，公司成立后周某长期给成功公司提供技术服务。2008 年三四月间，周某根据自己掌握的知识和环氧胶的基本原理，向霍文章提出了很多胶的配制思路，主要包括固化剂的搭配使用和思路，并提出了详细的配方，其中就包括后来定名为 CG008 石材复合胶（周某写给公安部门的说明材料，见案卷材料第 209 页）。后来，化某来成功公司，周某仍然给成功公司提供技术服务，指导化某完成了一系列的产品研发（这一点从周某的证词、说明材料和化某的供述中均能得到确证）。成功公司还聘请了平化的总工宋某、空军某工厂高工方某等专家为技术顾问，指导成功公司的产品研发（案卷材料第 55 页）。另外，成功公司设立了自己的实验室，购入了相关实验设备，引进了多名技术实验人员。这些事实说明成功公司成立之后，仍然是走自己的技术创新之路。如果说公司成立是为了侵犯胜利公司的技术或主要活动是侵犯胜利公司的技术，那么公司只需化某一名技术人员就行了，也无须自己的实验室。

在生产过程中，成功公司虽然做的产品部分与胜利公司属同性质产品，但成功公司对化某的要求是要做不一样的东西，改变体系，作出与胜利公司不同、性价比高的产品，使用与胜利公司不同的胺类固化剂（案卷第 6 卷第 115 页）。

从成功公司产品研发和生产情况看，成功公司生产的胶类产品品种多样，包括石材胶黏剂、通用型环氧胶黏剂、耐高温胶黏剂、磨具磨料胶黏剂和电子电力胶黏剂五大系列产品。具体有 CG118 石材复合胶、CG128 铝蜂窝复合胶、CG718 环氧树脂胶、CG881 石材面胶、CG158 石材修补胶、CG678 透明石材结构胶、CG138 白乳胶、CG618 石材背网胶、CG6081 石材面胶、CG698 石材结构胶、CG638 耐黄变石材复合胶、CG0083 玻璃复合胶、石材胶专用调色剂、CG733 全透明环氧胶、CG719 透明环氧胶、CG728 快固透明环氧胶、CG716 环氧结构胶、CG748 透明环氧胶、CG866 透明环氧胶、CG926 五分钟黑白环氧胶、728 五分钟透明环氧胶、CG958 全透明环氧结构胶、938 全透明环氧胶、778 耐高温胶黏剂（180℃～200℃）、568 耐高温胶黏剂（150℃）、CG828 磨具胶、CG616 透明灌封胶。这些产品没有被指控侵犯其商业秘密。所以从成功公司成立后的产品研发和生产情况看，成功公司从事的是合法的生产经营活动。

四、关于损失数额的问题

由于侦查机关认为成功公司涉嫌侵犯胜利公司的技术秘密，因此聘请清湖司法鉴定中心对胜利公司的商业秘密被侵犯所造成的损失进行了鉴定。我们认为该份鉴定同样存在严重的问题，主要有以下几个方面。

（一）鉴定中缺乏原始记账凭证

在司法会计鉴定中，鉴定结论的可靠性、真实性是建立在鉴定人员对完备、充足的资料进行客观检验的基础之上的。清湖司法鉴定中心〔2010〕会鉴字第 1 号鉴定依据的是成功公司电脑中储存的会计核算数据。因为成功公司的财务会计制度不完善，许多记账原始凭证都没有保存，所以清湖司法鉴定中心在鉴定成功公司的生产、销售额及成本支出额时，缺乏与之相关的原始凭证。该鉴定是于 2010 年 1 月 15 日受理的，侦查机关于受理时向鉴定机构提交了所有的鉴定资料。但在 2010 年 1 月 21 日公安部门对霍文章的问话中问"2008 年的原始发货凭证在哪里？"（补充侦查笔录第 73 页）损失鉴定已经委托后，侦查机关还在找原始凭证，说明鉴定中原始凭证是多么缺乏！在缺乏原始记账凭证的情况下，鉴定机构基于部分记账原始凭证来印证成功公司电脑中的数据，所得的结论是不真实的。

而且，侦查机关是 2009 年 8 月从成功公司扣押了相关电脑，扣押时侦查机关没有当着见证人的面将电脑封存，时隔三个多月后，侦查机关将电脑里的数据输出后要求霍文章签字。本辩护人质疑该数据的真实客观性，因为没有封存的情况下，三个多月的时间脱离霍文章的监管，谁能保证电脑中的数据没有被改动过？虽然霍文章在数据上签字确认，他能记得住那么多的数据？而且，他作为被告人能不签字吗？既然该数据存在合理怀疑，就不能以此作为鉴定的数据来源。

（二）鉴定违反了司法会计鉴定的针对性原则

针对性原则是指在整个鉴定工作中必须针对需要鉴定的问题进行鉴定——司法机关（侦查机关、检察机关、审判机关）要求解决鉴定的特定疑难问题。鉴定机构不能超越鉴定范围对被鉴定单位的其他财务问题进行干预和检查，更不得干预案件中与鉴定无关的问题。但清湖司法鉴定中心〔2010〕会鉴字第 1 号鉴定书却明显违反了该原则。

该份鉴定书在"委托事项"中明确写明"对霍文章等人利用华阳成功公司化工科技有限公司侵犯华阳胜利公司实业有限公司的技术性商业秘密给胜利公司造成经济损失进行鉴定"，所以在该鉴定中就只能鉴定经济损失问题。但该鉴定中却鉴定了一些本不属于其鉴定的事项，如鉴定第 8 页鉴定了霍文章等人"违反了'竞业禁止的规定'"（该"竞业禁止"的"竞"字都错了，我们对其鉴定能力或鉴定态度深表怀疑！），第 9 页鉴定了胜利公司石材胶"成为中国石材胶黏剂一大品牌""成功公司的产品没有技术研究开发等方面的费用"等。

而且，公安机关给鉴定机构提交的材料是 2008 年 5 月至 2009 年 5 月的胜利公司和成功公司的资料，鉴定机构只能基于这些数据进行鉴定，没有提供的数据不能推测。但在该份鉴定书中，鉴定结论明确认定"成功公司自 2009 年 6 月后仍在继续进行生产销售该种产品，那么，该三种产品在继续创造新的利润，给胜利公司造成的经济损失将在不断扩大"。委托人并没有告知鉴定机构，成功公司 2009 年 6 月后仍在生产，更没有将成功公司 2009 年 6 月后的材料交给鉴定机构，鉴定机构凭什么推测"成功公司自 2009 年 6 月后仍在继续进行生产销售该种产品"？凭什么推测"给胜利公司造成的经济损失将不断扩大"？

（三）鉴定数据的采用不符合会计准则

成功公司为一般纳税人。根据会计准则的规定，营业收入及材料金额的确定均应以不含增值税价格计算，而该意见中全部以含税价计算，未剔除 17% 的增值税，显然是错误的。另外，获利数据按税前计算缺乏依据。应按净利润计算，这样还应扣除 25% 的企业所得税。成功公司生产、销售中已经按章纳税，所缴纳的税款是从收入中获得的,这部分已经上缴国库,为什么要算作利润?上缴国家的税款怎么能算作胜利公司的损失,胜利公司不缴税吗?

(四)按三种产品的收入占总收入之比与所有产品之利润之积来推算三种产品的利润缺乏依据

一个企业的不同产品的获利水平各不相同,其营业收入占总收入水平与创利水平不一定成正比,只有在所有产品的毛利率相同的情况下才可能按上述方法进行推算。而鉴定结论中并未对其进行说明,便简单地进行推算是错误的。正确的计算方法应当是明确地算出每个产品的收入,减去成本、费用和税收,才是该产品的最终利润。

(五)鉴定结论以胜利公司 2006 年、2007 年销售收入增长率计算 2008 年应得销售收入,并以此确定其损失额,完全不顾世界性经济危机、胜利公司产品侵权造成严重不良社会影响及其他竞争对手竞争的事实

该鉴定认为华阳胜利公司实业有限公司 2008 年实际利润,比其按上述方法计算的利润少 610 余万元。从实际情况看,鉴定中所指的华阳胜利公司实业有限公司该部分推测的损失可能是多种因素造成的。我们在此以石材胶为例列举三种主要原因。

1. 金融危机的直接影响

根据福建省统计局的统计,2008 年福建省全年房地产开发投资增幅呈逐季下滑态势:2008 年第一季度投资增幅为全年最高点,同比增长 20.2%;第二季度宏观调控成效显现,同比增长 13.1%;第三季度“抑制过热”政策影响叠加,投资下行趋势显著,同比仅增长 1.4%;第四季度随着经济增速的进一步回落,投资加速下滑,同比下降 24.7%。致使全年房地产投资经过 2006 年、2007 年的 45.7%、43.8%的高增长后,出现了 1998 年以来的首次负增长,房地产开发投资 1 114.22 亿元,比上年下降 1.6%。2009 年第一季度,情况持续恶化,全省房地产开发投资 178.51 亿元,比上年同期下降 25.4%,其中建筑安装工程投资 129.28 亿元,下降 15.7%,土地购置费用 34.88 亿元,下降 50.0%。福州、厦门、泉州三市新建住宅售价同比分别下跌 1.8%、5.5%、0.7%,其中,3 月三市分别下跌 1.9%、5.4%、1.5%。据福建省统计局的统计,福建省

新开工面积大幅减少。由于房地产市场前景不明朗，开发商减缓项目投入，新开工面积明显减少。2008年1—9月新开工面积2 258.17万平方米，比上年同期减少746.95万平方米，新开工面积仅为上年同期的75.1%。

案中涉及的石材胶是建筑行业的重要材料，建筑业处于低迷状态，投资和开工面积大量下滑，石材胶的使用量无疑会大量减少，胶生产企业销售量减少就是一种正常现象。案中公安机关委托鉴定的客户大量为福建客户，福建客户对胜利公司石材胶销售量减少是完全正常的。而且，金融危机是全球性的，胜利公司其他地方的客户同样会出现因为金融危机而销售量下降的状况。胜利公司虽然在公司名称中有"胜利"二字，但它不是神，只是一个普通公司，全球企业均受金融危机的影响，没有成功公司的竞争，胜利公司的销售量也会下降。

2. 展翔、理斯·美邦、聚合隆等品牌胶的竞争

在被害人陈述中，胜利公司董事长利某承认"现在国内确实有许多石材胶系列生产厂家"，这说明石材胶并不是胜利公司一家公司的产品占有市场；而且他还承认"能够生产这种环氧石材胶的企业大概只有两家"，这也说明环氧石材胶的销售过程中存在竞争。其实，环氧石材胶的生产企业并非胜利公司董事长利某所说只有两家，现在有多家企业可以生产这种胶。例如有案卷材料的证人证言中（胜利公司2006年9月营销学习资料中），明确指出该类胶有来自国内外品牌展翔、理斯·美邦、聚合隆等品牌胶的竞争，学习资料中胜利公司要求"全面击退展翔、理斯·美邦、聚合隆等四家的竞争"。既然有竞争，就会有赢和输，胜利公司2008年销售量下降、降价促销完全是市场竞争的结果，并不是成功公司造成的。

3. 销售商并不始终如一地使用胜利公司的产品

公安机关在调查核实中，福建"联峰美"销售商确认在用华阳胜利公司产品的同时，"也买其他公司的胶"，福建"明辉石业"确认"公司没有固定使用哪一个品牌的石材胶"，福建"四方石业"确认"并不是固定某一个化工厂的石材胶"，"展翔是2007后进入我公司，它主要是价格与胜利公司比低很多"。这些都明确表明销售商一直在选择不同的品牌，胜利公司的产品不是其唯一销售产品。为什么公安机关在确认胜利公司的损失额时，确认这些公司少与胜利

公司做生意就是成功公司造成的损失呢？为什么不考虑其他品牌的竞争？为什么不考虑销售商选择成功公司以外其他品牌产品的可能性？为什么将 2008 年胜利公司收入减少的责任全部归咎于成功公司？

另外，本辩护人认为，司法鉴定中将成功公司 2008 年给胜利公司造成的损失鉴定为 600 多万元，简直是无稽之谈。因为根据胜利公司 2007 年《副总目标管理责任书》的确定，2007 年度公司年度利润目标为 600 万元。这仅仅是胜利公司当年的利润目标，是公司希望达到的。如果 2008 年 4 月至 2009 年 4 月一年间成功公司三种产品给胜利公司造成的损失鉴定为 500 多万元，那么胜利公司七大系列 200 余个规格产品（产品数量来自该公司网站上的数据），其利润应当有 3 亿元，何止目标责任书上确定的公司年度利润目标几百万元？

五、霍文章没有违反《刑法》第二百一十九条第一款第三项规定的前提条件

根据《刑法》第二百一十九条第一款第三项的规定，构成侵犯商业秘密罪要求行为人违反保密义务或者违反权利人有关保守商业秘密的要求，披露、使用或者允许他人使用其所掌握的商业秘密的。但从案卷材料看，霍文章没有与胜利公司签订劳动合同，只是在其签订的《营销副总目标管理责任书》中规定了"严格遵守公司《保密制度》相关规定，防止公司商业秘密泄露"，该约定并没有规定霍文章辞职后的保密义务，故该保密约定只适用于霍文章任职期间。该《责任书》至 2007 年 12 月 31 日止，也就是说其约束期间至 2007 年 12 月 31 日止，而霍文章是 2008 年 2 月 28 日办理完毕辞职手续的。因此不能引用《营销副总目标管理责任书》中的保密义务来约束其辞职后的行为，不能因为他签订过该责任书就认定他有保密的义务。既然霍文章没有保密的义务，就不存在违反根据《刑法》第二百一十九条第一款第三项规定的问题。故从法律的规定上看，霍文章没有构成侵犯商业秘密罪的法律要件，霍文章不可能构成侵犯商业秘密罪。

综上所述，本辩护人认为，成功公司没有侵犯胜利公司的商业秘密，霍文章不构成侵犯商业秘密罪；希望贵院本着以事实为依据、以法律为准绳的原则，判决被告人霍文章无罪。

申颖非法经营案

申颖，女，汉族，1975年8月1日生，文化程度为本科，户籍所在地为××海阳市平湖区华丽苑19栋2010室，系海阳银河滩公司、海阳银必来公司和西江精会公司的股东。海阳银河滩公司的经营范围是广告、电视节目制作等，与西海银建公司合作，由西海银建公司聘请股评专家，然后委托海阳银河滩制作相关股评节目；节目在海阳银河滩制作室内制作完毕后，传卫视台审查并播出；银河滩垫付播出费，西海银建将资金付给银河滩。由于2007年股市指数全面上涨，大量资金流入股市，申颖的丈夫（上述公司实际控制人）吴红林认为股市服务大有可为，主张通过购买股票买卖软件的版权、聘请股票分析专家、购买股票行情数据等方式为股民提供咨询服务，收取服务费。但申颖认为自己的已有业务利润丰厚，不愿意扩大业务范围，吴红林仍然坚持扩大业务。西江精会公司有股票咨询业务的经营资质，为将业务范围扩大到股票咨询服务，海阳银河滩公司准备收购该公司，因而对公司增资700万元。在增资过程中，申颖聘请了中介公司办理此事，并由中介公司代为垫资700万元，手续费5万元。办完验资后，中介人将该资金转走，申颖方面未及时补足出资。西海银建公司、西海信实公司在经营过程中，以股票软件销售为基础，收取股民金额不等的咨询费用。费用的高低与专家提供的服务内容、水平、级别相关，也与股票池中推荐股票的精确程度相关。在销售股票软件的过程中，有的客服为提高自己的业绩，有虚夸的语词。由于2008年股灾中大量股民损失严重，西海银建公司、西海信实公司的部分客户向公安机关报案，称被这些公司诈骗受到严重损失。××省公安厅分析案情后指定一县级公安局对本案立案侦查，涉案金额近3 000万元。

承办情况

    在本案的审查起诉阶段，被告人申颖的家属委托我所在的律师事务所指派我为申颖辩护人。接受委托后，本人立即前往案件承办检察院，提交相关法律手续，复印全案案卷，同时会见被羁押的被告人申颖。在会见时，申颖一方面认为自己丈夫吴红林公司经营中不存在犯罪；另一方面她也没有参与涉嫌犯罪公司的经营，因此认为自己不构成犯罪。侦查机关在移送审查起诉时，申颖涉嫌两项罪名：诈骗罪和抽逃出资罪。对于抽逃出资，申颖承认自己是请了中介办理增资手续，由中介垫资，后中介抽资没有及时告知她，且她当时不在国内，自己有足够的资金补资，但在极短的时间内就被公安机关拘留了，来不及补资。对于诈骗罪的指控，申颖更是感觉冤屈，因为涉案的这些公司本身不存在诈骗的行为，自己也不参与涉案公司的经营管理，侦查机关收集的证据本身不真实。

    本案的主要罪名是诈骗罪，而且涉案金额近3 000万元，因此属于数额特别巨大，根据《刑法》第二百六十六条的规定，被告人将被"处十年以上有期徒刑或者无期徒刑，并处罚金或者没收财产"。因此，本案主要针对诈骗罪进行辩护。本案第一被告人吴红林的辩护人是本人的朋友，我们为他们夫妻辩护时有一个分工。第一被告人的辩护人主张本案是非法经营而不是诈骗。根据《刑法》第二百二十五条的规定"非法经营情节特别严重的，处五年以上有期徒刑，并处违法所得一倍以上五倍以下罚金或者没收财产"，尽管本案涉案金额近3 000万元，在非法经营中就不是什么大案了，北京、上海、深圳类似的案例主犯大致是被判3年至5年。作为第二被告人的辩护人，本辩护人则否定申颖构成犯罪，既不构成抽逃出资罪，也不构成非法经营罪，以无罪辩护达到罪轻判决的目的。在审查起诉阶段，我们通过《律师法律意见书》成功地说服审查起诉人员本案不构成诈骗罪，而是构成非法经营罪。故在起诉书中本案以抽逃出资罪和非法经营罪由公诉机关向人民法院提起公诉。但在审理过程中，对本案的处理仍有不同声音，甚至有承办人仍然认为本案应当构成诈骗罪。因此，虽然公诉机关以非法经营罪起诉，但在辩护中不得不处理好非法经营罪与诈骗罪的关系，以防法院以诈骗罪作出判决。

由于本案是由一个经济极为落后地区的县级公安机关侦查，由经济同样贫困的地区市级检察院提起公诉和中级人民法院开庭审理，因此3 000万元的数额在当地是一个天文数字。为防止因经济观念影响本案的判决，本辩护人查找了北京、上海、深圳类似的案例提交给法院，希望这些地方期限较短的有期徒刑判决对本案起一定的示范作用。应当说明的是，当时还未有中国裁判文书网，要找到合适的案例比较难，也没有在全国推行类案同判制度。一审判决中，本案主犯吴红林因抽逃出资罪和非法经营罪仍被判处有期徒刑12年，并处没收全部财产；本辩护人的当事人申颖被判处有期徒刑6年，并处罚金30万元。申颖提出上诉，本人继续担任其二审的辩护人。二审中××省高级人民法院作出终审判决，以抽逃出资罪和非法经营罪判处申颖有期徒刑4年，并处罚金15万元。

一、申颖是否构成犯罪的问题

（一）关于抽逃出资罪的指控

公诉机关指控申颖构成抽逃出资罪。实际上根据《刑法》第一百五十九条的规定，抽逃出资是指公司成立后抽逃出资的行为。该立法是为预防和惩治公司成立后公司股东抽逃出资危害社会的行为。而本案中，银河滩公司成立于2005年11月，其注册资本为300万元，从来没有过抽逃出资。

从庭审对申颖的问话中可知，2009年，银河滩公司为收购西江精会公司而增加注册资本金。为了尽快办好增资手续，申颖聘请了中介公司办理此事，并由中介公司代为垫资700万元，手续费5万元。案件材料显示，2009年6月15日，中介人舒伟勇将700万元打入银河滩账户。办完验资后，中介人将该资金转走。但时值暑假，申颖带着其孩子出国旅行，直到7月底，中介人才将资金转走的情况告知申颖。申颖于2009年8月3日被公安机关刑事拘留。在庭审中，申颖强调自己明知中介会抽走资金，因此自始就有填补资金的准备，而且案发时公安机关从其个人账户中查封了1 000多万元的现金，说明申颖当时也有能力填补中介抽走的资金；只是其8月3日就被采取了强制措施，无法去填补被抽走的注册资本。

而且，从时间上看，申颖因为中介没有及时告知而没有马上填补注册资金，其间隔是非常短暂的，其行为没有给其他股东或出资人造成任何损害，对国家和社会的损害也是微乎其微的。根据最高人民检察院、公安部2009年颁布的《关于经济犯罪案件追诉标准的规定》第三条的规定，"虚假出资、抽逃出资，给公司、股东、债权人造成的直接经济损失累计数额在十万元至五十万元以上的"，"虽未达到上述数额标准，但具有下列情形之一的：①致使公司资不抵债或者无法正常经营的；②公司发起人、股东合谋虚假出资、抽逃出资的；③因虚假出资、抽逃出资，受过行政处罚二次以上，又虚假出资、抽逃出资的；④利用虚假出资、抽逃出资所得资金进行违法活动的"，应予追诉。显然，本案中，申颖的行为不具备上述任何一点。因此，即使不考虑申颖的犯意，从事实的角度上看，根据《关于经济犯罪案件追诉标准的规定》和《刑法》第十三条"情节显著轻微危害不大的，不认为是犯罪"的规定，申颖的行为也不应当以犯罪论处。

（二）关于非法经营罪的指控

公诉机关指控申颖构成非法经营罪。本案中涉及的公司有五家，分别是海阳银河滩公司、海阳银必来公司、西海银建公司、西海信实公司和西江精会公司。申颖分别是海阳银河滩公司、海阳银必来公司和西江精会公司的股东。但申颖与非法经营行为没有任何牵连。

1. 银河滩公司与银建公司是一种正常的业务合作关系

成立于 2005 年的海阳银河滩公司的经营范围是广告、电视节目制作等，其接受西海银建公司的委托制作符合国家政策、已通过相关卫视电话台审查的股评节目，属于其业务范围之中。其与西海银建的合作是通过如下程序完成的：西海银建聘请股评专家，然后委托海阳银河滩制作相关股评节目；节目在海阳银河滩制作室制作完毕后，传卫视台审查并播出；银河滩垫付播出费，西海银建将资金付给银河滩。因此合作中两家是人员、资金独立的。不能因为申颖与吴红林是夫妻就自然地将两者联系在一起。实际上，银河滩公司除承接银建公司的股评节目制作业务外，还承接了其他公司的类似节目。在法庭调查中，申颖明确表明银河滩公司在广西卫视所做节目共有 40 多分钟，银建公司只占 15 分钟，其他公司所占的时间更多。

2. 申颖没有参与西海银建和信实公司的经营管理，对经营活动也不熟悉

由于银河滩公司成立后经营状况良好，申颖反对吴红林在西海开办西海银建公司，而且为此两人曾经争吵，庭审中吴红林也承认了这个事实。西海银建公司成立后，吴红林单独管理该公司，申颖管理银河滩公司，互不干涉。对于公诉机关关于申颖参与公司管理的指控，本辩护人对其证据一一加以反驳。

（1）公诉书指控银建公司闹分立时吴红林曾经在西海开了个会，"带申颖

参加了会议",并指控申颖会后找相关人员谈了话做思想工作。申颖在侦查阶段的供述和庭审的问话中,始终否认这一点,并坚称自己不是吴红林带去的,而是吴红林先到西海,她是第二天和胡清源去的,原因是担心吴红林会采取不当措施伤人,并不是去开会。而且开会时只是进会场坐了一下,没有发言;会后也没有找任何人做什么工作。庭审中,本辩护人庭审时也问了郑并连和廖虎,问他们与申颖熟不熟,申颖是否找他们做过什么思想工作,他们的回答是"不熟,没有做过什么工作"。

（2）公诉书指控申颖曾帮银建公司面试了信实公司的财务人员许婷。庭审中本辩护人问申颖是否有此事,申颖回答:"许婷本来就由信实公司决定录用了;我确实见过许婷,但不是为了录用,而是因为许婷是银河滩公司财务总监胡清源的亲戚,她带来我办公室见过面。"其实,如果银建公司或信实公司的员工要申颖面试的话,何止许婷一人呢?

（3）公诉书指控胡清源是银河滩公司的财务总监,却代理处理银建和信实公司的财务,因此银河滩公司管理该两公司的财务。在庭审中,本辩护人分别问了申颖和吴红林。申颖否认银河滩公司管理银建公司和信实公司的财务,胡清源是吴红林信任的人,且吴红林一般都在海阳不在西海,其财务签字前请胡清源代为审查一下,然后吴红林再签字。胡清源是基于私人关系帮吴红林审查材料,并不是职务关系。这一点庭审中吴红林是完全承认的。而且,财务账单上最后均是吴红林的签名。其中只有三份是申颖的签名。本辩护人庭审中问及此问题,申颖的回答是:"吴红林出差,要我代签的。"吴红林也在庭上确认了这一点,胡清源的证词也证明了这一点。本辩护人认为这一说法是可信的,否则,银建和信实公司那么多财务报表,为什么只有几份是申颖签字,而除此之外全部是吴红林签字?如果说是银河滩公司管理银建和信实公司的财务,应当是由申颖签字,因为银河滩公司的财务是由申颖签字的。

3. 申颖没有管理银建公司和信实公司的资金账户

从胡清源的问话笔录中我们知道,银建公司和信实公司的钱打入公司账户和顾冬梅的账户,后来,银建公司的钱打入公司和申爱华的账户,信实公司的钱打入公司账户和伍珍的账户,并没有打入银河滩公司的账户和申颖的账户。

申颖自始至终不曾管理银建公司和信实公司的资金。不能因为申颖是吴红林的妻子就想当然地认为申颖管了吴红林公司的钱。

4. 银必来公司和西江精会公司没有从事非法经营活动

银必来公司成立于 2008 年，其经营范围包括软件开发和出售，申颖是股东之一。但据申颖说，是吴红林拿她的身份证去办的公司登记，她没有参与过银必来公司的经营。而且，从案卷材料看，银必来公司开发的软件取得了国家版权局的授权，是一个具有著作权的合法软件，而且软件销售本身是合法的，因为银必来公司不存在任何违法行为。公诉方指控的是银建公司和信实公司涉嫌从事非法经营活动，证据也集中在这两个公司。因此不能因为法定代表人是吴红林就跟随怀疑银必来公司也有违法行为。

西江精会公司是一家证券咨询公司，是一家合法公司。起诉书中公诉方也没有指控该公司涉嫌犯罪，因此申颖也不可能在该公司涉嫌犯罪。

二、西海银建和信实公司是否涉嫌诈骗的问题

银建公司和信实公司是合法成立的公司，公司成立后主要从事证券投资业务。其证券咨询是以深交所和沪交所的行情数据、金证公司股市研究报告、银必来智能决策选股软件、具有资质的股市分析师为基础的。西海银建公司和信实公司没有在这些方面隐瞒真相和捏造事实。

（一）银建公司和信实公司为股民提供的服务有可靠的股市数据资料基础，没有诈骗的动机

股市作为一个股票转让、买卖和流通的场所，其走趋确有规律可循，这是公司为股民提供服务的前提。银建公司和信实公司是以证券及证券相关行业为主的投资公司，为了使自己的服务有客观的行情基础，银建公司付了 63 万元给深交所、付了 150 万元给上交所作为"行情数据费"（刑事侦查卷第 4 卷第 8 页）。这说明银建公司和信实公司的服务确实有证券交易所的数据基础。

同时，为了提高证券服务的质量，银建公司与全国第一批获得证券咨询资质的西海省金证投资咨询顾问有限公司合作，签订合作协议，共享西海金证公司的研究报告。为此，银建公司向西海金证公司付了 100 万元，金证公司提供

了价值 100 万元的研究报告（刑事侦查卷第 4 卷第 58~64 页）。这说明银建公司和信实公司的服务有正规公司的研究报告作为支撑。

为了便于股民操作，银建公司拥有银必来公司的炒股软件，即银必来炒股软件。该款软件有国家相关部门颁发的版权证书，是正规软件，而且股评人张军认为"银必来炒股软件可以帮炒股的分析买点、卖点、选股"（刑事侦查卷第 5 卷第 11 页）。这说明银建公司和信实公司没有捏造事实或隐瞒真相。

（二）关于客服人员在提供服务时的夸大其词问题

银建公司和信实公司的管理中有业绩激励制度，客服人员的收入与其提供服务的水平、态度相关，客服人员的客户多、购买软件的资金多，客服人员提成也会相应增加。客服人员为了提高自己的收入，可能有夸大其词的说法。工作人员可能有夸大其词的说法，但不能说明银建公司和信实公司就是诈骗，也不能说明银建公司和信实公司的主层管理人员在诈骗。实际上，银建公司和信实公司的制度管理中强调规范经营，反对夸大其词，而且吴红林在多次会议上也强调要规范服务。作为公司的负责人，吴红林在知道客服人员夸大其词的情况下，还专门召开会议进行整顿，要求客服人员实事求是地提供服务，不得夸大其词。吴红林强调："开公司不是为了骗钱，我还是想开正规的公司赚钱。""开了员工会，要他们按正规销售渠道去做。"（刑事侦查卷第 3 卷第 28 页）

而且，哪些用语是夸大其词，哪些用语是对股市的预测，很难判断。股市有风险，本来就"十个炒股七个亏"。如果说银建公司和信实公司有诈骗行为，那么公诉方必须证明客户的损失与银建公司的行为有必然的因果关系。但无疑，公诉方是无法证明这一点的。

另外，案卷材料表明，银建公司运作中，存在客服人员抠私单的情况，"一些业务人员打着公司的旗号，即没有给客户软件也没有给客户提供服务，让客户把钱全部打入他的私人账户"（刑事侦查卷第 6 卷第 36 页）。公诉方提供的录音材料和举报材料所反映的情况，到底是银建公司的行为还是客服人员个人行为，公诉方无法证明。

三、关于诈骗罪与非法经营罪的区分

侦查机关与公诉关机就本案的定性存在分歧：侦查方认为构成诈骗罪，公诉方认为构成非法经营罪，本辩护人认为被告人的行为不构成犯罪，但愿意就诈骗罪与非法经营罪的区分表达自己的观点。侦查机关与公诉机关的分歧在于客服人员存在夸大其词的情况下，到底是定性为诈骗罪还是非法经营罪。本辩护人认为，诈骗罪的客观表现确实是捏造事实或隐瞒真相，但在客服中存在某种程度的夸大其词并不必然定诈骗罪。这是因为非法经营过程中本身就可能存在不实宣传。《刑法》第二百二十五条明确列举的非法经营罪行为方式有三种：①未经许可经营法律、行政法规规定的专营、专卖物品或者其他限制买卖的物品的；②买卖进出口许可证、进出口原产地证明以及其他法律、行政法规规定的经营许可证或者批准文件的；③未经国家有关主管部门批准非法经营证券、期货、保险业务的，或者非法从事资金支付结算业务的。实际上，这三类行为要实现，都必须捏造事物或隐瞒真相。如果说有夸大其词的表述就要定诈骗罪的话，那么非法经营罪是没有必要在立法中作出规定的，实践中也不会有非法经营罪的案例。

非法经营罪与诈骗罪的区别点到底在哪里？本辩护人认为，区别点在于行为的客观基础。如果公司不具备经营资质却从事相关经营，就是非法经营；即使公司员工在经营过程中存在一定程度的夸大其词，也不能进而认定为诈骗。从本案来看，如上所述，银建公司有深交所和沪交所的行情数据、金证公司股市研究报告、银必来智能决策选股软件、具有资质的股市分析师为基础，而不是空手套白狼。客服人员夸大其词的目的是增加自己的提成，不能改变公司经营的事实。

而且，从《刑法》第二百二十五条的规定看，立法上明确将未经国家有关主管部门批准非法经营证券、期货、保险业务的行为定性为非法经营，司法机关不能违法作出诈骗罪的判决。从司法实践来看，上海"股来鑫案"和海阳"金股之王"案均是依据《刑法》本条判决行为人构成非法经营罪的。

虽然现在关于股票咨询服务行为也有定性为诈骗罪的，但这些案例与本

案案情完全不同。这些案例行为人一开始就具有非法占有的目的、没有股票行情数据、没有股票研究报告、没有合格的股票分析师、没有正版的软件，有的更是直接卷走受害者的资金。而银建公司与此完全不一样，吴红林向公司投入了近900万元，想通过正规经营来获得合法的利润；如果他是要诈骗，为什么要投这么多资金，风险不是太大了吗？银建公司以深交所和沪交所的行情数据、金证公司股市研究报告、银必来智能决策选股软件、具有资质的股市分析师为基础，客户的资金自己管理，银建公司从来不代管客户资金，更没有卷走客户的资金。不能因为有从事股票的人员被定诈骗罪就将本案定为诈骗罪。

四、关于牵连犯、想象竞合犯和法条竞合问题

侦查方认为构成诈骗罪的理由是基于牵连犯、想象竞合犯和法条竞合的理论。本辩护人认为申颖根本就不构成犯罪，但愿意在此对侦查方和公诉方的争议作出分析说明。

（一）牵连犯问题

牵连犯指出于一个犯罪目的，实施数个犯罪行为，数个行为之间存在手段与目的或者原因与结果的牵连关系，分别触犯数个罪名的犯罪状态。且对于牵连犯，除我国《刑法》已有规定的外，从一重重处断。牵连犯最基本的要求是行为人有两个行为，而且均应当是犯罪行为，有行为之间的牵连。假定银建公司的成员在服务客户时有夸大事实的成分，那么他们的另一个行为是什么？是卖银必来炒股软件吗？卖银必来软件是合法的行为，不是犯罪行为。是经营行为吗？实际上，银建公司是否为非法经营存在极大的疑问。我们假设其经营是非法的，这是不是第二个行为？不是。因为公诉方指控的所谓"捏造事实、隐瞒真相"是公司"非法"经营不可缺少的组成部分，也就是说"诈骗"行为本身是"非法"经营中发生的，两者是不可分的，而不具有牵连犯所要求的两行为的前后序列关系。

所以，这个案件中并没有两个独立的犯罪行为，无法用牵连犯理论中的"择一重罪论处"来论证行为人构成诈骗罪的问题。

（二）想象竞合问题

想象竞合是指基于一个罪过，实施一个犯罪行为，同时侵犯数个犯罪客体，触犯数个罪名的情况。例如行为人甲欲杀死某乙，开枪后不仅致乙死亡，而且又致乙身旁的丙轻伤，就属于想象竞合犯。

司法实践中能否因为有"捏造事实"或"隐瞒真相"的行为，就以想象竞合的理论将行为作为诈骗罪来处理？本辩护人认为，想象竞合并不是纯粹的行为竞合，是否为想象竞合要看行为是否侵犯了两个不同的客体。例如《刑法》中有生产、销售不符合卫生标准的食品罪，该罪的行为主体必然隐瞒自己产品不符合卫生标准的真相，也会捏造产品符合产品卫生标准的事实，司法实践中却从来没有人以想象竞合的理论将生产、销售不符合卫生标准的食品的行为作诈骗罪处理。又如《刑法》中有欺诈发行股票、债券罪，该罪的行为主体也会在发行股票或债券时隐瞒真相或捏造事实，司法实践中也没有人以想象竞合的理论将其作诈骗罪论处。

本案中，银建公司的工作人员在为客户服务时即使有夸大其词的说法，也不能以想象竞合的理论将案件定性为诈骗。因为客服人员夸大其词的目的并不是要骗取客户的资金，而是希望他们购买炒股软件，而软件本身又是具有版权的合法软件，客服人员没有非法占有的目的。也就是说客服人员的行为没有侵犯他人的财产所有权，没有侵犯诈骗罪的客体。既然本案的所涉行为没有两个客体，就不可能构成想象竞合。

（三）关于法条竞合

法条竞合，指一个犯罪行为同时触犯数个具有包容关系的具体犯罪条文，依法只适用其中一个法条定罪量刑的情况。法条竞合有对象的竞合、主体的竞合、行为方式的竞合等。例如行为人盗窃枪支或行为人以爆炸的方法杀人，均应按法条竞合来处理。认为本案存在着法条竞合无疑是从行为方式的竞合来论述的。本案是否存在着法条竞合？

认为本案存在法条竞合的观点是认为银建公司的人员有隐瞒真相和捏造事实的行为，其行为既是为了非法经营，也是为了诈骗他人财物，因此该行为触犯了两个法条，故而是法条竞合。

其实,法条竞合是两个法条核心要素的竞合,而不是任何其他因素的竞合。从行为方式上看,诈骗罪与招摇撞骗罪均有隐瞒真相或捏造事实的行为,而且隐瞒真相和捏造事实均是两个罪必然具备的核心因素,故而是行为方式的竞合。但非法经营与诈骗罪却没有核心行为方式上的竞合,因为非法经营客观方面的核心并不在于隐瞒真相或捏造事实,而在于其有无经营的资格。本案中,虽然公诉方指控行为人有夸大其词的做法,但这并不是非法经营罪的客观本质,这是为了促成或扩大经营的方式。因此,我们不能混淆非法经营行为客观方面的内容。正如抢劫中,某行为人将被害人骗出来然后抢劫其财产。在处理中,我们要把握的是抢劫中的侵犯人身和财产的行为,而不是要把握如何将人骗出来的行为。否则,这样的案件也会错误地以法条竞合理论将案件作诈骗罪论处。因此,本辩护人认为,非法经营与诈骗之间不存在法条竞合关系。

综上所述,申颖不构成抽逃出资罪和非法经营罪,本案亦不能定性为诈骗罪。

杨河东贩卖毒品死刑复核案

基本案情

　　杨河东，男，汉族，外号"高个子"，1972年4月2日生，文化程度为高中，户籍所在地为××省阳远市花仙区黄树街19栋801室。公诉方指控2012年被告人杨河东等人筹集资金200万元，并安排吴自成、王勇二人携款赴云南西双版纳州找被告人范长留购买毒品麻果。被告人范长留将此情况告诉被告人范长在，由范长在负责联系购买毒品麻果事宜。同时被告人范长留、范长在、范长根也决定共同出资98万余元现金购买毒品麻果16包，并约定由被告人杨河东代为出售。随后，被告人范长在以每包61500元的价格共购进毒品麻果49包（每包6000颗麻果，共计294000颗）交给被告人吴自成，被告人柳叶舟则安排货车将所购麻果从云南运回××省阳远市，被告人杨河东负责以每包159000元的价格联系买家从中获利。2012年4月26日，被告人娄上饶、田可人共同出资95万元现金找被告人杨河东购买毒品麻果6包（共计36000颗），同年4月28日被告人娄上饶再次筹集资金95万元，并让被告人田可人、祝算携带现金695000元到××省东华县河湾大酒店会合，次日被告人娄上饶找杨河东购买毒品麻果10包（60000颗）。之后被告人娄上饶、田可人等人在东华县水渠高速收费站准备上高速公路返回××省时被公安干警抓获，祝算在离水渠高速收费站约一公里处的高速路边被公安干警抓获，并现场缴获 300 袋红色药片。经鉴定：300 袋红色药片（净重 5 580 克）中检见甲基苯丙胺成分，甲基苯丙胺的含量为 5.31g/100g。同时，公安干警在东华县河湾大酒店 1001 房间将杨河东、柳叶舟、吴自成等人抓获，在东华县"火炎焱"饭庄将范长留、范长根、邹长久等人抓获，并现场从邹长久的丰田凯美瑞车后尾箱内缴获毒资 64 万元现金，从范长留、范长根随身背包内缴获毒资共 20 万元现金，在邹长久家缴获范长在、范长留、范长根存放的 1 366 000 元现金。

承办情况

本案二审判决被告人杨河东构成贩卖毒品罪，判处死刑，剥夺政治权利终身，并处没收全部财产。二审宣判后，被告人杨河东的家属委托我所在的律师事务所指派我担任杨河东辩护人，在死刑复核阶段为其提供辩护。本辩护人接受委托后，即与最高人民法院立案庭取得联系，提交相关手续，了解案件是否已经由××省高级人民法院移送最高人民法院，得到的答复是经查实案件尚未移送。由于委托人告知本辩护人，本案一、二审的辩护人多次诉她案件已经移送最高人民法院，本辩护人再次联系最高人民法院立案庭，得到的答复仍然是案件尚未移送。本辩护人即联系××省高人民法院相关庭室负责人，被告知由于接近春节案件尚未移送，春节后再移送。春节后，本人联系最高人民法院时被告知案件已经被移送过来。此时已经是本案二审判决 5 个月后了。案件到最高人民法院后，本辩护人联系承办法官，复印全案案卷材料。在详阅全案材料后，本辩护人会见了被告人杨河东，针对案件中的争议问题一一向其核实相关情况，并制作了规范的会见笔录。然后，本辩护人写出了《辩护词》。在约见承办法官后，与其见面，当面陈述本辩护人的辩护观点。承办法官与书记员边听取意见边作记录。最后本辩护人将书面《辩护词》和会见笔录提交最高人民法院。在近一年的死刑复核程序进行中，承办法官就《辩护词》中所提出的辩护意见多次到看守所提讯被告人杨河东，核实相关问题。最后，最高人民法院核准了杨河东的死刑判决。

根据相关规定，最高人民法院复核死刑案件，辩护律师应当自接受委托或者受指派之日起十日内向最高人民法院提交有关手续，并自接受委托或者指派之日起一个半月内提交辩护意见。由于案件往往没有及时由高级人民法院移送最高人民法院，"自接受委托或者指派之日起一个半月内提交辩护意见"是有困难的。现在最高人民法院会在案件移送后给辩护律师一个半月的时间会见法官、复印案卷、提交辩护意见。此后，辩护律师很难通过正常的途径联系到承办法官。律师想了解案件进展，承办法官的书记员会告诉律师案件还在处理中，具体情况则不会告知。而我国刑事诉讼法及相关司法解释又未对死刑复核的期限作出任何规定，因此死刑复核程序中律师较为被动：一方面委托人急切想了解案件进展；另一方面律师在提交辩护词后基本被排除在程序外，无法了解案情进展。因此，死刑复核程序中，律师工作面临的最大问题是如何与法官取得有效沟通。为了预防司法腐败，最高人民法院有多重防范措施，但也影响了律师与法官的沟通。既然死刑复核程序是一个法律程序，就应当有期限的规定，而不能让被告人、委托人和辩护律师处于一种长期的、不确定的完全被动状态中。

主要辩护观点

杨河东的罪责不是本案中最重的，××省高级人民法院判决〔2018〕××

刑终 11 号刑事判决判处杨河东死刑，违背罪责刑相适应原则，罚不当其罪；该判决书认定杨河东等人贩卖毒品 49 包证据不确实、不充分；该判决书没有考虑杨河东法定从轻情节。具体如下。

一、判处杨河东死刑违背罪责刑相适应原则，罚不当其罪

《刑法》第五条明确规定："刑罚的轻重，应当与犯罪分子所犯罪行和承担的刑事责任相适应。"本案中被认定为主犯的有范长留、范长在、柳叶舟、杨河东等人，范长留、范长在、柳叶舟被判处死刑缓期两年执行，杨河东被判处死刑。杨河东在本案中是罪责最重的吗？恰恰相反，杨河东的罪责不但轻于上线范长留、范长根，也轻于柳叶舟。

（一）杨河东的罪责轻于范长留、范长在

范长留、范长在的罪责要明显大于杨河东，原因如下。

1. 范长留、范长在等人是贩卖毒品犯意的发起者

在本案的案卷材料和庭审中，范长留说是杨河东找他要他帮联系购买毒品。事实情况并非如此。实际上是范长留、范长在等人首先找杨河东，向杨河东贩卖毒品。在回答侦查机关的讯问时，范长留供述了他们第一次找杨河东卖毒品的经过："我是去年（2011 年）农历十一月的一天，我同阳远的'林哥'、东华的'邹宝''林军''胡子'五个人一起从云南西双版纳开一辆商务车回××东华。当时'林哥'带了三小条（共 6 000 颗）'红豆'回来让我准备卖给'高个子'（因为我早就听说'高个子'在家里贩卖毒品），结果我联系'高个子'，联系不上，我就找之前认识一个叫黄又成的男子。"（2012 年 5 月 9 日对范长留的讯问笔录）杨河东的供述印证了是范长留找他向他卖毒："第一次是 2011 年农历大概十一月份的一天，范长留从云南带了 6 000 颗麻古回××东华，他那个时候还没有我的电话，他找到我和他都认识的一个朋友黄又成找我，黄又成给我打电话告诉我范长留找我，说有麻古要卖给我。"（2012 年 5 月 14 日对杨河东的讯问笔录）而且，杨河东还供述了接下来范长留找他的情况："在第一次后不久，没过几天，范长留和他的几个朋友又开商务车回到东华，他和我联系后拿了 20 颗麻古到东华世纪公寓和我见面，并让我验货。"

"2012 年快春节的时候，范长留又和他的朋友开一辆车牌号以云 AK 开头的小轿车回到××东华，这次他们带了 6 包（36 000 颗），这次范长留和一个叫'林军'的人到东华北苑公寓与我见面。"（2012 年 5 月 14 日对杨河东的讯问笔录）这些事实说明，一直是范长留、范长在主动找杨河东卖毒品，而不是杨河东找他们。

而且，最后一次贩卖毒品也是范长留、范长在他们找杨河东。本辩护人在会见杨河东时间："贩卖毒品是你找范长留还是范长留找你？"杨河东回答："一直都是范长留找我。农历 2011 年十一月份范长留和几个人找我，要我给他卖毒品。""2012 年 4 月也是范长留打电话给我，说有一笔货，要我迅速准备钱去拿货，是他先有货我才知道拿多少钱。"（2018 年 3 月 30 日辩护人会见杨河东笔录）范长留的供述也证实了他联系杨河东，侦查人员问："你是怎么帮'高个子'找上家的？详细说一遍。"范长留回答："我于 2012 年 4 月 10 日打通了高个子的电话，跟他说了云南有朋友是卖'红豆子'的，价格是 61 500 元一条，必须一条以上才能拿货。"（2012 年 5 月 1 日对范长留的讯问笔录）

2. 范长留、范长在是贩卖毒品的上线，是杨河东毒品的源头

本案中毒品是范长留、范长在联系云南卖家购得的。从案情看，范长留、范长在长期与贩毒的上线有联系。首先，范长留、范长在都认识上线"响仓"，侦查人员问范长在："'响仓'的基本情况？"范长在答："'响仓'，女，我和'留乃子'都喊她为'响姐'。"（2012 年 12 月 22 日对范长在的讯问笔录）其次，从他们购毒的过程看，非常便捷、顺利，说明他们与云南毒犯联系紧密。从 2012 年 4 月这次购毒的过程看，范长留将钱给范长在后，范长在即与"响仓"联系，"响仓"马上将货送到交易地点，极为顺利地完成了交易。正如范长留向侦查人员供述的，他将钱给范长在，"当天晚上六点多天黑了，'林军'就骑着摩托车带着两个纸箱的'红豆'给我，说一共买了 49 条红豆"（2012 年 5 月 10 日对范长留的讯问笔录）。如果不是与上线"响仓"有极为熟悉、密切的关系，范长留、范长在购买毒品不可能这么顺利、快捷。

而且，范长留不但与范长在有共同的毒品来源，范长留还有自己的毒品来

源。他向侦查机关供述："我还给'高个子'介绍过另外一个上家。"侦查人员问："你接着说你跟'高个子'介绍的另一个上家？"范长留答："有个朋友叫'朝阳'的，是××朝阳人，他在云南昆明建筑工地做事，具体做什么我不清楚，2012 年 4 月 20 日前后'朝阳'在昆明跟我打电话，问我东华老家这边有没有要'豆豆'的人。我说帮他留意一下。"（2012 年 5 月 1 日对范长留的讯问笔录）

这些说明范长留、范长在有着广泛毒品来源。而正是他们积极联系、积极组织并参与，才使毒品流到杨河东他们手中。

3. 范长留、范长在等人是本次贩卖毒品的实际受益人

本案查实的、被卖出的毒品共 16 包，这些毒品都是范长留、范长在等人的，不是杨河东的。范长留、范长在他们对此供认不讳。侦查人员问："49 包毒品中的 16 包是哪些人出的资？"范长留答："我出资了十几万元现金，范长根出资了十几万元，剩下的 30 多万元都是'林军'出的钱。"（2012 年 10 月 29 日对范长留的讯问笔录）侦查人员问："你们购买的 49 包麻果哪些人出资的？"范长留答："有 33 包是杨河东和柳叶舟出资的，另外 16 包是我和范长在、范长根出资购买的。"（2012 年 10 月 30 日对范长留的讯问笔录）

本案中杨河东卖出的 16 包正是范长留、范长在要杨河东代为出售的毒品，杨河东为此分三次共向他们支付了 221 万元。对此款项，侦查人员问范长留："高个子先后三次给你的共有 221 万元现金是干什么的？"范长留答："是 4 月 21 日高个子安排他老表送 230 万现金去云南找我们购买麻果时，我与'林军'、范长根等人自己投入 90 万元资金另外买的 16 条（96 000 颗）麻果交给高个子老表一起通过货车运回××后由高个子负责卖出去，我们以每条 15 万元的价格与高个子计算另外减去 6 万元的运费，就是 234 万元，但是高个子只付给我们 221 万元，仍然还欠我们 13 万元。"（2012 年 5 月 9 日对范长留的讯问笔录）范长根也承认了自己和范长留回××拿此款项的经过（2012 年 5 月 10 日对范长根的讯问笔录第 4～7 页）。检察人员问杨河东为什么向范长留等人支付这笔款项，问："你为什么先后给范长留 70 万元、87 万元、64 万元？"杨河东答："这是范长留放在我处、让我卖毒品的钱。"（××检察院 2013 年 1 月

17 日对杨河东的讯问笔录)。范长在供述了分三次拿钱的经过;范长留、范长在和范长根均供述了将部分资金放在邹长久家的事实。相反,杨河东所购的毒品本次并没有被卖出去。因此范长留、范长在等人是本次贩卖毒品的实际受益人。

4. 范长留、范长在等人要对指控中的全部毒品的贩卖行为承担责任

本案中范长留、范长在等人承认所贩的毒品中有 16 包是他们的,不是杨河东的。那么指控中另外 33 包毒品范长留、范长在等人要不要承担责任? 承担什么责任? 本辩护人认为范长留、范长在等人在这 33 包毒品交易中处于一个居中倒卖者的地位,并非简单的居间介绍。最高人民法院于 2015 年 5 月 18 日印发的《全国法院毒品犯罪审判工作座谈会纪要》中规定:"办理贩卖毒品案件,应当准确认定居间介绍买卖毒品行为,并与居中倒卖毒品行为相区别。居间介绍者在毒品交易中处于中间人地位,发挥介绍联络作用,通常与交易一方构成共同犯罪,但不以牟利为要件;居中倒卖者属于毒品交易主体,与前后环节的交易对象是上下家关系,直接参与毒品交易并从中获利。"对于二者的区分,关键在于在毒品交易中所处的地位和作用不同。居间介绍者不是毒品交易的一方主体,在交易中处于中间人地位,对促成毒品交易帮助作用;居中倒卖者虽然也处于毒品交易链条的中间环节,但在每一个具体的交易环节中都是一方交易主体,对交易的发起和达成起决定性作用。范长留、范长在都从这 33 包毒品交易中获利了。侦查人员对范长在的讯问中明确了这个问题。侦查人员问:"你跟范长留在云南'响仓'手里购买毒品是什么价格?"范长在答:"'响仓'卖给范长留讲好是 60 000 元一包,但实际上我是 58 000 元一包在'响仓'手上购买的,多的两千元钱,我跟'响仓'一人一千。"问:"范长留将毒品给××的'高个子'是什么价格?"范长在答:"是 61 500 元一包。"(2012 年 10 月 15 日对范长在的讯问笔录)范长在的回答不但承认自己从每包中获利 1 000 元(若是 33 包则共获利 33 000 元),而且承认范长留也从中每包获利 1 500 元(若是 33 包则共获利 49 500 元)。范长在的说法印证了范长留与杨河东的商议,因为范长留早就向杨河东说明每包的价格是 61 500 元。范长留向侦查机关供述:"我于 2012 年 4 月 10 日打通了高个子的电话,跟他说了云南有朋

友是卖'红豆子'的，价格是 61 500 元一条，必须一条以上才能拿货。"（2012 年 5 月 1 日对范长留的讯问笔录）而且，范长留在供述中自己也承认了在毒品交易中的地位，范长留说："我买了毒品让杨河东、柳叶舟去卖。"（2013 年 1 月 11 日对范长留的讯问笔录）

因此，范长留、范长在是本次毒品交易中的一方交易主体，是毒品交易链条中的重要环节，而且从中牟取了利益，他们应当对指控书所指控的全部毒品交易承担刑事责任，而不是仅仅对 16 包毒品承担刑事责任。

（二）杨河东的罪责轻于柳叶舟

共同贩卖毒品中柳叶舟的罪责要大于杨河东，原因如下。

1. 柳叶舟与杨河东商议贩毒并无谁主动谁被动

在柳叶舟的讯问笔录和庭审中，柳叶舟说是杨河东约他一起贩卖毒品，但杨河东并不承认，柳叶舟的供述只是孤证。看看杨河东向侦查机关的供述吧。侦查人员问："柳叶舟是怎样和你一起合伙贩卖毒品麻古的？"杨河东答："2012 年 2 月份的时候，我们聊天的时候就说起了范长留从云南开车带麻古到东华的事。"（2012 年 5 月 14 日杨河东讯问笔录）这说明两人是聊天的时候谈到了贩毒，并不是杨河东约柳叶舟贩毒。

2. 柳叶舟建议大量贩毒

由于范长留他们刚开始是自己亲自坐车带毒品回××贩卖，柳叶舟认为这样太慢，赚不到钱，向杨河东建议改变方式。杨河东向侦查机关的供述证实了这一点。杨河东说："柳叶舟说像范长留这样自己开车送麻古回东华太慢，又赚不到钱，他说他有从云南运麻古回××东华的路子。"（2012 年 5 月 14 日杨河东讯问笔录）正是基于柳叶舟的建议，2012 年 4 月他们就采取了通过货车捎带的方式从云南运毒品回××东华贩卖的方法。

3. 柳叶舟一直没有供述未缴获毒品的去向

起诉书指控本案中共贩卖毒品 49 包，杨河东供述卖了 16 包（其中 10 包被收缴），那么另外 33 包哪里去了？如果这 33 包毒品确实存在，那么只有柳叶舟清楚未缴获毒品的去向。因为一直是柳叶舟保管毒品。侦查机关就毒品由谁保管讯问了杨河东，侦查人员问：卖出毒品时"你为什么要让柳叶舟准备好毒品麻古？"杨河东答："因为我伙同柳叶舟一起从范长留手上买回来的毒品麻古都由柳叶舟负责保管，我只是负责联系购买毒品并负责卖毒品，他负责运输和保管毒品，所以放在哪里我也不知道。"侦查人员问："找范长留买的三十二包和一条麻古与范长留还剩下的一包麻古在哪里？"杨河东答："那我不知道在哪里，这些毒品麻古都是由柳叶舟负责保管的。"（2012 年 5 月 14 日对杨河东的讯问笔录）庭审中公诉人、审判长均就此讯问了杨河东。公诉人问："毒品怎么保管的？"杨河东回答："毒品具体怎么保管，放在柳叶舟那里。"审判长问杨河东："你与柳叶舟是如何分工的，谁负责从云南把毒品运回××，毒品由谁保管？"杨河东答："我负责卖麻果，柳叶舟负责运输和保管。"（2015 年 5 月 11 日××中院开庭审理笔录）

在柳叶舟的供述中，他多次承认在毒品交易中接、送毒品。如在回答侦查机关如何拿货时，柳叶舟说："每次都是杨河东给我打电话叫我准备麻古，我就给冯晓平打电话并告诉他要多少，他就打电话给'阿晓'，然后冯晓平再给我打电话，叫我把车开到他指定的地方，人下车，车门不锁，等有人把麻古放到我车上之后冯晓平就打电话告诉我说好了，我再把车开走。"（2012 年 5 月 16 日对柳叶舟的讯问笔录）柳叶舟还对侦查机关说："货接到后就由'阿晓'负责保管。"（2012 年 5 月 9 日对柳叶舟的讯问笔录）柳叶舟之所以这样说，是因为"阿晓"没有到案，司法机关无法证实他所说的是否属实。柳叶舟这一说法也直接说明毒品不是由杨河东保管，杨河东确实不知道毒品在哪里。

吴自成的供述证明了货由柳叶舟保管。吴自成向侦查机关说："每次的毒品麻古都是由杨河东的亲家柳叶舟去拿的，从哪里拿的我不知道。""柳叶舟是今年才接触过几次，对他不了解，只知道杨河东每次与别人进行毒品交易都是柳叶舟负责去拿货送货。"（2012 年 5 月 2 日对吴自成的讯问笔录）

综上所述，杨河东的罪责要轻于范长留、范长在、柳叶舟。正因为如此，××市中级人民法院 2013 年 6 月 18 日作出〔2013〕××中初字第 17 号刑事判决只判处杨河东死刑，缓期两年执行；即使是因××市人民检察院提出抗诉、本案发回重审的情况下，××市中级人民法院 2015 年 9 月 25 日作出〔2015〕

××××中初字第 6 号刑事判决，仍然坚持只判处杨河东死刑，缓期两年执行。××市中级人民法院坚持以事实为根据、以法律为准绳的原则，坚持限制死刑立即执行适用的政策，是完全正确的，也是难能可贵的！

二、认定杨河东等人贩卖毒品 49 包证据不确实、不充分

本案中，侦查机关当场查获毒品 10 包，加上已经卖出的 6 包，共 16 包。另外的 33 包毒品至今没有查获。对于本次所贩毒品的具体数量，杨河东、范长留、柳叶舟等人都说不知道。

2012 年 4 月去云南购买毒品时，杨河东不知道柳叶舟交给"阿晓"多少钱去买毒品，自然不知道最后买来了多少毒品。2014 年 3 月××省高院开庭审理中，杨河东说："具体数量，我没有看到。"（2014 年 3 月 7 日××高院法庭笔录）2015 年 5 月××中院开庭审理中，辩护人鲁铮问杨河东："你一直没有看到过 49 包毒品？"杨河东回答："我没有见到毒品。"（2015 年 5 月 11 日××中院开庭审理笔录）本次庭审中，辩护人王生彪问范长留："你有没有将 49 包麻果交给吴自成保管？"范长留回答："具体多少包我不知道，我没有看。"王生彪又问杨河东："起诉书指控的 49 包麻果，你亲眼看到过没有？"杨河东回答："我没有。"（2015 年 5 月 11 日××中院开庭审理笔录）被告人柳叶舟在回答侦查机关的讯问时也明确说不知道毒品的数量。侦查人员问："这次买了多少毒品麻古？"柳叶舟答："我不知道买了多少，当时麻古是用什么装的我也没有看见。"（2012 年 5 月 16 日对柳叶舟的讯问笔录）至于吴自成，在供述中更是从来没有供述过毒品的数量，侦查人员、审查起诉人员均未问他是否知道毒品的数量。

既然他们都说没有看见过毒品，不知道具体的数量，那么控方指控他们贩卖 49 包毒品是不是确实的？范长在是否确实从"响仓"处购得 49 包毒品？或者范长在购得毒品后有没有私下处理一些毒品，但告诉范长留是 49 包，而后范长留又告诉杨河东是 49 包？

我们对此怀疑不是没有理由。一是只有范长在一个人的口供说过是 49 包，属于孤证；二是本案的证据实在粗糙。例如本案收缴的毒品第一次含量鉴

定为 26.65 克/100 克，而第二次鉴定含量为 5.31 克/100 克。这是一个多么大的差距！人命关天的事，怎能如此马虎草率？同样，在具体的数量认定上，我们也应当谨慎，不能因范长在一人的口供就确定涉案的数量。

如果本案只有 16 包毒品，含量只有 5.31 克/100 克，就应当重新评估本案的社会危害性。

三、判决书没有考虑杨河东法定从轻情节

杨河东归案后即对自己所犯罪行如实进行了供述，从来没有翻供，具有坦白情节。甚至在 2014 年 3 月 7 日××省高级人民法院开庭审理本案时，审判长还亲口对杨河东说："你一直承认有贩毒行为。"（2014 年 3 月 7 日××高院法庭笔录）《刑法》第六十七条第三款规定："犯罪嫌疑人虽不具有前两款规定的自首情节，但是如实供述自己罪行的，可以从轻处罚。"但该判决书中完全没有考虑杨河东如实回答这一坦白情节。而且，杨河东归案后有检举邹洪伟等 4 人的贩毒事实，当地公安机关上报公安部，经排查后认为被举报人邹洪伟等人有重大嫌疑，并将其列为重点监控对象。虽然公安部门现在还没有查证被举报人的毒品犯罪，但仍然在重点监控中。因此，法院应当考虑对杨河东从宽处罚。

反观本案中范长留、范长在、柳叶舟等人，归案后首先拒不供认罪行，即使在后来供认罪行但还推脱罪责，在庭审中还诉称有刑讯逼供，试图推翻自己在侦查、审查起诉中的供述。例如侦查机关问范长留是否熟悉杨河东，问："'高个子'的基本情况？"范长留答："'高个子'的真名不清楚，跟我是一个乡的，小时候读书时在一起，三十岁左右。"（2012 年 5 月 1 日侦查机关对范长留的讯问笔录）这实际上是范长留在回避侦查机关了解自己贩毒的事实。又如侦查机关对范长在的讯问时问："你将你涉嫌贩卖毒品的事实详细讲一下？"范长在答："我没有做，所以没有可讲的。"问："你伙同范长留一起是否干过什么违法犯罪的事？"范长在答："没有。"（2012 年 11 月 27 日对范长在的讯问笔录）但奇怪的是，该判决书却认定范长留"具有坦白情节，依法可以从轻处罚"，对范长在、柳叶舟事实上也从宽处罚。

本案中几位被认定为主犯的人中，唯有杨河东在一审判决后没有上诉。本辩护人在会见时问："你在 2013 年 6 月份一审判决后为什么没有上诉？"杨河东说："我认为我犯了罪就应该承担刑事责任，我就没有上诉。"这说明杨河东是认罪服法的。本辩护人问："你现在被判处死刑立即执行，你怎么看？"杨河东回答："我觉得判我死刑立即执行太重了，案件中范长留、范长在罪要大，应该责任要比我重，所以判处死刑立即执行的不应该是我。"本辩护人问："你现在怎么看你贩卖这事？"杨河东答："我现在很后悔，我不仅危害社会，也让家人受拖累，真的很后悔，希望有机会重来。"（2018 年 3 月 30 辩护人会见杨河东笔录）

四、本判决书错误运用上诉不加刑原则

本案由××市中级人民法院于 2015 年 9 月 25 日作出〔2015〕××××中刑初字第 6 号刑事判决后，××市人民检察院认为原判对范长在等十一名被告人均量刑畸轻，对全案提出抗诉。这一点××省高级人民法院判决（2018）××刑终 11 号刑事判决书也明确列举。但××省高级人民法院判决（2018）××刑终 11 号刑事判决却说"但原判对上诉人田可人量刑明显偏轻，鉴于上诉不加刑原则，本院予以维持"。田可人不是××市中级人民法院〔2015〕××××中刑初字第 6 号刑事判决书中的被告人吗？公诉机关不是对全案抗诉吗？田可人为什么可以适用上诉不加刑原则？这明显是判决中的错误！那对杨河东量刑是不是也有错误？我们不得不认真、慎重对待！

2008 年最高人民法院印发的《全国部分法院审理毒品犯罪案件工作座谈会纪要》明确要求毒品案件的审理中"对被告人量刑时，特别是在考虑是否适用死刑时，应当综合考虑毒品数量、犯罪情节、危害后果、被告人的主观恶性、人身危险性以及当地禁毒形势等各种因素，做到区别对待"。2015 年最高人民法院印发的《全国法院毒品犯罪审判工作座谈会纪要》也明确指出在毒品案件审判工作中"应当全面、准确贯彻宽严相济刑事政策，体现区别对待，做到罚当其罪，量刑时综合考虑毒品数量、犯罪性质、情节、危害后果、被告人的主观恶性、人身危险性及当地的禁毒形势等因素，严格审慎地决定死刑适用，确

保死刑只适用于极少数罪行极其严重的犯罪分子"。结合本案的事实，依据《刑法》的规定和上述《座谈会纪要》的要求，杨河东的罪责不是本案中最重的，其悔罪态度好，主观恶性与人身危害性已大大降低，且具有法定从轻情节，××省高级人民法院判决〔2018〕××刑终 11 号刑事判决判处杨河东死刑量刑错误。恳请最高人民法院本着以事实为根据、以法律为准绳的原则，基于严格限制死刑立即执行的刑事政策，裁定不予核准杨河东死刑判决。

朱力尚强奸案

朱力尚，男，1976年9月11日生，汉族，文化程度为高中，已婚，户籍所在地为××省白原市济经区教师新村11号楼304室。朱力尚从事农资销售工作，自己在北石街3号有一门面店做农资批发。在组织进货、参加农资展览会时认识了海谷市同样从事农资销售的李芳芳（女，生于1983年3月2日，已婚）。刚开始，朱力尚通过QQ联系李芳芳了解农资市场行情，交往久了，两人也谈一些家庭事务，甚至谈及个人感情。2013年3月19日因业务的原因，朱力尚到海谷市出差，便通过QQ联系李芳芳一起吃晚饭。但李芳芳说家里有客人，不便出来，约定饭后联系。朱力尚晚餐与客户一起时喝了半斤白酒，然后到歌厅唱歌，又喝了几瓶啤酒。到晚上11时，李芳芳来电话，约朱力尚见面。由于时间已晚，处于醉酒状态的朱力尚要李芳芳确定一个酒店，到酒店见面。李芳芳便约朱力尚到附近的豪生大酒店大堂见面。朱力尚到达酒店大堂后在李芳芳的陪同下开了一间房间，两人进入房间。聊了一会儿天，朱力尚因酒精的刺激，抱起李芳芳放在床上，想与之发生性关系。李芳芳不太情愿，但朱力尚仍然将李芳芳的衣服脱了，自己脱了衣服，趴在李芳芳的身上。但由于朱力尚自己身体的原因，其阴茎未勃起，无法插入李芳芳的阴道中。随后两人便从床上起来，又坐着光着身子聊天。

半小时后，朱力尚仍想与李芳芳发生关系，便又抱起李芳芳放到床上。朱力尚再次趴到李芳芳身上，但由于身体的原因仍然未能将阴茎插入。随后两人起了床，穿上衣服，又坐着聊了一会儿天，李芳芳起身要回家，并要朱力尚送她。但由于醉酒比较严重，朱力尚送李芳芳到酒店门口便回房睡觉了。当晚凌晨2点多，警察到酒店房间将处于醉酒状态的朱力尚抓获，朱力尚因涉嫌强奸罪被刑事立案。

承办情况

在本案的一审阶段，犯罪嫌疑人朱力尚的家属委托我所在的律师事务所指派我提供辩护。接受委托后，本人立即到受理法院复印了所有案卷材料，然后会见了被羁押的犯罪嫌疑人朱力尚。在会见时，朱力尚感觉非常委屈，他认为李芳芳是愿意与他发生性关系的。他们已经相识多年，在交往中也经常相互倾诉自己的感情，有QQ聊天记录为证；而且事发当天晚上，是李芳芳陪着自己去开房的，在房间里脱她的衣服时她没有反抗；在第一次性关系没有发生成功的情况下，两个人光着身子坐了半个小时，李芳芳如果不同意完全可以呼救或离开，但她没有；她离开房间回家时还希望他送一下，只是由于醉酒才没有去送。本辩护人在案卷材料中看到李芳芳说自己是不同意的，是朱力尚强行脱她的衣服，并试图与她发生性关系，且李芳芳身上有伤痕。应当说本案中朱力尚感觉委屈有其从自己的角度对整个行为过程加以判断的基础，但强奸案件中，法官不会基于双方曾经倾诉过感情、李芳芳当时没有呼救或离开就认定其愿意与被告人发生性关系。因为被害人可能因为惧怕而没有强力抵抗或离开，被害人并不承认事后要被告人送她回家，而且如果被害人自愿就不会报案，加之其身上的伤痕，法官更愿意相信被害人是不愿意的。被告人知道自己要获得无罪判决难度非常大，因此希望被判处免予刑事处罚或缓刑。案中，虽然被告人的强奸行为属于未遂，但未遂是一个授权性的从宽情节，即"可以从轻或减轻处罚"；强奸罪法定刑的起刑点是三年，因此被告人不具备免予刑事处罚的条件，甚至不一定被判处缓刑。本案处理过程中，虽然《中华人民共和国刑事诉讼法》已经规定了刑事和解制度，但该案并不属于刑事和解的案件范围，因此只能通过向被害人赔偿损失、赔礼道歉等方式获得被害人谅解，以期达到判处缓刑的目的。本辩护人试图联系被害人李芳芳，但李芳芳的丈夫拒绝见面，同时派了一个律师来协助处理此事。本辩护人联系该律师，从律师处了解情况。本辩护人代表朱力尚向被害人李芳芳及其丈夫表达歉意，后经与律师协商，朱力尚赔偿李芳芳 10 万元，李芳芳出具《刑事谅解书》，表示原谅朱力尚，并请求人民法院对朱力尚从宽处罚。法院经开庭审理后判决朱力尚构成强奸罪，判处有期徒刑 2 年，缓刑 3 年。

主要辩护观点

一、被告人朱力尚的行为属于未遂

被告人朱力尚意图与被害人李芳芳发生性关系，但被告人朱力尚并未将生殖器插入李芳芳的阴道中。在侦查机关 2013 年 3 月 20 日对被害人李芳芳的询问笔录中，李芳芳说："我们聊了下后，朱力尚又强行将我的内裤脱了，然后趴在我身上，想将他的阴茎插到我阴道里去，但是因为他的阴茎没有硬起，只是在我的阴道外摩擦，并没有进到我的阴道里面去。这样试了几次后，他的阴茎一直没有硬起来，被告人朱力尚就没有继续这样做了。"（该询问笔录第 4 页）在侦查机关 2013 年 3 月 25 日对被告人朱力尚的讯问笔录中，被告人朱力尚也说："我趴在李芳芳的身上想和她发生性关系，我的阴茎在李芳芳的阴道口摩擦了一段时间后没有硬起来，就没有插到她的阴道里。"（该讯问笔录第 2 页）双方的笔录都证明被告人朱力尚的阴茎没有插入李芳芳的阴道。根据《刑法》第二十三条第一款的规定："已经着手实行犯罪，由于犯罪分子意志以外的原因而未得逞的，是犯罪未遂。"根据强奸罪既遂标准，对于成年妇女的强奸行为，应当以插入阴道为既遂标准。本案中被害人李芳芳生于 1983 年 3 月 2 日，是成年妇女。因此，被告人朱力尚的行为属于未遂。根据《刑法》第二十三条第二款的规定："对于未遂犯，可以比照既遂犯从轻或者减轻处罚。"

二、被告人朱力尚如实地供述了自己的行为

本案发生在 2013 年 3 月 19 日晚，3 月 20 日凌晨 5 点 30 分侦查机关讯问了朱力尚，朱力尚向侦查机关如实供述了整个事发的过程与细节，完全没有任何隐瞒和保留。整个案件侦查过程中，侦查机关对朱力尚做了三次讯问笔录，在所有这些笔录中，朱力尚都如实供述了事发的过程与细节，没有任何翻供行为。《刑法》第六十七条第三款规定："犯罪嫌疑人虽不具有前两款规定的自首情节，但是如实供述自己罪行的，可以从轻处罚。"

三、被告人朱力尚主观恶性不强、人身危险性小

被告人朱力尚与被害人李芳芳都是从事农资销售的人员，两人有多年的交情，在交往的过程中关系比较好，长期有电话和 QQ 联系，甚至经常谈及感情问题。也是基于这种感情基础，被告人朱力尚在出差到海谷市时才与李芳芳联系，李芳芳也才会在晚上与被告人朱力尚见面并陪其到酒店开房。也正是基于两人长期的交往，被告人朱力尚喜欢上了被害人李芳芳。2013 年 3 月 20 日对被害人李芳芳的询问笔录中，李芳芳说："朱力尚说他喜欢我。"（该询问笔录第 2 页）侦查机关 2013 年 3 月 20 日对被告人朱力尚的讯问笔录中，被告人朱力尚也说："我好想她，我好喜欢她。"（该讯问笔录第 3 页）

在被告人朱力尚看来，李芳芳当时并不是完全不同意发生性关系。侦查机关 2013 年 3 月 20 日对被告人朱力尚的讯问笔录中，被告人朱力尚说："她之后还是半推半就地让我将她的衣服都脱了。"（该讯问笔录第 3 页）当李芳芳生

气时，被告人朱力尚说："我就松开了李芳芳。"（侦查机关 2013 年 3 月 20 日对朱力尚的讯问笔录第 3 页）"李芳芳这个时候就有点生气，我就松开了和她聊了下天。"（侦查机关 2013 年 3 月 25 日对朱力尚的讯问笔录第 2 页）2013 年 3 月 20 日对被害人李芳芳的询问笔录中，李芳芳也说在这个过程中："我们两个人就没有穿衣服坐在房间里的椅子上聊天。"（该询问笔录第 3 页）因此，从整个过程来看，被告人朱力尚认为他与李芳芳有感情基础，自己并没有非法拘禁李芳芳，宾馆房间的门随时可以打开，李芳芳如果完全不愿意，她完全可以自行离开，而不是留下来与他聊天。而且，据被告人朱力尚说，事后李芳芳还要被告人朱力尚送其回家，由于被告人朱力尚酒没有完全清醒，所以就没有送其到家。在被告人朱力尚看来，如果李芳芳完全不愿意与其发生关系，她不可能事后要他送回家。

被告人朱力尚实施不当行为后并没有逃离现场，警察在朱力尚的房间中找到了他，甚至自己被抓时朱力尚还不知为何事被抓。而且，案发后，在侦查机关的讯问笔录中多处记载了朱力尚悔改的态度。侦查机关 2013 年 3 月 20 日第一次对朱力尚的讯问笔录中，朱力尚说："我做了对不起李芳芳的事，伤害了她，大家都是有家庭的人，我不应该这样做。现在就是想向李芳芳赔礼道歉，该我承担的责任就自己承担。"（该份笔录第 4 页）2013 年 3 月 20 日对朱力尚的第二次讯问笔录中，朱力尚说："我是在喝醉的情况下做的这事，我知道我做错了，希望政府对我宽大处理，希望李芳芳原谅我，我以后再也不会做这种事了。"（该份笔录第 2 页）侦查机关 2013 年 3 月 25 日对朱力尚的讯问笔录中，朱力尚说："我想取得李芳芳的原谅。"（该份笔录第 3 页）

因此，综合本案的整个过程来看，被告人朱力尚由于法制观念淡薄实施了违法行为，但其主观恶性并不强，人身危险性小。

综合本案的案件事实，本辩护人认为被告人朱力尚主观恶性不强、人身危险性小，其行为属于未遂，且能如实供述自己的罪行。根据《刑法》的规定，犯罪未遂和如实供述自己罪行都是法定的从宽情节；主观恶性不强和人身危险性小是酌定的从宽情节。基于本案的事实与法律，本辩护人请求司法机关对被告人朱力尚从宽处罚。

黄平走私武器、弹药案

基本案情

　　黄平，男，1966年4月11日生，文化程度为小学肄业，户籍所在地为××成顺市同经区尚品镇自正村222号。黄平系××沿海一渔民，自己有两条船到海上捕鱼。由于当地每年3月到6月是休渔期，黄平利用这个时间到船厂修理自己的渔船。2016年6月，黄平在修理渔船时，认识了一个在船厂同在修船的台湾人老王。老王说，自己经常有货从台湾地区运到××，在他们村的小码头上岸，然后通过陆运到政京。老王看黄平做事踏实，就说希望他能帮其找人将以后的货物送到政京。黄平问是什么货物，老王说是汽车配件，黄平同意。2016年10月20日，老王打电话给黄平，说自己晚上有货到岸，请黄平找一辆货运车，将货运到政京指定快运站。黄平找到同村的胡军，胡军开车到村小码头，他们到码头等到晚上9点多钟，看到一艘来自台湾地区的船靠岸。船上的人将货卸到岸上，并给了黄平2 000元钱。这些货物都用编织袋包装严实，看不到里面为何物。黄平、胡军将货物装上车后，连夜送到政京，到指定快运站时已经是凌晨3点多钟。他们卸货后又连夜开回自己的村中，回家时已是早上6点多。黄平将2 000元费用中的1 300元给胡军作运费，自己留700元作报酬。2016年10～11月，黄平先后三次通过同样的方式帮老王送货到政京。2016年12月5日，黄平被当地海关缉私局刑事拘留，其涉嫌的罪名是走私武器、弹药罪。此时，黄平才知道自己帮老王运送的是气枪配件（700 余件）、气枪子弹（10 000 余发）。

承办情况

黄平被海关缉私局刑事拘留后，黄平的家属委托我所在的律师事务所指派我在侦查阶段为黄平提供法律服务。接受委托后，本人首先联系承办案件的海关缉私局，与办案人员交流，了解黄平所涉罪名、刑事强制措施情况、案件进展情况等；其次会见被采取拘留措施的犯罪嫌疑人黄平，了解侦查人员讯问是否合法、刑事强制措施变更情况、是否受到非法待遇、黄平对案件的看法与要求等。从侦查人员处了解到黄平涉嫌走私武器、弹药罪，其搬运的货物中有气枪配件 700 余件、气枪子弹 10 000 余发。如果情况属实，黄平将面临极重的刑事责任。因为根据《刑法》第一百五十一条的规定，走私武器、弹药的，处七年以上有期徒刑，并处罚金或者没收财产；情节特别严重的，处无期徒刑，并处没收财产；情节较轻的，处三年以上七年以下有期徒刑，并处罚金。根据《最高人民法院关于审理走私刑事案件具体应用法律若干问题的解释》，走私非军用枪支 10 支以上或者非军用子弹 1 000发以上的属于走私武器、弹药罪，"情节特别严重"，可以判处无期徒刑。走私非成套枪支散件的，以每 30 件为一套枪支散件计。黄平航运的货物中气枪配件 700 余件、气枪子弹 10 000 余发，通过折算完全达到了"情节特别严重"的程度。

在会见黄平时，黄平觉得自己是被冤枉的，因为自己完全不知道所搬运的货物里藏有气枪配件和铅弹，老王告诉他是汽车配件；那些货物都是包装好的，他不可能撕开包装查看里面是什么货物；再说，自己从来没有见过枪支配件，即使撕开货物包装，他也不知道配件是枪支配件；自己帮忙搬了三次货物，一次赚七百块，谁会为了这么点钱去犯罪？我完全相信黄平的说法，在与海关缉私局侦查人员的交流中，我强调黄平对货物里藏有枪支配件和铅弹完全不知情，甚至这些货都可能不是黄平搬运的，他不涉嫌构成走私武器、弹药罪。但侦查人员坚持黄平即使不明知，也可以推定其知道。因为他们村的码头属野码头，作为渔民他不可能不知道为什么这些货物要从野码头晚上上岸。经侦查终结，侦查机关将案件移送当地市检察院审查起诉，本人继续担任黄平的辩护人。本人写出了详细的《律师意见书》提交公诉机关，并与办案人员交流，强调黄平不构成走私武器、弹药罪。但公诉机关未接受本人的意见，将案件以黄平涉嫌走私武器、弹药罪将案件起诉到市中级人民法院。在庭审前的庭前会议中，本辩护人请求法院排除非法证据。因为本辩护人在拷贝侦查阶段的讯问录像后发现，侦查人员在讯问笔录中的记录完全不符合讯问时黄平的回答。在庭审中，本辩护人认真质证、向被告人提问案件细节、发表详细辩护意见。法院采纳本辩护人的辩护意见，认为黄平走私武器、弹药罪的指控不成立。最终判决黄平构成走私普通货物罪，被判处免予刑事处罚。

主要辩护观点

一、案中所涉枪支弹药是否为黄平所搬运存疑

起诉书指控黄平受台湾人老王雇用，搬运鹏程公司从我国台湾地区走私入境的货物，并认为案中所涉的两批藏有枪支弹药的货物为黄平所搬运。但案卷材料显示，这些货物并不能确定为黄平所搬。理由如下。

首先，被告人刘枫、冯快的讯问笔录显示，为鹏程搬运货物的并非只有黄平，还另有其人。其一：侦查人员问刘枫：那"鹏程"每次送货过来的时候都是同一台车来送的货吗？答：不是，有时候是小面包车，有时候是小货车（2015年12月8日刘枫《讯问笔录》第5页）。其二：侦查人员问刘枫："鹏程"是如何将台湾地区的货物送到你们营业部的？答：货物都是他们用车子送过来的，每次送过来的车子都不一样，人也不一样（2015年12月10日刘枫《讯问笔录》第5页）。其三：侦查人员问刘枫：每次来送货的人是同一个人吗？答：不是的，每次来的人都不一样，有时候还来了两个（2015年12月10日刘枫《讯问笔录》第9页）。其四：侦查人员问刘枫：每次来送货的车子固定吗？答：不固定，每次都不一样。问：许先生一般是什么时候派人送货过来？答：货比较多的时候是晚上，货少一般是白天（2015年12月11日刘枫《讯问笔录》第3页）。侦查人员问冯快：鹏程公司的货一般是什么时候送到你们营业部的？答：绝大部分都是晚上或者凌晨的时候送过来的（2015年12月10日冯快《讯问笔录》第8页）。刘枫、冯快的这些供述表明鹏程公司的货有的是白天送，有的是晚上送，而且每次送货的人都不一样。既然如此，公诉方怎么能证明这些货物是黄平搬运的？为什么不可能是其他送货人搬运的？

其次，黄平一再承认自己是帮老王搬运货物，但刘枫、冯快却说他们接的货都是台湾许先生的。刘枫说："鹏程"的货物都是通过一个叫许先生的人从台湾走到大陆的，然后再由许先生安排人送到我们营业部的（2015年12月11日刘枫《讯问笔录》第1页）。侦查人员问冯快：鹏程公司的货是如何运到你们公司的？答：都是鹏程公司通过许先生负责把货从台湾走到大陆后再运到我们公司的（2015年12月10日冯快《讯问笔录》第8页）。这说明，刘枫、冯快接受的台湾许先生藏有枪支弹药的货物就根本不是黄平搬运的，而是另有其人。

再次，黄平是送货一个多月后被抓并被指控搬运了藏有枪支弹药的货物。案卷材料显示，通过监控辨认，黄平的送货时间是2015年11月28日和2015年12月11日，而被公安机关控制则是2016年1月14日。案中却没有任何证据表明，本案所涉货物是黄平所搬运。侦查机关抓获黄平后直接告诉他，你搬运的货物里藏有枪支弹药。给他辨认时，侦查机关也只是拿了几只空包装袋，黄平并没有看到包装袋里为何物。黄平承认自己帮别人搬运了货物，但从来没有承认自己搬运过走私物品，更没有承认过搬运的货物里藏有枪支弹药。

二、关于黄平是否知道自己在运输走私货物的问题

在侦查机关对黄平的讯问笔录中，多处可以看到黄平说知道自己是在帮老王运输走私货物，并且黄平还说了自己知道的主要原因：一是老王告诉他这些货物都是台湾的老板委托他走私过来的；二是这些货物都是晚上才上岸（2016 年 1 月 16 日黄平《讯问笔录》第 6 页、第 10～11 页；2016 年 1 月 19 日黄平《讯问笔录》第 6 页）；三是这些货都无任何货物进口的单证（2016 年 3 月 1 日黄平《讯问笔录》第 7 页）。对于这些说法，本辩护人认为均违反常理。首先，对于"老王告诉他这些货物都是台湾的老板委托他走私过来的"这个说法，本辩护人认为完全不能成立。××海关在打击走私方面非常严厉，走私犯罪分子极为谨慎。案卷材料表明，老王与黄平只是在修船的时候见过面，对黄平并不知底细，不可能告诉黄平自己要他搬运的是走私货物。其次，货物晚上才上岸并不等同于走私，因为台湾货物出关需要台湾放行，这要排队，船只运货到××成顺市同经区尚品镇自正村的码头需要几个小时，所以晚上八九点钟货物到岸纯属正常。最后，对于货物没有进口单证的问题，这完全是海关人员自己编写的，因为一个小学四年级都没有读完而肄业的渔民，不可能知道什么进口单证。可见，为了将黄平往走私武器、弹药罪上扯，海关缉私局的侦查人员想方设法让黄平承认自己知道帮别人运输的是走私货品。

本辩护人 2016 年 1 月 25 日接受委托人委托后，多次会见了黄平，黄平告诉本辩护人他对自己运输的货物不知情，既不知道是走私货物，更不知道是枪支、弹药，后来几次会见中，他仍然是这样说的。本辩护人告诉他侦查人员讯问结束后他有权通阅笔录，但黄平告诉本辩护人，他认识的字很少，阅读有困难。我告诉他，他有权要求侦查人员将笔录读给他听。看到案卷材料中的讯问

笔录后，我问黄平：为什么以前说不知道是走私货物而笔录上却多处说自己知道是走私货物？黄平也很惊讶，说自己完全不知道为什么这样。我问他是不是侦查人将笔录读给他听了，黄平说没有；我问为什么他不认识字的情况下不要求他们读，他说要求了，但侦查人员说字太多了，反正记录的就是他讲的，没有必要读。在没有自己阅读、办案人员也没有读给他听的情况下，黄平在讯问笔录上签字。

为谨慎起见，案件起诉到贵院后本辩护人复制了所有的审讯录像。对照录像与讯问笔录，本辩护人发现，讯问笔录上所记录的完全不是事实，记录人根本没有按照审讯时黄平所供述的记载。在黄平一再否认自己知道搬运的货物为走私货物的情况下，记录人员违背事实记录了黄平承认自己知道所搬运的货物为走私货物。本辩护人认为，这样违背事实的讯问笔录应当作为非法证据被排除，不能作为定案的根据。

三、关于老王的货物及鉴定对象物问题

讯问笔录中，黄平描述了老王："老王是台湾人，50多岁，身高约170厘米，中等身材，他是做什么的我就不知道了，真实名字我也不知道。"（2016年3月1日14时35分至2016年3月1日17时20分黄平《讯问笔录》第5页）但在本案另一嫌疑人刘枫在讯问笔录中却说："据我回忆，有一个姓杨的人专门负责押货，由他及另外一名货车司机一起将'许先生'自己的'台货'和'鹏程'公司的'台货'运到我营业部门口。刚开始，我的另一个客户'陈大姐'安排姓杨的男人运了她的一批货到我营业部。"（2015年12月11日刘枫《讯问笔录》第8页）刘枫的另一份笔录中说："我只知道'许先生'是男的，听声音年纪三四十岁。""我的另一个客户陈大姐也是安排黄平运她的一批货到我营业部。"（2016年3月8日刘枫《讯问笔录》第4、5页）很显然，黄平说的是老王，刘枫所说的是"许先生"，两者讲的完全不是同一个人。那么，黄平帮人运输的货物是不是刘枫他们承揽的货物？黄平帮人运输的货物是不是本案中混有枪支、弹药的货物？犯罪嫌疑人李梦在讯问笔录中也只字没有提到黄平所说的老王。

案件中，侦查机关只是根据刘枫、李梦他们的说法，将黄平所运输的货物作为本案所涉的货物处理，没有其他任何证据证明两者是同一货物，无疑这是孤证，无法证明待证事实。

四、关于本案适用法律的理解问题

本案中，侦查机关××海关是根据最高人民法院和最高人民检察院《关于办理走私刑事案件适用法律若干问题的解释》（法释〔2014〕10号）中第二十二条之规定，认定犯罪嫌疑人黄平的行为已触犯《中华人民共和国刑法》第一百五十一条、第一百五十六条之规定，涉嫌走私武器、弹药罪。本辩护人认为，根据该《解释》根本无法得出黄平涉嫌走私武器、弹药罪的结论。该《解释》第二十二条规定："在走私的货物、物品中藏匿刑法第一百五十一条、第一百五十二条、第三百四十七条、第三百五十条规定的货物、物品，构成犯罪的，以实际走私的货物、物品定罪处罚；构成数罪的，实行数罪并罚。"它明确规定，如果行为人在走私货物、物品中藏匿这些特定货物、物品，才根据实际走私的货物、物品定罪处罚。最高人民法院研究室马东在解读2006年最高人民法院和最高人民检察院《关于审理走私刑事案件具体应用法律若干问题的解释（二）》（2014年的《解释》继承此2006年《解释（二）》的规定）时强调"藏匿本身就客观表明了走私犯罪分子的主观故意……在这种情形下，走私犯罪分子往往只承认走私了一般普通货物、物品，但对其中夹藏的涉及罪行更为严重的走私犯罪对象均会以不知情作为辩解。如果认可这种辩解，就会使走私犯罪分子规避法律，逃脱更为严厉的刑事责任的追究；甚至在一定情况下，由于行为人偷逃应缴税额未达到走私普通货物、物品罪的定罪标准，而被无罪释放"。这种解读是有道理的，也道出了司法解释的原意。因此，依据2014年《解释》第二十二条的规定，只有有证据证明行为人在走私的货物、物品中藏匿《刑法》第一百五十一条、第一百五十二条、第三百四十七条、第三百五十条规定的货物、物品，构成犯罪的，才能以实际走私的货物、物品定罪处罚，其他情况应当按《刑法》上的认识错误处理。

很显然，本案中黄平并没有在走私的货物、物品中藏匿《刑法》第一百五十一条、第一百五十二条、第三百四十七条、第三百五十条规定的货物、物品。如果说他运输的货物中藏匿了特定货物，也是其他人藏匿而不是黄平藏匿的。黄平不应当对藏匿在货物中的特定货物承担刑事责任。

综上所述，被告人黄平不构成走私武器、弹药罪！

林政刑事抗诉申请案

2004年12月17日，被告人吴晓仁来到被害人邓珍珍家，两人在聊天的过程中因语言不和，吴晓仁用手打了邓珍珍的耳光，致双方扭打，然后吴晓仁用手臂勒住了邓珍珍的脖子，直到邓珍珍接电话才放开。随后，两人又因语言不和起争执，吴晓仁又趁邓珍珍换裤子之机，殴打邓珍珍，邓珍珍用手还击，吴晓仁便到厨房拿了一块磨刀石朝着邓珍珍的头部猛砸了五六下，致邓珍珍瘫倒在地。后吴晓仁从客厅拿来了一把长23.5厘米的水果刀，朝邓珍珍的脖子和胸部刺了五六刀。尸检报告结论：死者邓珍珍系被他人用锐器切割、刺戳颈部，用钝器打击头部，导致急性失血性休克，在机械性窒息、颅脑损伤并存的条件下，因复合性损伤而死亡。为了焚尸灭迹、掩盖罪责，邓珍珍被杀后，吴晓仁在主卧室用被子盖住邓珍珍的尸体，用打火机将被子点燃；从邓珍珍卧室出来后，吴晓仁又在客厅通过点燃一块小被子将客厅沙发点燃。邓珍珍房内起火后被邻居发现，并及时扑灭才没有殃及同一栋的六十五户居民。现场勘查笔录载明：尸体周围有大量炭化灰烬，死者两大腿部呈焦黄色，内侧皮肤炭化。吴晓仁顺手窃得邓珍珍的两部手机、钱包等物后关上门，逃离现场。随后，吴晓仁在北州市铁路桥下取得所窃钱包内的财物后将钱包焚烧，然后来到北州市内冰江大兴隆超市，并将窃得的手机存入超市自动存储柜，随后吴晓仁趁上厕所之机，将邓珍珍家的钥匙丢入超市旁边公共厕所的下水道。第二天，即12月18日晚20时左右，吴晓仁到大兴隆自动存储柜取手机时发现情况不对随即逃离。2004年12月22日吴晓仁被公安机关抓获。

本案于2005年7月15日由北州市中级人民法院作出〔2005〕北中刑初字第××号刑事附带民事判决书，判决认为被告人吴晓仁分别构成故意杀人罪、放火罪、盗窃罪，合并后决定执行死刑，剥夺政治权利终身，并处罚金3 000元。被告人吴晓仁不服，向××省高级人民法院提出上诉，并在上诉过程提供了立功材料，2008年11月11日××省高级人民法院作出〔2005〕××高法刑一终字第2××号刑事裁定，认为其立功不足以从宽处罚，驳回其上诉，维持原判，并报请最高人民法院核准死刑。最高人民法院于2009年3月17日作出〔2008〕刑三复9××4××1×号刑事裁定书，在证据没有任何变化的情况下，以事实不清、证据不足为由，不核准吴晓仁的死刑判决，发回北州市中级人民法院重新审理。2009年9月21日北华市中级人民法院作出〔2009〕×中刑初字第2×号刑事判决书，认定吴晓仁构成故意杀人罪和盗窃罪，但以"被告人吴晓仁有检举他人犯罪的行为，并经查证属实，系立功表现，依法可以从轻处罚"为由判处吴晓仁死刑，缓期两年执行。

本案被害人邓珍珍的家属委托我所在律师事务所指派我担任抗诉申请代理人。接受委托后本人到一审法院办理了相关手续，复印了全案案卷材料，听取了委

托人关于本案的意见。本案二审、死刑复核、发回重审后一审期间，法院均未与被害人家属联系。被害人家属是通过其他途径打听到二审的结果。案件由最高人民法院发回重审后，承办法院未将最高人民法院不予核准的结果告知被害人家属。在重审的一审中，法院也未通知被害人家属。重审中的一审判决作出后，被害人家属也是通过其他渠道听说被告人被判处了死刑，缓期两年执行，法院未将判决书送达被害人家属。当被害人家属得知这个结果后去法院要求领取判决书，法院才将一份判决书交给被害人家属，但这时已经是一审判决宣判 1 个月后。根据《刑事诉讼法》的规定，被害人及其法定代理人不服地方各级人民法院第一审的判决的，自收到判决书后五日以内，有权请求人民检察院提出抗诉，此时显然已经远远超过了五天的期限。因此，被害人家属到检察院请求抗诉时，被检察院以超过期限为由拒绝。本人接受委托后，在代申请人写好《抗诉申请书》的情况下，与人民检察院联系，向接待检察官陈明本案超过抗诉申请期限的原因：法院和检察院均没有将判决书送给被害人家属，以致不知该案已经判决，导致超期的过错不在被害人家属。本次被害人家属是在领到一审判决书后第四天申请抗诉，没有超过申请期限。《抗诉申请书》主要围绕遗漏被告人罪名、错误认定立功、错误理解最高人民法院意见、剥夺被害人家属诉讼权利、忽视被告人案后的恶劣表现等方面展开。检察院经讨论，接受了本代理人的意见，决定启动抗诉程序。

主要抗诉申请理由

一、北州市中级人民法院作出〔2009〕×中刑初字第 2×号刑事判决书遗漏吴晓仁罪行

吴晓仁故意杀人、纵火、盗窃行为构成几个罪？本案原一审、二审判决书和裁定书均认定吴晓仁构成故意杀人罪、放火罪、盗窃罪，实行三罪并罚，而重新审理的一审判决却只认定吴晓仁构成故意杀人罪和盗窃罪。

吴晓仁的纵火行为构不构成放火罪？吴晓仁以残忍的手段杀害被害人邓珍珍后在卧室和客厅纵火，而且吴晓仁是待火燃烧起来后才离开现场的。邓珍珍的住所是铺子街 14 号 5 栋 2 楼 22 号，该楼为北州市明群制衣厂的职工宿舍，该楼共七层，一建四户（一层一个单元四户），本栋楼住有六十五户居民，被告人吴晓仁纵火的场所位于本栋楼的第三层。被告人吴晓仁在卧室和客厅两处纵火导致室内燃烧，客厅的烤火被被烧毁、沙发被烧毁、厨房和卧室门被烧毁、卧室床上用品被烧毁、被害人邓珍珍被烧焦等（现场勘查笔录第 2、3 页），室内浓烟滚滚，更可怕的是当时室内有三个装满液化气的液化气罐。第一个发现邓珍珍家起火的吴同仁说："我在家中闻到了一股刺鼻的烧焦味，我就跑到靠南的晾台上，把窗户打开往下面看，发现我家楼下的三楼邓珍珍家的客厅起了明火，并伴随着火焰冒出大量的浓烟。"（吴同仁询问笔录第 1 页）幸亏邓珍珍邻居发现及时并呼叫大量居民全力扑救，火势才没有蔓延，否则整栋居民楼都可能被烧。

被告人吴晓仁作为一个具备完全责任能力的人（且曾经是消防兵），当时完全已经意识到纵火行为可能危及整栋居民楼及楼内居民安全的后果，但为了伪造现场、毁灭证据而不顾及公共安全，其行为已经构成放火罪。北州市中级人民法院原一审判决、××省高级人民法院原二审判决对此均作了正确的认定，但重审中的一审判决却完全没有对此作出认定，故重审中北州市中级人民法院〔2009〕×中刑初字第 2×号刑事判决书遗漏了被告人的这一犯罪事实。

导致〔2009〕×中刑初字第 2×号刑事判决书中不认定吴晓仁放火罪判决的理由主要在于，最高人民法院为〔2008〕刑三复 9××4××1×号刑事裁定书下达给北州市中级人民法院的内部函认为，2005 年 4 月 29 日北检刑诉〔2005〕19 号起诉书没有指控吴晓仁犯罪放火罪，故一审、二审刑事判决和裁定书中认定吴晓仁犯放火罪不合适。实际上最高人民法院内部函中的这一观点是错误的。因为最高人民法院于 1998 年颁布的《关于执行〈中华人民共和国刑事诉讼法〉若干问题的解释》第一百七十六条明确规定，起诉指控的事实清楚，证据确实、充分，指控的罪名与人民法院审理认定的罪名不一致的，应当作出有罪判决。北检刑诉〔2005〕1×号起诉书明确指控吴晓仁"用棉被盖住刘的尸体，用火点燃焚烧，又在客厅内将烤火用的小棉被点燃放在沙发上后，逃离现场"，且案卷材料中对于吴晓仁放火、现场状况、群众灭火的情况、消防火灾原因认定、火灾损失鉴定等均有充足的证据。起诉书明确列出了犯罪事实和证据，只是指控时没有指控放火罪，法院判决中应当作出有罪判决，认定吴晓仁构成放火罪！

综上分析，吴晓仁所犯的应当是故意杀人罪、盗窃罪和放火罪，应当三罪并罚。

二、北州市中级人民法院作出〔2009〕×中刑初字第2×号刑事判决书错误认定吴晓仁构成立功

2008 年 11 月 11 日××省高级人民法院作出〔2005〕×高法刑一终字第28×号刑事裁定，认为：吴晓仁虽然有立功表现，但是他的犯罪情节特别恶劣，应当判处死刑（裁定书第 8 页）。但在立功材料没有作任何补充或变更的情况下，北州市中级人民法院〔2009〕×中刑初字第2×号刑事判决书却认为"其辩护人提出'被告人吴晓仁有立功表现，应当从轻处罚'的辩护理由成立，本院予以采纳"。对此，该判决书没有说明为什么辩护人提出的"理由成立"。那么吴晓仁的立功成不成立？

吴晓仁的立功涉及两个案件的举报：一是刘礼等人的诈骗案；二是陶淘等人的抢劫案。这两个立功都不成立。

（一）吴晓仁举报刘礼等人的诈骗案的立功不成立

北州市人民检察院就该举报材料讯问了吴晓仁和刘礼，询问了办案民警。从讯问和询问笔录中我们可以看出其中存在严重的违规和矛盾之处。

1. 讯问违反《刑事诉讼法》的规定

办案民警令声扬曾四次就吴晓仁举报讯问了吴晓仁，形式上是令声扬和洗海林两个侦查人员在场，但实质只有令声扬一人讯问并做笔录。北州市检察院询问令声扬的笔录中，令声扬亲口承认这些笔录上"是我做的记录并写上了洗

海林的名字，事实上洗海林没有参与讯问"（吴晓仁立功问题调查材料第 35 页）。这违反了《刑事诉讼法》第九十一条"讯问的时候，侦查人员不得少于二人"的规定，这种讯问笔录不能作为立功认定的依据！

2. 吴晓仁与刘礼供述内容矛盾

北州市检察院对吴晓仁的讯问中，吴晓仁说："因为刘礼分几次给我讲的，所以我就分几次汇报给令声扬管教干部，令干部就给我做了几次讯问笔录。"（吴晓仁立功问题调查材料第 5 页）但北州市检察院对刘礼的讯问中，刘礼说："我把余下的三起案子一次性地告诉了吴晓仁。"（吴晓仁立功问题调查材料第 11 页）一人说是分次说的，另一人却说是一次性说的，两人的矛盾说法使人怀疑其检举犯罪的真实性！

3. 吴晓仁的举报线索是因威胁所得

北州市检察院对刘礼讯问中，刘礼说："吴晓仁想立功保命，就跟我说有什么案子吐给他，他保我以后在监内的日子好过些。意思是让我少吃点苦。我一听，我想自己是外地的，也想过得舒服点，见他这么说，我就把自己参与河口电器厂的这起诈骗案子吐露给了吴晓仁。"（吴晓仁立功问题调查材料第 10 页）"吴晓仁答应我会保证我以后在监子内的日子会好过点。"（吴晓仁立功问题调查材料第 12 页）检察员问："吴晓仁为什么会在监内有这样的能力保证你少吃苦？"刘礼答："一般地，关在监子内较久的就可以管监子里的事，当组长什么的。"（吴晓仁立功问题调查材料第 12 页）从对刘礼的讯问笔录中可以看出，吴晓仁完全是利用自己在看守所待的时间长、有一定的管理权，通过威胁获得了举报线索。

4. 破案卡内容是按北州市看守所干警要求写的，且被违规改动，完全否定了吴晓仁立功的可能

北州市检察院对北州市看守所副所长贺明言的询问笔录中，贺明言说："对于破案卡，我个人是这么看的，如果刑侦队不认可我们提供线索的价值，就不会提供立、破案卡给我们，而且也应该出具特别的说明，办案说明。相反，如果提供了立、破案卡，我认为就是认可了我们提供线索的在案价值。"（吴晓仁立功问题调查材料第 2 页）这说明破案卡在本次举报犯罪确认为立功中起了关

键性作用。那么破案卡是怎么来的？这些破案卡存在什么问题？

北州市检察院对侦破刘礼诈骗案的办案民警贾录副中队长的询问笔录中谈及了破案卡的问题。贾录说有一次他去市看守所时看守所民警令声扬、张林森找到他说"能不能将刘礼诈骗案的立破案卡复印几张给我，也好作为成绩报上去"（吴晓仁立功问题调查材料第 39 页）。后来贾录再去市看守所时，令声扬又找到贾录说："如果他管的监子有检举揭发的有奖励措施。"贾录说："我考虑到兄弟单位之间的关系协调，又再次答应他尽快将刘礼案的立案卡、破案卡复印提供给他。"（吴晓仁立功问题调查材料第 40 页）当贾录将立案卡、破案卡交给令声扬时，"令声扬看了讲这样写要不得，不能体现他们看守所管教干部的业绩，要我将其中的两份拿回去重写"。因此贾录只好带回，按令声扬的要求写好后交给了他。检察员问贾录："你为什么要按令声扬的要求写在案简记？"贾录回答说："我主要是考虑兄弟单位之间的关系协商，工作上互相好协调。事实上，刘礼等人诈骗案的破获是由我队直接抓获并深挖，不存在市看守所干警审讯深挖。"（吴晓仁立功问题调查材料第 40 页）检察员问贾录："令声扬是否与你谈过吴晓仁的立功问题？"贾录回答："吴晓仁在市看守所向管教干部令声扬举报的讯问笔录，我看过，但我觉得吴晓仁讯问笔录对我们侦查、深挖刘礼等人诈骗案没有什么实际价值。按理，吴晓仁的行为是否构成立功表现，也应当由我队办案单位出具，而不是看守所。"（吴晓仁立功问题调查材料第 41 页）

北州市检察院对时任北州市道林公安分局刑事侦业务领导的付冬至的询问笔录中，付冬至说："从这三张破案简决内容来看，不太符合我们的办案惯例和行文习惯，这个案子是抓的现场，按理不会出现'狱内深挖'或'看守所干警的审讯'这样的表达文字。"

5. 案件的情况汇报中没有列举吴晓仁的举报情况

道林分局刑警大队在杨案侦查终结后于 2006 年 11 月 1 日写出的"道林分局关于高鹏、刘礼等人系列诈骗案件的情况汇报"中只字未提及吴晓仁检举揭发的问题，这说明办案机关根本就不认可吴晓仁的举报。

（二）吴晓仁举报陶淘等人的抢劫案也不成立立功。

1. 讯问笔录存在作假

案卷材料明确记载，2007 年 7 月 24 日 8 时 10 分至 2007 年 7 月 24 日 10 时 10 分侦查员贺明言讯问陶淘，记录员是汤民居，但 2007 年 7 月 24 日 8 时 30 分至 2007 年 7 月 24 日 9 时 30 分汤民居却同时在讯问冯快，记录员是林可程。同一名侦查员，能在同时讯问不同的犯罪嫌疑人吗？我们认为这些讯问笔录存在作假！这种讯问笔录怎么能作为立功的材料予以认定？

2. 办案机关获得陶淘等人抢劫案的线索不一定来自吴晓仁

××省高级人民法院主办法官郑海波在提讯汪军时有这样的问答：问："你在监子里跟别人讲过这笔未讲的抢劫之事吗？"答："我讲过。"问："别人怎么会知道你这次抢劫之事？"答："还有同案犯。"这说明这笔未讲的抢劫知道的人不止吴晓仁一个。

三、北州市中级人民法院在吴晓仁故意杀人案的重新审理中错误理解最高人民法院的意见

最高人民法院在将吴晓仁杀人案发回北州市中级人民法院重新审理的内部函中认为，本案证据不足、事实不清。这涉及三个问题：吴晓仁指认在铁路桥下烧钱包时没有照片印证；吴晓仁在大兴隆超市领取手机时没有监控画面；吴晓仁将锁匙扔到公共厕所后没有捞到。

由于最高人民法院质疑此三份证据，在本案的重新审理过程中，北州市检察院给北州市道林公安分局去《关于吴晓仁故意杀人案补充侦查函》要求补充上述证据。2009 年 7 月 1 日道林公安分局刑警大队给北州市人民检察院出具了《关于吴晓仁故意杀人案的办案说明》，强调大兴隆超市中关于吴晓仁的录像资料作为证据已经随案移交，吴晓仁在大桥下焚烧相关物证的现场相片资料作为证据也已随案移交。那么这些证据到哪里去了呢？

事实上，这三份证据对吴晓仁的刑事责任没有任何影响。在案件侦查、审查起诉、一审、二审和重新审理的一审整个案件处理过程中，吴晓仁都没有否认过自己杀人、放火焚尸、盗窃的事实，整个案件中没有任何刑讯逼供；

为了逃避惩罚，吴晓仁一再声称自己精神有问题，并做了多个精神病鉴定。法院多次审理中均采纳了其具备完全刑事责任能力的司法鉴定结论。这种情况下，吴晓仁不断寻求立功。既然本案故意杀人的第一现场证据确实充分、事实清楚，司法机关就应当依法追究吴晓仁的刑事责任。

最高人民法院在给北州市中级人民法院重新审理的内部函中所指的三个证据都与故意杀人的第一现场没有任何关系，对吴晓仁刑事责任没有任何影响，不应当因此作出有利于吴晓仁的判断。

（一）有关吴晓仁在铁路桥下烧钱包时没有照片印证的问题

2004年12月23日上午10时50分至11时5分，刑侦人员将吴晓仁从市看守所提出、由吴晓仁带路到北州市铁路桥第三处桥拱下指认烧毁钱包等物证的现场，作了《对案笔录》，当时有见证人柳国中在场。《对案笔录》明确记载"吴晓仁当场指认了该处为烧毁钱包的具体地点"。有此吴晓仁签名的《对案笔录》完全足以证明吴晓仁确实在此烧毁了钱包等物证，有没有相关的照片对此没有任何影响。

本案侦查、起诉、审理过程中，办案人员9次对吴晓仁的讯问中问及了其是否在铁路桥下焚烧了钱包等物证，吴晓仁每次都作了肯定回答。吴晓仁2005年1月20日的《我的亲笔供述》中说："我出来后先坐车回家，换了衣服以后又坐车来到大桥下面，把邓珍珍钱包里的钱，大约1 700元，拿了出来，然后点火把钱包烧了。"（吴晓仁《我的亲笔供述》第5页）

有吴晓仁《我的亲笔供述》和讯问中的承认，有现场的指认，完全可以认定吴晓仁在铁路桥下焚烧了钱包等物证，完全无须指认时的照片印证！

（二）关于吴晓仁在大兴隆超市领取手机时没有监控画面的问题

吴晓仁2004年12月17日将手机存入大兴隆超市（讯问笔录中吴晓仁6次承认了这一点），当天由于吴晓仁想去看自己的孩子，没有取走手机。当晚9点多钟，超市清理存储柜时发现了此两个手机，在寻找物主时得知机主被杀，超市工作人员邹婷婷立即向公安报案（有公安"报警案件受理登记表"和证人大兴隆超市工作人员邹婷婷、罗利的证言为证）。12月18日吴晓仁去大兴隆取手机时发现情况不对，即逃走。

吴晓仁 2005 年 1 月 20 日的《我的亲笔供述》中说："在 2004 年 12 月 18 日我想起还有电话没有处理，就又跑到冰江大兴隆去拿手机，在拿手机的时候我觉得服务员神色不对，就没有拿，走了。"（吴晓仁的《我的亲笔供述》第 5 页）吴晓仁的讯问笔录中还 6 次承认自己到大兴隆超市存放手机，6 次承认自己去取手机。侦查机关分别询问了大兴隆超市工作人员宋花、谭新、田霞、倪风雅四人，并作了四份询问笔录，该四位证人证明了吴晓仁 12 月 18 日取手机的情况（案卷材料第 69～80 页）。

侦查机关分别请证人宋花、田霞、谭新（大兴隆超市工作人员）到北州市看守所对吴晓仁进行辨认，《辨认笔录》记载三位证人确认吴晓仁为 12 月 18 日到冰江大兴隆超市取手机的人（案卷材料第 87～92 页）。侦查机关于 2004 年 12 月 22 日要求吴晓仁对手机作辨认，吴晓仁确认出自己从犯罪现场盗取的两台手机（案卷材料第 21～22 页）。

在重新审理中，吴晓仁也承认了自己将所盗手机存入大兴隆超市存储柜并亲自去取的事实。庭审中公诉方问吴晓仁："你把邓珍珍的手机是不是放在大兴隆存储柜里面？事后去取了不？"吴晓仁回答："是的，我去取了。"（2009 年 8 月 12 日北州市中级人民法院《庭审笔录》第 5 页）

综上所述，关于吴晓仁在大兴隆超市存放并领取手机的事实有吴晓仁亲笔供述、讯问中的承认、证人证言和指认、吴晓仁自己的辨认、庭审记录证实。因此，即使没有监控录像对此事实的印证，也完全不影响此事实的成立。

试想，如果大兴隆超市在此没有装监控设备或设备坏了，或者吴晓仁不是在大兴隆超市而是一个根本没有监控设备的小超市存放手机，吴晓仁的案子是不是就没有办法处理了？

（三）关于吴晓仁将锁匙扔到公共厕所后没有捞到的问题

吴晓仁在讯问笔录中 4 次承认自己将锁匙扔进了公共厕所里。侦查过程中，侦查人员组织捞取，没有捞到。一串锁匙扔入下水道，由于水的冲击，事后要捞取，这基本是不可能的事。既然吴晓仁多次承认自己是将锁匙扔入了厕所，从来没有否认过这一事实，办案机关就不应当无端猜测。

试想，如果吴晓仁当时不是将锁匙扔入厕所而是汛期的涛涛江水中，这更是不可能捞到的，那么吴晓仁的案子是不是也无法办下去了呢？

四、北州市中级人民法院重新审理吴晓仁故意杀人案中剥夺了被害人家属的诉讼权利

本案 2009 年 3 月 17 日最高人民法院裁定发回北州市中级人民法院重新审判，2009 年 9 月 21 日北州市中级人民法院作出〔2009〕×中刑初字第 2×号刑事判决书。6 个多月的时间中，司法机关均没有向被害人家属通报相关情况，被害人家属更没有参加重新审理的庭审。而且，本案一审判决后，直至 2009 年 10 月 26 日被害人家属才在他人的告知下到北州市中级人民法院领取了判决书。此时已是北州市中级人民法院作出〔2009〕×中刑初字第 20 号刑事判决书作出后的一个多月时间了！

《刑事诉讼法》第一百五十五条第二款规定："被害人、附带民事诉讼的原告人和辩护人、诉讼代理人，经审判长许可，可以向被告人发问。"第八十二条第（五）规定："'诉讼代理人'是指公诉案件的被害人及其法定代理人或者近亲属、自诉案件的自诉人及其法定代理人委托代为参加诉讼的人和附带民事诉讼的当事人及其法定代理人委托代为参加诉讼的人。"这说明被害人是有权参加诉讼的，在被害人被害的情况下，其近亲属作为诉讼代理人参加诉讼。但在北州市中级人民法院对本案的重新审理中，北州市中级人民法院没有通知被害人申请人参加诉讼。更有甚者，被害人家属根本不知该次判决是何时作出的，没有任何人将判决书送达被害人家属，被害人家属是听别人说起才到北州市中级人民法院亲自去拿的。被害人家属不知道重新审理的判决是如何作出的，为什么要背着申请人对原判决进行改判？被害人家属有权参加诉讼，有权了解诉讼过程，但重新审理的判决中被害人家属的这些权利却被非法剥夺了！

五、北州市中级人民法院作出〔2009〕×中刑初字第 2×号刑事判决书忽视被告吴晓仁案后的恶劣表现

2004 年 12 月 17 日吴晓仁故意杀害邓珍珍，在案件侦查过程中吴晓仁即授权其母亲全权处理其自有 89.45 平方米住房，其目的就是规避因故意杀害邓珍珍行为导致的民事赔偿。2005 年 7 月 15 日北州市中级人民法院〔2005〕北中刑初字第××号刑事附带民事判决书判定被告人吴晓仁赔偿附带民事诉讼的上诉人经济损失 190 481.74 元，××省高级人民法院〔2005〕×高法刑一终字第 28×号《刑事判决书》维持了该判决。但被告人吴晓仁及其家属并没有丝毫的悔意，在判决后的四年多时间内竟然没有向上诉人赔偿一分钱。只是在此案重新审理过程中，被告人吴晓仁家属为了让吴晓仁获得轻判，于 2009 年 9 月 7 日向法院递交的 2 万元人民币，2009 年 9 月 21 日吴晓仁被改判死缓。这不过是"猫哭耗子"，愚弄法律！根本不是对被害人家属支付的赔偿金，而是惺惺作态、假意认罪，装出一副愿意赔偿的样子，意图达到"花钱买刑"的真实目的。

被害人家属认为被告人及其家属置被害人家属痛苦于不顾，不仅不予赔偿，反而千方百计钻法律空子。他们向法院缴纳的 2 万元，相对由被害人家属所遭受的损失，真可以说是杯水车薪。如果这样的认罪态度都可以作为从轻处罚的量刑情节，那真是法律的耻辱、社会的闹剧、受害人的悲哀了！上诉人并不要钱，并不是为了钱，只是被告人及其家属这样的行径充分表明其没有悔意！

综上所述，2009 年 9 月 21 日北州市中级人民法院作出〔2009〕×中刑初字第 2×号刑事判决书遗漏被告人罪名，错误认定立功，错误理解最高人民法院错误意见，剥夺被害人家属诉讼权利、忽视被告人案后的恶劣表现。依照法律的规定，申诉人特申请提起抗诉。

张大力故意杀人申诉案

基本案情

　　张大力，男，汉族，1972年10月27日生，文化程度为小学，户籍所在地为××省昆南市河笕区明德小区5栋301室。2002年9月9日下午，郭敏之到昆南市旺发超市购物，在购物的过程中与罗平平发生冲突，双方互骂，继而厮打在一起。郭敏之被罗平平扯住头发摁在地上，后经超市工作人员劝说，双方才收手。由于当时围观的人多，郭敏之感觉不但被打还被羞辱，因此打电话给其男朋友伍华生，告知自己被打，要求其叫人来教训打她的罗平平。罗平平听郭敏之打电话叫人，也打电话给她的朋友，告知自己被打，对方现在叫人来要继续殴打，要求她的朋友过来救她。十多分钟后，郭敏之所叫的人到达超市门口。超市工作人员见状，叫罗平平从后面溜走。罗平平从后门出超市后，朝自己朋友指定的地方赶，但郭敏之男友伍华生发现罗平平逃走后带人追赶罗平平，双方人员在离超市500米的地方碰上，相互殴打，罗平平朋友一人被刺身亡。警方接报警后及时赶到，制止斗殴，并将部分涉案人员抓获。张大力系当时到过现场的犯罪嫌疑人之一，2009年被刑事拘留，2010年1月7日被捕。2010年8月10日昆南市中级人民法作出〔2010〕×中法刑一初字第50号《刑事判决书》，认定张大力构成故意杀人罪，并判处无期徒刑。××省高级人民法院针对本案作出×高法刑一终字第 194 号《刑事裁定书》中认定张大力"在共同作案人伍华生的要求下，纠集人员追杀被害人，致一人死亡、二人重伤，其行为已构成故意杀人罪"，维持一审判决。

承办情况

在本案二审判决生效后，张大力的家属委托我所在的律师事务所指派我担任该案刑事申诉的代理人。由于接受委托时二审判决已经生效，张大力已经被移交监狱执行刑罚。本代理人去监狱会见了张大力，张大力声称自己当时确实去了现场，但自己没有参与斗殴，参与斗殴的人也不是他叫过去的，因此被判故意杀人且处无期徒刑，确实是冤。会见后，本代理人到法院复印了全案案卷材料，结合申诉人张大力的说法与案卷材料，本人认为一审、二审判决认定张大力叫人参与斗殴的主要证据不足，据以定罪量刑的证据之间存在矛盾。在此基础上，为申诉人代写了《刑事申诉书》。本案是二审判决生效后提出申诉，申诉人其实有个顾虑：被判处无期徒刑的判决执行后两年可以减为有期徒刑，但服刑人如果再申诉的，可能被执行的监狱认定为不认罪服法，以致到时间不给减刑。《监狱法》第二十一条规定："罪犯对生效的判决不服的，可以提出申诉。"申诉本应当是法律赋予罪犯的权利，但行刑机关有时确实会以申诉为由认定罪犯不认罪服法而不予减刑。该案是二审判决生效，可以直接向高院提出申诉，在高级人民法院作出再审决定前，执行机关一般不会知道申诉人的申诉情况。在《刑事申诉书》写好后，本人联系省高级人民法院审判监督庭，提交法律文书。接着，当面与承办法官交流，陈明案中存在的突出问题。经合议庭审理，省高级人民法院对本案作出再审决定。

一、原审判决主要证据不充分

二审判决书认定申诉人"在共同作案人伍华生的要求下，纠集人员追杀被害人"。但作出此认定的证据却严重不足。本案中根本没有直接证据证明申诉人参与组织故意杀人行为：原判决认定的主犯伍华生要求申诉人召集帮手打架没有电话记录；所谓申诉人"召集"的人一个也没有抓到，不存在"被召集者"的证言证明申诉人的"召集"行为。

（一）手机通话详单未调取

2010 年 6 月 16 日本阳公安分局刑侦大队出具的《说明》证明："2002 年 9 月 9 日当天，犯罪嫌疑人张大力与同案犯伍华生的手机通话详单，由于当时在侦查过程中没有及时取证调取。目前在与市移动部门联系查询时，被告知因时间太久，已无法调取当时的手机通话详单。"

（二）案中同案犯在逃，现有证据存在重大瑕疵

2010 年 4 月 5 日本阳公安分局刑侦大队出具的《说明》证明：此案中，"所涉及的'小弟'——'锤子''明砣''猴子''宝宝'等人，经多方侦查，上述五名'小弟'均在逃"。

从两份判决来看，原判决的间接证据有三份：一是同案中主犯同伟的供述，二是证人出租车司机的证言，三是急于立功的贩毒嫌疑人范高锋的举报材料。申诉人认为这些证言均不能证明申诉人参与了故意杀人行为或纠集行为。

1. 伍华生的证词不能作为认定申诉人参与纠集行为的依据

伍华生的证词在申诉人的定案中起了决定作用。但伍华生与申诉人之间存在非此即彼的利害冲突，在定罪量刑上存在你死我活、你轻我重的利害关系。伍华生案发当年（2002 年）被捕，而申诉人未能归案，伍华生具有将犯罪事

实推至申诉人身上的动机和条件，因此伍华生的证言不仅是孤证而且是利害关系证言，不足以证明控方指控申诉人有纠集他人行为。

实际上，伍华生自己的证言也证明了申诉人没有参与打架行为。2002 年 9 月 29 日侦查机关对伍华生的讯问中，侦查机关问："张大力动手打人没有？"伍华生答："我没有看到。"伍华生的女友郭敏之证实打架的"小弟"是伍华生叫来的，那些人都是伍华生的"小弟"。在 2003 年 4 月 9 日的讯问笔录中，郭敏之说："伍华生是我喊的，杀人的人不是我喊的，是伍华生喊来的。""伍华生讲他喊来的小弟不冷静，对方呸一下就打起来了。"

伍华生除叫了直接打人的"小弟"外还叫了罗平、宋军和何春生等人。这一点 2002 年 9 月 25 日罗平的讯问笔录中可以得到证明。罗平说："2002 年 9 月 9 日下午 4 点多钟，我在家里睡觉，刚刚起床，我舅舅伍华生用他的手机打我的手机"，"当时我的两个朋友宋军、何春生在我家耍，伍华生在电话里讲要我到五医院去一下"（讯问笔录第 2 页）。2002 年 9 月 25 日宋军的讯问笔录中，宋军说："电话是罗平的舅舅伍华生打来的，伍华生在电话里讲'他女朋友将阿哩娜的表妹挨了一顿打，现在在医院'。要我们过去，然后罗平就喊我和何春生一起去。"侦查人员问："伍华生当时喊的那些人你是否认识？"宋军答："我没有看见那些人，伍华生也没有告诉我们。他只讲他喊了七八个人。"

2. 出租车司机没有证实申诉人纠集打架人员，相反证明了申诉人是被纠集人员

两位出租车司机的证词均证明伍华生是与他的"小弟"聚合后，申诉人才与他们会合，这说明不是申诉人叫人参与打架，而是伍华生直接叫的人。2009 年 9 月 9 日的笔录中出租车司机储爱民说六个人上车后，他把车开到大庆十字路口时"停在我前头一台出租车，牌号为'×D-×2285'，坐了一个男的"。2003 年 4 月 10 上午的笔录中储爱民说，"有个戴眼镜的人蹲在打电话，还有一部夏利王的士车在等"。这个戴眼镜的人是伍华生。2002 年 9 月 10 日出租车司机贾真的询问笔录中说："2002 年 9 月 9 日下午 6 时我开的士×D-×2285去市里淮中路'乡巴佬'门口接了一个 28 岁左右的男子（该男子身高约 1.65 米，戴一副近视眼镜）。""在车上该男子就一直打电话联系他的朋友。"（笔录

第 2 页）2010 年元月 6 日公安机关对"×D-×2285"的出租车司机贾真的询问笔录中，贾真说他记得坐在他车上那个人"身高约 1.65 米，面部白净，戴副近视眼镜，讲昆南本地口音（伍华生）"（笔录第 2 页）。贾真 2002 年 9 月 10 日的证词中也说，他的车到达大庆路后，"我将车停那里五分钟左右，这时一辆的士紧挨着我的的士停着"（储爱民的的士车）。这些证言证明伍华生一直有纠集他人的行为，也证明申诉人是接伍华生的电话后与其会合的。

又如，在追被害者所坐的车（×D-×2205）时，申诉人坐的车还在伍华生的车的后面。证人储爱民 2009 年 9 月 9 日的笔录中说"有一个电话打给了'老大'（申诉人），接电话后，他要我掉头追上前面那台×D-×2205 出租车，那台'×D-×2285'出租车（伍华生坐的车）已经掉头追了上去"。证人×D-×2205 出租车司机符金华（被害人所坐的士的司机）在 2002 年 9 月 9 日的询问笔录中也说是伍华生所坐的的士先将他的车拦下来的，他还描述了伍华生，"我所讲的那个人戴着一副眼镜，26 岁左右，身高 168 厘米，较瘦，人长得白净、短发，看上去像个书生"。这说明整个过程中伍华生在起组织指挥作用。

3. 涉嫌贩毒的范高锋的证言是传闻证据，没有原始证据印证

范高锋的证言在申诉人定罪中起到了重要作用，因为范高锋的证言证明了申诉人纠集了打架人员。范高锋并没有参与纠集和打架行为，其向公安机关检举的申诉人的"犯罪事实"完全是个人编造，没有事实依据。他说是申请人告诉了他相关的情况，这是不符合逻辑的。因为申诉人即使参与了该次犯罪行为，也不至于愚蠢到将犯罪事实说给他人听的程度。实际上，在案件的侦查、起诉和审判中，申诉人始终没有承认过自己参与了该次犯罪行为，坚称自己没有实施故意杀人行为，而且一直认为是伍华生纠集了他的"小弟"实施了这次行为。申诉人的供述没有印证范高锋的证言。例如侦查机关 2010 年 1 月 3 日对申诉人的讯问中，申诉人说："等我下车时看见一个年轻男子躺在地上。"侦查机关 2010 年 1 月 3 日对申诉人的讯问中，申诉人说："我来到这里时，发现伍华生喊来的人以及伍华生本人正与对方打成一片，两边的人互相打斗了持续了 2～3 分钟，对方有一个年轻男子被打得躺在地上，身上有许多鲜血。"（说明故意杀人行为已完成时申诉人才到达现场）范高锋是因涉嫌贩毒被关押在昆南市第

一看守所的犯罪嫌疑人，为获得从宽处罚，立功心切，完全可能歪曲事实进行举报。

4. 其他证言证明是伍华生实施了纠集行为

例如，证人李朋友在 2002 年 9 月 25 日的问话笔录中说："伍华生跟我们讲发生在玻璃厂河边的打架事件是他干的，他带头叫了七八个人分别乘坐两部'的士'在玻璃厂把一辆'的士'拦下来之后，八个人就下车打被拦下的'的士'里的人，并用匕首追一个男的打，还把自己的手打出血了。"

二、二审判决据以定罪量刑的证据自相矛盾

（一）储爱民的证言自相矛盾

原判决书中，证人储爱民的证言在认定申诉人参与故意杀人行为起了极为重要的作用。但储爱民的 2009 年 9 月 9 日笔录与 2003 年 4 月 10 日上午笔录存在诸多明显的矛盾。

（1）2009 年 9 月 9 日的储爱民在询问笔录中说当时"有三个人"拦住车，后来又来了三个；2003 年 4 月 10 日上午的笔录却说"有六个人拦我的车坐"。2009 年 9 月 9 日的笔录说"前面坐一个人，后面坐五个人"，而 2003 年 4 月 10 日上午的笔录却说"前面坐两人，后面坐四人"。

（2）据储爱民的说法，他的车在等申诉人，2009 年 9 月 9 日的笔录说"等了二三分钟"，而 2003 年 4 月 10 日上午的笔录中却说"我大约等了十分钟的样子"。

（3）2009 年 9 月 9 日的笔录中储爱民说"'老大'（申诉人）没有下车"，而 2003 年 4 月 10 日上午的笔录中储爱民却说"叫'哥哥'的人（申诉人）下车站在门边用手指着前面讲'大家搞，搞死他们，声音大点'"。

（4）关于打架地方离储爱民车的距离。2009 年 9 月 9 日的笔录中储爱民说"我开的车子离打架处大约 100 米远的地方"；2003 年 4 月 10 日上午的笔录中储爱民说"我车离他们的车（被害人的坐的车，即打架的地方）只有 8～10 米远"。

（二）范高锋的证言与侦查机关查明的事实矛盾

申诉人在讯问笔录中（例如 2010 年 1 月 1 日的讯问笔录）多次说明，接伍华生的电话时，申诉人在女朋友郑琳家看电视。但范高锋的证词却说当天下午与申诉人及其他人（本案的行凶者）在市附二医院看望锤子的亲戚。这完全违背事实，将上诉人与其本案的行凶者强行联系在了一起。

综上所述，申诉人认为本案原一审、二审判决和裁定主要证据不充分、据以定罪量刑的证据自相矛盾。申请人根据《刑事诉讼法》第一百七十九条第（二）项和最高人民法院《关于规范人民法院再审立案的若干意见（试行）》第七条第（二）（四）项的规定，请求贵院再审此案，撤销 2010 年 8 月 10 日昆南市中级人民法作出〔2010〕昆中法刑一初字第 50 号《刑事判决书》和××省高级人民法院 2010 年 11 月 8 日作出的〔2010〕××高法刑一终字第 194 号《刑事裁定书》，还申诉人清白。

钟平方被害案

钟平方，男，汉族，1992年11月17日生，因沉迷于网络游戏辍学在家。为帮助钟平方戒除网瘾，2012年9月29日下午其父亲将其送到××市育英学校强制戒除网瘾，并陪同前往。到达育英学校后，钟平方被交给学校教官，其父亲在大厅办理入校手续并交纳学费。钟平方身高185cm，体重85kg，性格倔强，不听从教官的要求，入校时便与教官冲突，教官何向法、程斌、黄能等人对钟平方进行殴打，钟平方进行反击。何向法等人将钟平方制服后用手铐反铐其双手，并将其拖至无监控录像的地方进行殴打。然后，何向法、程斌等人在请示校长吴鹏并经其同意后，将钟平方送"反省室"关押。在"反省室"何向法等人继续殴打钟平方，并将钟平方双手以一个投降姿势分别铐在铁床的两侧，并将他的双脚用绑带固定在铁床上，使他不能动弹。第二天教官去"反省室"时发现钟平方死亡。育英学校校长吴鹏打电话给××人民医院，并向公安机关报警。经法医鉴定，钟平方系因外力致内脏出血死亡。公安机关以何向法、程斌、黄能等人的行为涉嫌故意伤害罪，对案件中犯罪嫌疑人采取拘留的刑事强制措施，并对其中部分犯罪嫌疑人进行逮捕。侦查终结后，2013年1月19日侦查机关以涉嫌故意伤害罪将何向法、程斌、黄能等人移送检察院审查起诉。案件侦查过程中，育英学校校长吴鹏为取得钟平方家属的谅解，希望给予80万元的赔偿，但钟平方家属对此予以拒绝。

承办情况

本案审查起诉过程中，被害人钟平方的家属委托我所在的律师事务所指派我担任诉讼代理人。在接受委托后，本人与检察院承办人取得联系，复印了本案全部案卷。在阅卷时本辩护人发现《起诉意见书》遗漏了被告人的犯罪事实。《起诉意见书》仅指控何向法、程斌、黄能等人的行为涉嫌构成故意伤害罪，但没有建议追究何向法、程斌、黄能等人将被害人关入"反思室"这一非法拘禁行为的刑事责任。案中何向法等人殴打钟平方与将其铐手、捆绑后关入"反思室"，这是两个独立的行为，不是一个行为。应当同时追究被告人故意伤害罪和非法拘禁罪的刑事责任；《起诉意见书》也遗漏了被告人。因为案卷材料表明，案中故意伤害者除了何向法、程斌、黄能等人之外，赵公平也参与了殴打钟平方的行为，但《起诉意见书》未将其移送审查起诉。由于《起诉意见书》未指控被告人构成非法拘禁罪，故批准同意将钟平方关入"反思室"的育英学校校长吴鹏也未被侦查机关移送审查起诉；《起诉意见书》也错误地认定因果关系，认为钟平方自残是重要的死因。钟平方是否有自残行为，案中没有证据支持，而且即使存在钟平方自残的行为也不能将其作为对被告人从宽处理的依据，因为钟平方在被众人殴打的情况下无其他方法可以逃离或减轻自己的痛苦，其自残行为也是被告人殴打所致。案中一些证人的证言没有收集，也不利于本案的公正处理。

基于上述问题，本诉讼代理人结合案件事实与法律写了《律师法律意见书》

并提交给承办检察官。在向承办检察官陈明诉讼代理人的观点时，该检察官也承认案件证据不完整，处理过程比较粗糙。后检察院将案件退回公安机关补充侦查，公安机关经过 2 个月的补充侦查后，增加了证人证言，并增加了非法拘禁罪的指控，也增加了被告人。而且在补充侦查过程中，育英学校与钟平方家属再次商谈赔偿事宜，在赔偿 128 万元后，钟平方家属出具了《刑事谅解书》。本案中被告人最终因故意伤害罪、非法拘禁罪分别被判处有期徒刑 1 年至 15 年不等。

主要代理意见

一、《起诉意见书》遗漏罪名与犯罪嫌疑人

（一）《起诉意见书》错误地将两罪作为一罪处理

在《起诉意见书》中，侦查机关认定何向法、程斌、黄能等人的行为构成故意伤害罪，但没有追诉何向法、程斌、黄能等人将被害人关入"反思室"这一非法拘禁行为的刑事责任。程斌和黄能都承认自己参与了将钟平方关押在"反思室"的行为，这没有任何疑问。何向法否认自己参加了非法拘禁行为，但在 2012 年 10 月 1 日侦查机关对程斌的讯问笔录中，程斌供述："我们把钟平方送到了学校的反思室"，"我和黄能、何向法还有育英学校两个教官（叫什么不知道）一起将钟平方用背包绳捆绑在反思室的床上。"（案卷材料第一卷第24 页）在 2012 年 10 月 17 日侦查机关对黄能的讯问笔录中，黄能供述："我和程斌、何向法几个教官一起把钟平方关到学校的禁闭室。"（案卷材料第一卷第 59 页）因此，何向法实施了非法拘禁行为，这是没有任何异议的，有两人的证人证言为证，何向法否认不了。但为什么侦查机关在《起诉意见书》中不建议检察机关追诉何向法、程斌、黄能等人的非法拘禁罪？

《刑法》第二百三十八条第二款规定："犯前款罪（非法拘禁罪——引者注），致人重伤的，处三年以上十年以下有期徒刑；致人死亡的，处十年以上有期徒刑。使用暴力致人伤残、死亡的，依照本法第二百三十四条、第二百三十二条的规定定罪处罚。"侦查机关可能认为，本案中何向法、程斌、黄能等人实施了非法拘禁行为，又有被害人的死亡，属于非法拘禁过程中致人伤害或死亡，因此就只建议追诉他们的故意伤害罪，而不再追究他们非法拘禁的刑事责任。本诉讼代理人认为，这是对刑法本条款的误解。本条款说的是非法拘禁的过程中致人伤亡时，只追究故意伤害或故意杀人的刑事责任。而本案中，何向法、程斌、黄能等人对被害人的殴打行为导致了被害人的死亡。死亡结果与殴打行为之间有一个时间差，殴打行为在前，非法拘禁是殴打行为完成后实施的，并不是非法拘禁的过程中导致被害人的死亡。因此，本案中殴打与非法拘禁是两个完全独立的行为，而不是非法拘禁的过程中殴打，不属于《刑法》第二百三十八条第二款规定的情况。本诉讼代理人认为，对于本案中何向法、程斌、黄能等人的行为，应当追究故意杀人罪或故意伤害罪（根据补充材料确定）和非法拘禁罪，实行两罪并罚。

（二）《起诉意见书》遗漏了犯罪嫌疑人

一是遗漏了犯罪嫌疑人吴鹏。程斌在供述中明确说他向校长吴鹏打电话汇报了将钟平方关"反思室"的事，吴鹏表示同意。在2012年10月17日侦查机关对程斌的讯问笔录中，程斌说："我就给学校的校长吴鹏打电话，我讲吴校长这个学生有很严重的暴力倾向……吴校长讲没有关系，先把他放到反思室去吧。"（案卷材料第一卷第39页）在2012年10月1日侦查机关对吴鹏的讯问笔录中，吴鹏自己也承认了这一点，他说："学校有教官给我打电话讲刚送来的学生不服管……问我怎么办。我听他讲了下这个情况，就同意了送反思室，还和他们讲了要安排人24小时陪护，看守并做心理辅导。"（案卷材料第一卷第104页）而且，这也是育英学校管理中校长的职责。2012年10月1日侦查机关对吴鹏的讯问笔录中，侦查人员问："送学生去'反思室'这种事是不是都要请示你？"吴鹏回答："是的。"（案卷材料第一卷第105页）在2012年10月1日侦查机关对吴鹏的讯问笔录中，吴鹏也说："我刚回忆了下，记起当时是学校程斌教官打了电话给我，说那个送来的学生钟平方不听话，情绪很激动，有自杀迹象，要送'反省室'才行，我说可以，于是他们就将钟平方送去了'反省室'。"（案卷材料第一卷第 108 页）该供述和其他犯罪嫌疑人的供述完全一致！而且，侦查机关调取的吴鹏、程斌两人的电话详单记明在 2012 年 9 月 29 日 16 时 4 分（将要关押被害人时），程斌给吴鹏打了电话，两人通话的时间为 3 分 25 秒（案卷材料第一卷第 158、159 页）。这说明，吴鹏是同意将被害人送反思室非法关押的！既然吴鹏同意将被害人送"反思室"并且做了相应的部署，他就要对非法拘禁行为负刑事责任。侦查机关起初也认为吴鹏涉嫌犯非法拘禁罪，并对吴鹏采取了刑事拘留措施，但 2012 年 11 月 3 日检察机关却以"犯罪嫌疑人吴鹏的行为，涉嫌犯罪事实不清、证据不符合逮捕条件"为由，没有批准逮捕吴鹏，故 2012 年 12 月 25 日侦查机关的《起诉意见书》中，没有建议起诉吴鹏。这完全是遗漏犯罪嫌疑人，有违法律规定和客观事实。

在 2012 年 10 月 18 日侦查机关对吴鹏的讯问笔录中，吴鹏否认自己知道育英学校收了人，更不知道送"反思室"的事。为什么会有这样的变化？本诉讼代理人感觉非常奇怪！吴鹏的解释是："我讲了假话，这是因为在问话前王董、郑华成和我讲了下，要我说程斌 29 日下午和我打了电话，我觉得没有什么，所以讲了假话。"（案卷材料第一卷第 111 页）笔者认为，吴鹏这一说法完全不能成立，因为程斌是否给他打了电话，有程斌的供述和电话详单为证！如果说吴鹏所说王贡献要他作假证属实，那么司法机关应当依据《刑法》第三百零五条的规定追究吴鹏伪证罪的刑事责任，并且要追究王贡献伪证罪的刑事责任！

二是遗漏了犯罪嫌疑人赵公平（赵平）。本案卷材料多处表明赵公平参与了殴打被害人钟平方的行为。2012 年 10 月 1 日，侦查机关对何向法的讯问笔录中，何向法说："赵平就火了，用脚朝钟平方的屁股上踢了一脚。""我只看到赵平用脚在他的屁股上踢了一脚。"（案卷材料第一卷第 3、4 页）2012 年 10 月 1 日侦查机关对何向法的讯问笔录中，何向法说："赵平动手打了钟平方一下，并踢了一脚。"（案卷材料第一卷第 7 页）在侦查机关对李朝阳的讯问笔录中，侦查人员问："还有谁动了手？还打了那个学生哪些地方？"李朝阳说："还有程斌及'平宝'都动手推了那个学生的手臂处，将那个学生推到墙角处。"（案卷材料第一卷第 71 页）在 2012 年 10 月 1 日侦查机关对赵公平的讯问中，赵公平自己也承认："我就用脚踢了钟平方屁股两下。"（案卷材料第一卷第 123 页）这说明赵公平也是殴打行为的实施者之一，侦查机关起初将其列为犯罪嫌疑人，但没有对其采取任何强制措施，更没有在《起诉意见书》中建议追究赵公平的刑事责任！这显然是遗漏了犯罪嫌疑人。

二、关于被害人的"自残"

案卷材料，犯罪嫌疑人多人多处讲到被害人自己用头撞地、撞墙、撞床，这似乎是说被害人实施了"自残"行为，其死亡原因中除了犯罪嫌疑人的殴打外还有其自身的因素，属于多因一果。

对于这个问题，我们要来看看，为什么被害人会自己撞地、撞墙？2012 年 10 月 17 日侦查机关对黄能的讯问笔录中，黄能说，钟平方双手被反铐后，他们踢钟平方，何向法还对钟平方一顿拳打脚踢，将钟平方打翻在地，又将钟平方在地上拖，"这时，钟平方开始用自己的头在墙上和地上撞"（案卷材料第一卷第 59 页）。2012 年 12 月 21 日侦查机关对黄能的讯问笔录中，黄能说："何向法又对钟平方拳打脚踢了一顿。这时，钟平方开始用自己的头在墙上和地上撞。"（案卷材料第一卷第 65 页）在侦查机关对李朝阳的讯问笔录中，李朝阳说："当我走到楼下时候发现程斌及黄能教官将那个学生反手压在地上，二人均用膝盖顶住那个学生的背部，那个学生就用头在地上撞，两条腿在不停地踢着。""（钟平方）戴上手铐后程斌及黄能继续反手压着那个学生（钟平方），而那个学生还在挣扎，并用头在地上砸。"（案卷材料第一卷第 69、70 页）在 2012 年 10 月 1 日侦查机关对赵公平的讯问中，赵公平说："何向法就又踹了钟平方几脚，把他踹翻在地上。钟平方倒地后，何向法又上去踢了钟平方几脚。钟平方倒在地上就用头去撞地。"（案卷材料第一卷第 123 页）

这些供述很明显地表明了钟平方为什么会用自己的头撞地！因为被别人殴打，他无力反抗！如果没有何向法、黄能、程斌等人的殴打，钟平方会用自己的头撞地吗？

案卷材料多处提及钟平方在食堂用头撞桌子、撞墙，钟平方为什么要撞？在 2012 年 10 月 1 日侦查机关对黄能的讯问笔录中，黄能说出了缘由。他们在操场暴打钟平方后，钟平方还不听话，他们想将其带到食堂教训。黄能说："何向法就抓住钟平方的一只手，把他往食堂方向拖，我看到这个情况，知道何向法是要把钟平方带到食堂那边去教训他一顿，因为食堂里面有一个房子没有安装摄像头的，是个死角。""快到食堂门口时，何向法就从后面踢了钟平方一脚，把他踢倒在地，然后何向法就把他拖到进门左边的那个死角，对钟平方拳打脚踢，打了几下后，钟平方就开始用自己的头在墙上和地上撞。"（案卷材料第一卷第 52 页）钟平方被殴打得受不了了，只能以这种方式反抗，以图让自己不再受殴打！

案卷中，犯罪嫌疑人多处讲钟平方在被关禁闭室期间自己撞墙，本诉讼代理人认为这根本不可能！因为，犯罪嫌疑人是双手被铐在床上，双脚也被固定在床上，其被铐的方式使得被害人自身无法动弹，根本不可能撞墙。在 2012 年 10 月 1 日侦查机关对黄能的讯问笔录中，黄能说："我和程斌每人铐他一只手，把他的双手作一个投降姿势分别铐在铁床的两侧……又一起把他的双脚用绑带固定在铁床上，使他不能动弹。"（案卷材料第一卷第 53 页）既然不能动弹，怎么还能撞墙？而且，侦查机关制作的《现场勘验检查笔录》中也没有关于"反思室"墙壁血迹、皮屑、毛发的提取及记录，这说明被害人钟平方根本就没有在反思室里撞墙！在 2012 年 10 月 1 日侦查机关对黄能的讯问笔录中，黄能说："禁闭室里没有灯，我用手电筒照了一下墙壁，墙上确实还有血迹。"（案卷材料第一卷第 53 页）这完全是犯罪嫌疑人为了推卸责任而捏造的！如果黄能在禁闭室外都可以看到墙上的血迹，现场勘验中怎么会找不到？《现场勘验检查笔录》中怎么会没有记载？

三、关于遗漏的证据

本案中，侦查机关还有多份关键证据材料没有收集到，对本案的处理造成了极大困难。

一是何向法、程斌、黄能等人殴打行为实施时的交谈内容，侦查机关没有收集。案卷材料中，侦查机关只收集了何向法、程斌、黄能等人殴打的实施过程的供述，没有收集各自说了什么或相互听到别人说了什么。这些说话的内容涉及行为人主观心态的分析。缺乏这些证据，无法准确认定何向法、程斌、黄能等人殴打行为的实施是持杀人的故意还是伤害的故意。因此，侦查机关应当补充收集犯罪嫌疑人行为实施时口头表达的内容。

二是证人冀北的证言。案卷材料多次提到冀北，例如案卷材料第一卷第6、25、40、140页，说他看到钟平方被打、一起到过"反思室"看钟平方等。但侦查机关没有收集冀北的证言。

三是罗铮的证言。犯罪嫌疑人程斌说罗铮三次和他一起去"反思室"送饭（案卷材料第一卷第26页），罗铮应当看到了"反思室"中钟平方的情况。但侦查机关没有收集罗铮的证言。

四是育英学校其他曾经被关"反思室"的名单及被违法关押在"反思室"的学员的证言，这能证实育英学校管理人员的违法犯罪状况。

五是育英学校的法人资格证书、办学批文等证明文件，这能查明育英学校是否具备合法的办学资质。

以上仅就本案涉及的刑事部分发表了诉讼代理人的看法，供贵院参考！请贵院本着以事实为根据、以法律为准绳的原则，依法追究犯罪嫌疑人的刑事责任！

后　记

这是一本书，更是一种经历。

就书而言，我出版过《刑法平等论》《证据法视野中的犯罪构成研究》《刑罚的力度问题研究》《刑事诉讼法视野中的犯罪构成要件研究》《英美刑法中的热点问题研究》等法学专著及译著《死刑的任意性》。这些大体上都是理论类书籍，而本书是一种实务类书籍。

就经历而言，我 1998 年从湘潭大学法学本科毕业，同年通过律师资格考试。当年保送为本校研究生，攻读刑法学硕士学位。学习刑法是一种偶然，那个年代经济法是比较热门的专业，因此在备考研究生时，我准备的是经济法专业。在获得保送资格的情况下，我选择了免试读研的方式。湘潭大学法学院有湖南省最早的法学硕士学位授权点——诉讼法学硕士点，也有湖南省第二个法学硕士学位授权点——刑法学硕士点。我觉得诉讼法仅规定程序问题，没有什么高深的理论（后来知道这是误解），还是实体刑法比较有吸引力，因此选择了刑法学，师从杨凯教授。2001 年硕士研究生毕业时，我准备到司法机关工作，也得到了浙江宁波市检察院、绍兴市检察院等司法机关的工作机会。但当时湘潭大学法学院院长单飞跃教授希望我留校任教，在他的劝说下，我走上了教学和科研的道路。2002 年我考上了中国人民大学法学院刑法学的博士研究生，师从胡云腾教授。直至 2005 年博士毕业，我主要的时间都在中国人民大学学习，偶尔回湘潭大学履行教职。所以，从 1998 年通过律师资格考试直到2005 年博士毕业，我没有从事过律师实务工作。

2005 年博士毕业后，我回到湘潭大学工作，同时申请兼职律师业务。刚开始是在湖南融源律师事务所，我的同学张良先生是该所合伙人，跟着他，我开始了解律师实务；后来我到湖南环楚律师事务所，我的同学臧作勇先生在该所任主任，希望我到该所支持工作。2008年，我的律师执业关系异动到了湖南通程律师事务所，该所当时是湖南最大的知名律师事务所，兰力波主任等热衷于教育公益事业，该所在湘潭大学法学院设立奖学金，资助成绩优异、家庭困难的刑法专业硕士研究生。作为一种合作，我的律师执业关系也异动到该所。在过去十多年中，该所对湘潭大学法学院研究生的培养从未停止过支持，众多研究生都从资助中获益。2014年我被引进到对外经济贸易大学，至今已在北京工作7年多的时间。虽然我已经离开湖南多年，但并未将律师执业关系异动到北京，其原因主要在于我在此期间陆陆续续承接一些案件，而这些案件一直都没有办结。2020年新冠肺炎疫情暴发，出行受限，我没有承接新案件，原有的案件也于6月办结。为便于办理业务，我申请将律师执业关系异动到北京。

在此，我对曾经给予我帮助的湖南融源律师事务所、湖南环楚律师事务所和湖南通程律师事务所各位同人表示衷心的感谢！

我在硕士、博士阶段学习的主要是刑法学，教学和研究也专注于刑事法学，指导的硕士研究生和博士研究生亦是刑法学专业学生。特别是2005年到2008年，我在西南政法大学做刑事诉讼法学的博士后研究，在孙长永教授指导下研究刑事证据问题。因此，过去十多年中，我虽然也承接过民事案件、行政案件，但主体上是刑事案件。我也是在律师实务中，才真正领受到刑事程序与实体具有同等的重要性。

现在我将这些较为典型的刑事案件整理出来，出版成书。这一方面是对自己律师实务的一种阶段性总结；另一方面也为律师同行办案、学生课外学习提供参考。

需要特别说明的是，为了保护当事人的隐私，本书在整理出版过程中，已经将当事人的姓名、公司名称、产品名称、办案地点、司法机关的名称等都进行了替换，涉及的产品配方被略去。但基本案情、处理过程与结果都是真实的。

感谢知识产权出版社韩婷婷编辑为本书出版付出的辛劳！

赖早兴

2021.4.8